법의 언어

한국외대 디지털인문한국학연구소 연구총서 08

법의 언어

The Language of Law

엔드레이 마머 Andrei Marmor 지음
이해윤 옮김

한울
아카데미

감사의 글

수년간 이 집필 작업을 수행하면서 많은 동료들과 친구들의 도움을 받았다. 특히, Scott Soames에게 감사를 전한다. 지도해 주고, 이 주제에 대한 논문들을 함께 편집하고, 초고에 대해 논평해 주는 등 그의 도움과 협력 없이는 이 작업을 끝내지 못했을 것이다. 또한 이 작업의 초고에 대해 여러 논평을 해준 Gideon Yaffe, Joseph Raz, Robyn Carston, Alon Harel, David Enoch, Scott Altman, Hrafn Asgeirsson에게 감사를 표한다.

이 책은 대부분 수정된 형태이지만 언어와 법에 대한 나의 이전 출판물을 포함하고 있다. 2장에서 나는 논문 "Can the law imply more than it says?"(2011)의 일부분을 수정하여 사용했다. 3장은 논문 "Truth in law"(2013)을 약간 수정한 버전이다. 4장은 *Handbook of Legal Reasoning and Argumentation*(2014)에 실린 글의 일부분을 사용했다. 그리고 6장은 헌법 해석에 관한 심포지엄에서 발표한 글(2013)의 수정 버전이다.

옮긴이 서문

법은 문자로 기록되어 그 효력을 지니고, 말로 발화되어 집행된다. 이러한 법과 언어의 관계를 이 책의 서론에서는 피아니스트와 피아노의 관계로 표현하고 있다. 즉, 언어는 법의 구현에 사용되는 필수적인 도구라고 이해할 수 있다. 이와 같이 법과 언어 간의 밀접한 관계는 여러 곳에서 언급되고 널리 인정되어 왔지만, 정작 그 관계에 대해서는 그간 개략적이고 추상적인 설명만 제시되어 왔을 뿐 보다 구체적인 설명을 찾기가 힘들었다.

엔드레이 마머Andrei Marmor 교수는 이 책 『법의 언어』에서 법을 언어학의 관점에서 설명하고자 시도하고, 그 한계도 지적하고 있다. 특히 언어행위, 대화함축, 전제 등의 다양한 화용론적 시각에서 법률에 나타나는 언어 표현들을 어떻게 이해할 수 있는지 나름의 견해를 펼친다. 그 외 진리치, 모호성, 중의성 등의 의미론 개념들에 의한 설명도 제시하고 있다. 법철학과 언어철학 전공자인 마머 교수는 전적으로 언어학적 시각에만 의존하는 것은 아니며 법학과 언어학이라는 두 학문의 균형 있는 시각에서 법을 설명함으로써, 우리로 하여금 그간 개략적으로만 언급되어 온 법과 언어 간의 관계를 보다 깊이 이해할 수 있게 해준다. 또한 이 책은 언어학 또는 법학 전공자들이나 실무자들이 법의 속성에 대해서 그리고 언어의 속성에 대해서 보다 깊은 이해와 통찰을 얻는 데에도 도움을 줄 것으로 생각된다.

옮긴이는 이 책을 접하고서 법언어학의 법해석 분야를 이해하는 데 도움이 될 수 있다고 판단하여 번역 작업에 착수하였다. 거친 문장들을 매끄럽게 다듬는 데 도움을 준 한국외국어대학교 대학원의 배정아, 강은별에게 감사의 마음을 전한다. 물론 남아 있을 수 있는 번역의 오류는 전적으로 옮긴이의 책임이다. 끝으로 지난한 이 작업을 완성하는 데는 사랑하는 가족의 응원이 있었음은 당연하다.

차례

서론

우리의 삶은 어떤 식으로든 법의 규제를 받는다. 법 영역은 그 규모가 방대하고 자료도 다양하다. 현대의 모든 법률 시스템에는 헌법, 법령, 행정규제, 사법규제 등과 같은 엄청난 양의 규정들이 있다. 이 규정들은 다양한 목적을 위해 우리가 맡은 다양한 지위나 역할에서 우리의 행동을 지도하는 데 목표를 둔다. 이 방대한 양의 법률 내용 대부분은 법적 기관들이 행한 입법의 직접적인 결과물이다. 그리고 기관들이 도입하고자 하는 법적 내용을 전달할 수 있는 유일한 방법은 자연언어로 소통하는 것이다. 언어와 변호사의 관계는 피아노와 피아니스트의 관계와 같다. 즉, 직업의 도구이다. 누군가는 그 도구를 다른 사람들보다 더 잘 사용할 수 있지만, 어느 누구도 그 도구 없이는 업무를 수행할 수 없다. 이 책의 주요 목적은 법적 소송에서 도구인 언어에 대해 더 완벽하게 이해하면 업무에 대해, 즉 법이 어떻게 작동하는지 그리고 법적 지시가 전달하고자 하는 법적 내용을 어떻게 전달할 수 있는지에 대해 보다 완벽하게 이해하는 데 도움이 될 수 있음을 보여 주는 데 있다.

물론 법의 맥락에서 보면 언어에 대한 철학적 관심에 대해 새로운 것은 없다. 법학의 분석적 전통은 항상 언어철학을 법철학의 필수적인 부분으로 간주해 왔다. 그리고 언어적 소통을 잘 이해하면 법적 규정을 더 잘 이해하는 데 도움이 될 수 있다는 단순한 이유 때문만은 아니다. 수십 년 동안 언어철학은 법철학의 주요 방법을, 말하자면 우리가 법철학 자체를 행하는 방식을 강조하면서 법철학에서 기초적인 역할을 하는 것으로 간주되어 왔다. 그러나 이것은 내가 이 책에서 하려는 바가 아니다. 나는 언어철학을 좀 더 겸손하고 제한적으로, 즉 법적 내용을 전달하는 수단으로서 언어적 소통에 중점을 두면서 사용하고 싶다. 이 차이를 설명하기 위해서 역사를 아주 간단히 살펴보겠다.

법학에서 분석 전통의 선구자인 하트H. L. A. Hart는 언어철학이 자신의 법 이론에서 기초적인 역할을 했다는 견해를 매우 분명하게 표명했다. 그러나 그의 중요한 저서인 『법의 개념The Concept of Law』이 출간된 이후 수십 년 동안 정확히 그 역할이 무엇인지 불명확하고 논란이 되어 왔다. 그의 책 제목 그리고 당시 철학에 대한 지배적인 견해에서 보면, 하트는 법철학을 개념 분석의 한 형태로 간주하고, 법의 개념을 그리고 규칙의 개념이나 법적 의무 등과 같이 법에서 중심적인 역할을 하는 관련 개념들을 명확히 표현하는 것을 목표로 하고 있다는 인상을 주었다. 하트는 옥스퍼드와 케임브리지에서 비트겐슈타인L. Wittgenstein, 오스틴J. Austin, 라일G. Ryle이 이끄는 이른바 일상 언어 분석이 철학적 현장을 지배하던 때 『법의 개념』을 썼다. 이 철학자들은 대부분의 철학적인 문제들이 개념적 혼란에서 비롯되며, 철학자들이 그러한 혼란을 피하고 어느 정도 철학적 진전을 이루기 위해 사용해야 하는 주요 도구가 바로 개념에 대해 미묘한 차이를 반영하는 신중한 분석이라는 견해를 유지했다.

개념은 추상적인 개체나 임의의 대상으로 간주되지 않았다. 오히려 개념은 주어진 환경 또는 "언어 게임"에서 자연언어의 유능한 화자가 단어를 사용하는 무수한 방법 또는 라일의 용어로 "기능"을 나타낸다.[1] 철학자들은 단어나 개념의 사용이 다른 개념들과 논거들의 맞물린 집합 내에 움직임에서 특정한 역할을 하는 방식을 명확히 표현하려고 노력했다. 분명 그들은 개념의 사용을 위한 일군의 필요충분조건들을 검토하지 않았다. 오히려 일상 언어학파의 철학자들은 개념 연결들의 무리에 대한 단편적인 조사 그리고 한 단어의 기능이 다른 단어들의 기능에 의존하는 방식을 살펴보았다. 더욱이 개념 연결은 인식론적으로 투명하고, 해당 언어를 능숙하게 구사하는 모든 화자에게 분명해야 한다고 가정했다. 우리는 언어 공동체의 유능한 구성원으로서 사용하는 단어의 의미를 알고 있기 때문에, 관련된 철학적 해명이 제시될 때마다 어떤 진정한 개념 연결이 갖는 부정할 수 없는 정확성에 분명 맞닥뜨리게 된다.

어떤 면에서 하트가 이러한 견해를 공유하고, 자신은 그 당시 옥스퍼드 동료들의 전통에 영향을 받았다고 생각했다는 것에는 의심의 여지가 없다. 그러나 법철학 분야에서 얼마나 많은 그의 업적이 실제로 개념 분석의 형태를 갖는지 분명하지 않다. 『법의 개념』에서는 많이 찾아볼 수 없다. 하트는 그 책의 일부분에서만 개념 또는 개념 연결의 분석으로 볼 수 있는 어떤 것에 실제로 관여한다. 내가 다른 곳에서 조금 길게 주장한 바와 같이 『법의 개념』 내용의 대부분과 하트의 전반적인 법철학은 축소 가능성에 관한 것이다. 하트의 주요 질문은 법에 대한 그리고 법이 무엇인지에 대한 우리의 공통된 이해가 비규범적인 종류의 사실들로 완전히 축소될 수 있는지 여부이다. 하트의 법 이론은 본질적으로 법에 대한 축소주의적 설명으로, 법적 현상이 사회적 사실, 즉 사람들이 행동하는 방식, 행동에 대해 공유하는 신념, 그런 신념에 수반되기 쉬운 태도 등과 같은 사회적 사실에 의해 완전히 설명될 수 있다는 것을 보여 주는 것을 목표로 한다. 물론 이 축소주의 프로젝트가 성공할

1 Ryle(1954: 32).

수 있을지에 대해서는 논란의 여지가 있지만, 다른 곳에서 주장한 바와 같이 이를 근거로 하는 개념 분석은 신통하지 않다고 생각한다.[2]

아이러니하게도 어쩌면 혼란의 근원은 1960년대 초 『법의 개념』이 세계적으로 인정받을 무렵,[3] 철학에서 일상 언어 학파의 분석이 그 매력을 조금씩 잃기 시작했다는 점이다. 프레게G. Frege와 러셀B. Russell의 초기 기본 작업을 기반으로 하는 언어철학의 상당한 발전은 개념 연결에 대한 비트겐슈타인식의 분석에 대한 관심을 대체하기 시작했다. 철학자들은 자연언어에 대한 의미 이론을 구성하는 보다 야심찬 프로젝트에 관심을 갖게 되었다. 그 목적은 의미의 본질이 무엇인지, 의미가 진리치와 어떻게 관련되어 있는지, 그리고 언어가 자신이 표현하고자 하는 현실과 어떻게 관련되는지에 대한 일반 이론을 제시하는 것이었다.[4] 데이비드슨D. Davidson의 진리-조건적 의미론, 퍼트넘H. Putnam의 자연종 술어 이론, 그리고 보다 일반적으로 언어, 진리, 현실 사이의 가능한 연결에 대한 관심은 언어철학에서 보다 흥미진진한 철학적 프로젝트가 되었으며, 어떤 면에서는 법학으로 번져 갔다. 그럼에도 불구하고 분석적 법철학이 기본적으로 법의 개념 및 관련 법적 개념들을 설명하려는 시도라는 널리 공유된 관념(또는 내 관점에서 보면 잘못된 관념)은 수십 년 동안 법학 전통에 남아 있다.[5] 의미에 대한 일반 이론의 발전, 특히 의미론과 형이상학적 실재론(또는 반실재론) 사이의 연결은 법철학자들에 의해 법의 개념이 무엇

---

2 Marmor(2013a); Marmor(2010) ch.2 참조.

3 『법의 개념』은 1961년에 출판되었지만 그보다 앞서 쓰였다. 수많은 출처를 통해 아는 바와 같이 하트는 1950년대 초 이 책의 초안을 작성했지만 출판까지는 (어떤 사람들은 오스틴이 죽은 후라고 말하지만) 몇 년을 기다렸다.

4 의미의 일반 이론에 대한 관심은 물론 1960년대에 시작되지 않았다. 의미론의 기초 작업은 수십 년 전 프레게와 러셀로 거슬러 올라간다. 1960년대 후반에서 1970년대에 일어난 일은 어떤 면에서는 이러한 원대한 이론적 야망이 부활한 것인데, 후기 비트겐슈타인의 반이론적 입장을 대체로 무시하고, 1940년대와 1950년대의 옥스퍼드와 케임브리지 전통을 특징짓는 개념의 철학 분석 유형을 밀어냈다.

5 사실은 오늘날까지 지속된다. 예를 들어, Shapiro(2011) ch. 1; Raz(2009: 62~76) 참조.

이며 규범 영역의 형이상학적 측면과 어떻게 관련되는지에 대한 이론을 명확히 표현하기 위한 추가적이고 보다 정교한 도구로 사용되었다. 퍼트넘의 자연종 이론은 특히 매력적이라는 것이 입증되었고, 자연법의 어떤 견해는 "법" 및 관련 개념들의 의미에 대한 실재론적 의미 분석에 근거할 수 있다고 주장하는 길을 법철학자들에게 열어 주었다. 그리고 물론 하트의 법실증주의는 그 반대의 의미론, 때로는 관습주의 또는 기준 의미론이라는 라벨이 붙는 의미론 관점에서 재조명되었다. 이 관점에 따르면, 그의 법실증주의는 마치 "법"이라는 단어가 그 지시의 진정한 속성에 대한 사람들의 믿음과 상관없이 저 밖에 있는 어떤 규범적 실재를 가리키는 것처럼 외부주의자 의미론에 기초해 법의 개념을 이해하는 것은 말이 안 된다고 주장했다.[6]

법에 대한 의미론적 관심 그리고 필연적으로 개념 분석의 한 형태로서의 법철학에 대한 인식은 이 방법에 대한 1980년대에 시작된 드워킨R. Dworkin의 유명한 비판 속에서도 지속되었다. 『법의 제국Law's Empire』에서 드워킨은 하트의 명백한 부인에도 불구하고 그의 개념 분석을 이해하는 유일한 방법은 개념 분석을 언어 공동체에서 "법"이라는 단어가 의미하는 바를 정의하려는 시도로 간주하는 것이고, 개념 분석은 "법"의 의미를 밝히는 것을 목표로 하는 본질적으로 의미 이론이라고 주장했다. 더 나아가 드워킨은 실제로 하트의 법 분석이 단어의 의미들을 해당 언어 공동체의 구성원이 올바르게 사용하기 위해 확립되었거나 널리 공유된 기준들에 연결시키는, 특정 유형의 의미론을 가정한다고 주장했다. 드워킨은 이 의미론적 프로젝트가 절망스럽게도 잘못 수행되어 왔다고 주장했는데, 그 이론이 설명하고자 하는 "법"의 개념을 가진 변호사와 법관들이 실제로는 그러한 공유된 개념을 염두에 두고 있지 않다는 점을 설명할 수 없기 때문이다. 사실 그들은 적절한 개념이 무엇

6 이를테면 Moore(1981) 참조. 추가적인 자료나 실재론적 의미론에 관한 저자의 견해에 관해서는 Marmor(2005) ch.5 참조.

인지에 대해 종종 완전히 명시적으로 동의하지 않고, 올바른 사용을 위한 기준을 구성하는 것이 무엇인지에 대해 확실히 동의하지 않는다.[7]

법학에서의 개념 분석에 관한 드워킨의 비판에 대한 반응은 격렬했고 때로는 무시되었다.[8] 드워킨은 한편으로 의미와 정의 사이의, 다른 한편으로 단어의 의미와 개념 정의 사이의 연결에 대해 매우 단순한 견해를 가정했다는 생각이 널리 공유되었다. 비판자들이 지적하기를, 하트는 "법"이 의미하는 바를 정의하려고 시도한 적이 없는데, 그것은 개념 분석이 하려는 것이 아니기 때문이다. 더 중요한 것은 드워킨이 생각했던 것보다 기준 의미론이 훨씬 더 정교해서, 법에 대하여 드워킨이 암시한 일종의 이론적인 불일치를 쉽게 설명할 수 있다고 비판자들은 주장했다. 요컨대 법의 의미 이론에 관한 드워킨의 비판에 대하여 보다 정교한 의미 이론들 그리고 의미와 사용 간의 관계에 대한 보다 섬세한 접근에 의존해 개념 분석의 방법을 옹호하는 반응이 나타났다.

그러나 이 책에서 나의 관심은 법의 개념에 관한 것이 아니고, 물론 법적 타당성의 조건들에 관한 것도 아니다. 드워킨과 (당시 나를 포함해) 그의 비판자들이 관심을 갖게 된 방법론적 질문, 즉 우리가 법의 본질을 명확히 표현하려고 할 때 하는 그런 종류의 철학에서 언어가 기초적인 역할을 하는지에 대한 질문은 이 책에서 논의하지 않을 것이다. 여기서 나의 관심은 법적 지시의 언어적 측면에 국한된다. 법이 무엇이든 그리고 어떤 법적 타당성 기준이 선호되든 간에, 법적 내용의 상당 부분이 입법부, 사법부, 행정기관 등의 권위 있는 지시에 의해 결정된다는 점에는 의심의 여지가 없다. 권위 있는 지시 이상의 무언가가 법에 있는지, 누가 법적 권위를 갖는지를 무엇이 결정하고, 그 이유는 무엇인지 등에 대한 질문은 내가 다른 곳에서 논의한 복잡한 문제들이다.[9] 이 책에서 나의 목표는 법률의 법적 내용에 대한 추론에서 언어적 고

7 Dworkin(1986) ch.1 참조.

8 저자 또한 이 경향에서 배제되어 있지 않다. Marmor(2005: 3~8); Raz(2009) ch.2 참조.

찰과 규범적 고찰 사이의 경계를 검토하고, 법의 본질 또는 법철학의 본질에 관한 특정 이론에 의존하지 않고서 언어적 결정 요인들이 그 문제들에 대해 어떻게 작동하는지 명확히 밝히는 것이다.

물론 철학은 변화하며 패러다임은 수십 년마다 바뀐다. 의사소통의 화용적인 측면이 이전에 생각했던 것보다 언어 사용에서 훨씬 더 큰 역할을 한다는 인식이 증가함에 따라, 언어철학의 의미 이론에 대한 초점은 지난 수십 년 동안 상당히 광범위한 접근 방식으로 바뀌었다. 나는 언어적 소통에서 화용적 결정 요인의 역할에 대해 언어철학자들 사이에 일치된 의견이 있다고 제안하는 것이 아니다. 사실 의미론과 화용론 사이의 경계조차도 경쟁이 되고 논쟁이 벌어진다. 그러나 의미 이론이 정교해지고 이해에 도움이 된다 하더라도, 사람들이 일상적인 언어적 상호작용에서 어떻게 많은 양의 내용을 용케도 전달하는지 설명하기에 충분하지 않을 것이라는 인식이 높아지고 있다. 대화 참여자들이 공유하는 문맥 지식, 상호 기대치를 지배하는 규범, 그리고 국지적이고 문맥에 민감한 기타 요인 등이 발화 시에 전달된 내용을 추론하는 데 필수적인 요소들이다. 물론 의미론과 통사론은 의사소통의 필수 수단이다. 이들의 특징은 사람들이 서로 말할 수 있는 것을 가능하게 하고 제약을 가하지만, 실제로 전달된 내용을 결정하기에는 충분하지 않다. 게다가 바흐K. Bach가 우리에게 상기시키는 바와 같이,[10] 화자가 자신의 표현이 문자 그대로 의미하는 바를 정확히 전달하려고 하고, 그밖에 아무것도 하지 않을 때조차도 그렇게 하려는 화자의 의도가 발화에서 자신의 표현이 전달하는 바를 부분적으로 결정한다. (결국 화자는 같은 말을 반어적으로, 농담으로, 또는 철학 수업에서 단지 가설로 말할 수 있었을 것이다.) 간단히 말해서 언어철학에서 지난 수십 년은 언어적 소통의 화용적 (그리고 언어 행위적) 측면에 대한 관심의 증

9 Marmor(2010: 1~4) 참조.

10 이를테면, Bach(2005: 27) 참조.

가로 표현된다.

이 책의 목적은 언어철학의 최근 발전들 중 일부를 사용하여 주로 법률의 맥락에서 법적 소통의 몇 가지 핵심 측면을 설명하는 것이다. 동시에 나는 법률 영역에서 소통의 어떤 독특한 특징들이, 특히 그 전략적 성격이 언어철학의 어떤 가정들에 압력을 가하는 데 사용될 수 있어서, 법과 같은 복잡하고 방대한 시스템에서 소통의 의미적 그리고 화용적인 결정 인자들이 어떻게 작동하는지에 대한 보다 섬세한 그림을 가능하게 해 줄 수 있다는 것을 보여 주고 싶다.

법률 제정이 일종의 언어 행위라는 점에 그리고 제정된 법률의 내용을 어떻게 결정하는지에 주의를 기울임으로써 우리가 어느 정도 철학적 진전을 이룰 수 있다는 것이 이 책의 주된 가정이기 때문에, 입법이 언어 행위라는 가정은 입증할 필요가 있다. 이 다소 상식적인 가정에 대한 변호가 1장 첫 번째 부분의 주제를 형성한다. 계속해서 두 번째 부분은 법이 말하거나 주장하는 내용에 초점을 맞춰 전달된 내용이 무엇인지에 대한 토대를 제시한다. 2장에서는 법률에서 대화 함축 및 전제의 가능한 역할을 검토하면서 함축된 내용의 유용성에 주목한다. 2장의 주요 논거는 법적 소통의 전략적 성격이 법률에서 나타나는 함축된 내용의 신뢰성에 의문을 제기한다는 데 있다. 나는 입법부와 법원 모두 그들의 대화를 지배하는 규범적 틀에 대해 일정 수준의 불확실성을 유지하는 데 관심이 있다는 것을 보여 주려고 시도할 것이다. 그러한 불확실성은 적어도 때로는 완전히 주장되지는 않았지만 함축되었을 수 있는 내용을 입법부와 법원이 조작할 수 있도록 허용해 준다.

3장은 친숙한 질문이지만 이상하게도 문헌에서 거의 주목을 받지 못한 질문, 즉 법적 지시가 진리치 평가가능한 내용 또는 명제적 내용을 갖는지 여부이다. 이 질문에 대한 답은 법적 추론에 대한 우리의 설명력에 매우 중요하다. 법이 명제적 내용을 갖지 않고, 전달된 내용이 진리치에 적합하지 않으면 법적 추론의 가능성이 의심스러워진다. 추론은 명제를 전제로 삼아야 한다.

따라서 3장에서 나는 법적 지시가 진리치 평가가능한 내용을 가지고 있다는 것을 보여 주기 위해 언어 행위 분석을 채택한다. 특정 조건에서 그렇게 말하는 것이 실제 그렇게 만드는 그런 경우 중 하나가 법이라는 것을 보여 주기 위해, 나는 소설 속의 참에 대한 루이스D. Lewis의 작업과의 어떤 유추를 통해서 법적 추론의 구조적 측면 일부를 또한 다룬다.

따라서 처음 세 장은 법에서 언어의 역할에 대해 내가 제안하는 주요 이론적 틀을 설정한다. 다음 세 장은 이 틀과 이 틀이 설정하는 한계를 주로 법령 해석의 맥락에서 나타나는 어떤 특정 법적 논쟁들에 적용하는 것을 목표로 한다. 4장에서는 법에서의 모호성 문제를 다룬다. 법률 언어의 모호성은 다양한 형태로 나타나며, 이는 모호한 법령 용어들의 경계선상 사건들에 대한 사법적 해결과 관련되어야 할 다양한 종류의 규범적 고찰을 불러일으킨다고 나는 주장한다. 법의 모호성 문제는 언어적 고찰과 규범적 고찰이 법적 맥락에서 얼마나 밀접하게 얽혀 있는지, 또한 가능한 한 이들을 분리해 유지하는 것이 얼마나 중요한지를 아주 잘 보여 준다. 다시 말해서 법의 내용에 대한 어떤 결론들은 언어적 고찰에서 비롯되고, 때때로 중요하지도 않다. 법률 언어에서 발견되는 모호성 및 이와 유사한 언어적 미결정성은 법령 해석에 있어서 언어적 고찰이 갖는 몇 가지 중요한 한계를 보여 준다. 나는 그러한 한계를 어떻게 설정하고, 요구되는 다양한 종류의 규범적 고찰에 그런 한계가 어떻게 영향을 미칠 수 있는지 보여 주고자 한다.

5장에서 나는 최근 몇 년간 상당한 영향력을 얻은 '텍스트주의'라고 불리는 법령 해석 이론에 주목한다. 텍스트주의는 법률에 기초하는 것으로 주장되기 때문에 법률에 대한 언어학적 분석의 맥락에서 특히 흥미롭다. 텍스트주의는 입법 의도와 입법 목적에 의존하지 않고, 입법자가 법 제정을 통해 실제로 전달한 내용에 따라서만 법을 해석할 것을 법관에게 촉구한다. 이 장에서 나는 텍스트주의의 주요 통찰 중 몇 가지가 중요하다고 주장하며, 우리가 1장에서 탐구한 노선을 따라 법의 주장적 내용의 결정 요인에 대해 매우 합리적인 견해를 가정한다. 그러나 2장과 4장에서 배운 교훈을 바탕으로, 우리는 텍스트주의가 지지자들이 주장하는 것만큼 법령 해석 이론에 거의 도움이 되지 않는다는 것을 알게 될 것이다. 여기서의 일반적인 교훈은 법정 언어에서 모호성의 역할을 조사하면서 배운 교훈과 유사하다. 즉, 언어적 결정 요인은 법령 해석에서 발생하는 어떤 질문들을 형성하는 데 중요하지만 답변을 제공하기에는 충분하지 않다.

유사한 교훈이 헌법 해석의 맥락에서 더욱 두드러지게 나타난다. 6장에서는 헌법 해석의 맥락에서 일반적인 평가적 개념 그리고 이에 대한 가능한 관념들 사이의 구별이 갖는 역할을 검토한다. 이 장에서는 '개념 대 관념들' 간의 구분을 이해하기 위한 두 가지 가능한 의미 모형을 제시하며, 둘 중 어느 것도 과제에 적합하지 않다고 주장한다. 헌법에서 발견되는 일반적인 평가적 개념들에 관한 의미론과 화용론 사이의 관계에 약간의 압력을 가함으로써, 헌법 해석에 대한 주요 논쟁들이 그것들의 근본적인 도덕적·정치적 차원으로부터 분리될 수 없다는 것을 보여 주려고 한다. 헌법에 나타나는 일반적인 개념들의 언어를 이해하는 방법에 대한 견해를 형성하기 전에, 먼저 헌법이 정립하는 담화의 본질에 대한 견해를 형성해야 하며, 담화의 본질에 대한 견해는 입헌주의의 도덕적 정당성에 결정적으로 의존한다.

법에서 소통의 언어적 측면에 초점을 맞춤으로써 나는 약간의 진전을 이루길 희망한다. 그러나 철학에서 진보는 아주 작은 단계들로 이루어진다. 나는 언어철학에서 빌린 몇 가지 도구를 사용해 법 해석의 맥락에서 발생하는 몇 가지 질문들을 설명하고자 한다. 그 과정에서 나는 법적 맥락에서 이러한 도구들을 사용함에 있어 우리가 도구들 자체를 재검토할 필요가 있다는 것을 보여 주고자 하며, 법에서의 소통을 구성하는 고유한 맥락에 비추어 그 도구들을 약간 수정할 것을 제안한다. 그러나 도구가 화려하고 유용할지라도 모든 문제를 해결할 수 있다고 가정하는 것은 어리석은 일이다. 망치만 있으면 모든 것이 못처럼 보이기 시작한다고 한다. 나는 확실히 내가 이런 실수를 하지 않기를 바란다. 언어철학은 법률 분석에 매우 유용한 도구이지만 이용가능성이 제한된 하나의 도구일 뿐이며, 내가 이 책에서 보여 주고자 하는 것의 일부분은 바로 그러한 한계이다.

1장

법은 무엇을 말하고 있는가?

What Does the Law say?

법을 만들 수 있는 많은 방법들이 있다. 입법부는 어떤 정해진 절차에 따라 법을 제정하고 법관은 법원에서 법적 결정을 내리는데, 법원은 때때로 새로운 법을 만들거나 기존의 법을 수정한다. 그리고 수많은 행정기관들은 법령에 의해 부여된 권한에 따라 규정들을 공표한다. 이 책에서 나는 이러한 입법 행위들이 모두 '언어 행위'이며, 우리는 그것들이 어떤 종류의 언어 행위이고 어떻게 법의 내용을 결정하는지 면밀히 검토함으로써 약간의 통찰력을 얻고 철학적 발전을 이룰 수 있다는 꽤 단순한 견해를 취할 것이다. 법률 제정에 대해 우리가 달리 말하고 싶은 것이 무엇이든 간에, 나는 입법이란 입법 기관이 새로운 법 제정을 목표로 특정한 내용을 전달하는 의사소통의 한 예라는 상식 정도로 받아들인다. 그러나 상식이 철학적 논쟁을 가로막은 적은 없다. 예를 들어, 그린버그Mark Greenberg는 "입법은 법을 만들기 위해 언어를 사용한다 … 하지만 그렇게 하는 것은 소통을 필요로 하지도 않고, 의사소통 모델에서 잘 이해되지도 않는다. 입법부는 법안을 제정함으로써 어떤 것을 소통하려고 의도할 필요가 없다." 그리고 우리는 "입법에 소통이 필요 없다고 단순히 가정할 수 있다"라고 주장한다.[1]

물론, 법률적인 맥락에서 언어철학을 사용하는 것에 대한 이 회의론에 그린버그 혼자만 있는 것이 아니지만, 아마도 그가 이에 대해 가장 노골적일 것이다. 드워킨은 오래 전부터 법의 내용이 단순히 입법자들이 말하는 것에 의해서 결정되는 것이 결코 아니라고 주장해 왔다. 법이란 이런저런 해석에 의해 언제나 중재되고, 다음으로 그 해석은 반드시 어떤 도덕적 판단에 의존하게 된다.[2] 일반적으로 말해서 법 해석주의로 불리는 이런 견해는 언어와 의사소통을 더 잘 이해하면 법을 더 잘 이해하는 데 도움이 된다는 생각에 다소 회의적이다.

이 논쟁에는 많은 복잡한 문제들이 포함되어 있다. 논쟁의 일부는 법의 본질에 관한 것이고, 특히 법이 권위 있는 지시로 이루어져 있는지에 대한 질문이다. 또한 일부는 언어의 본질에 관한 것이고, 일부는 법철학의 본질에 관한 방법론적 문제에 관한 것이다.[3] 나는 이 모든 문제를 여기서 다루기를 바랄 수는 없지만, 법 제정이 언어 행위라는 상식적인 견해가 왜 사실이고 단순한 상식인지를 분명히 하고 싶다. 1장의 첫 부분에서는 이것을 다루고, 나머지 부분에서는 법이 말하는 것에 대한 주요 결정 요인인 의미적 그리고 화용적 요인을 살펴볼 것이다.

1 Greenberg(2011: 256) 참조.

2 이를테면, Dworkin(1986) ch.1~3 참조.

3 다른 곳에서 저자는 법 해석주의에 관한 첫 번째와 세 번째의 관심을 자세하게 다룬 바 있다. Marmor(2010) ch.1~4; Marmor(2013a) 참조.

1. 언어 행위로서의 법 제정

내가 여기서 옹호하려고 노력하는 단순한 또는 "표준적인" 견해는 다음과 같이 표현될 수 있다. 법을 제정하는 입법자들의 집단행동은 집단적 언어 행위인데, 이 경우 기본적으로는 투표에 부쳐지는 법률의 내용이 소통된다. 이런 소통된 내용이 그 언어 행위의 법적 내용에 해당된다. 물론 이것은 단지 법률의 내용에 대해 제기되는 해석학상의 의문들이 법 제정에서 소통되는 내용에 의해 해소된다는 것을 의미하는 것은 아니다. 여느 일반 언어와 마찬가지로 일부 내용은 화자가 성공적으로 전달한 내용에 의해서 결정되고, 일부 관련 내용은 결정되지 않은 상태로 남아 있을 수 있다. 그러나 입법부가 성공적으로 주장한 내용이 그 언어 행위의 법적 내용이며, 입법부가 주장하는 내용과 그 언어 행위의 법적 내용 사이에는 차이가 없다. 법이 말하는 것이 법이다.[4]

언어적 소통에 대해 잘 확립되어 있고 특별히 논쟁의 여지가 없는 측면들부터 시작하자. 사람들은 매우 다양한 목적을 위해 자연언어의 단어와 문장을 표현한다. 말하자면 어떤 단어를 표현해서 할 수 있는 다른 일들이 있다('발화수반행위'라 부른다). 예를 들면, 사람은 진술을 할 수 있다. 즉, 우리가 참인지 거짓인지 물어볼 수 있는 어떤 명제 내용을 전달할 수 있다. 그 외에도 약속을 하거나 질문을 하거나 요구를 하거나 초대를 하거나 회의를 연기하거나 판결을 내릴 수 있다. 간단히 말해서 자연언어의 어떤 표현을 발화함으로써 사람들이 수행할 수 있는 수많은 종류의 발화수반행위들이 있고, 이들 중 명제를 주장하거나 진술하는 것이 가장 중요한 행위이다. 그러나 이 경우에 대해 대부분의 철학자들이 관심을 갖는 그럴만한 이유가 있다. 즉, 우리는 대개 진리치에 관심을 갖고 있고, 어떤 명제 내용을 표현하는 진술만이 대체로

4 2장에서 우리는 함축과 전제에 대한 것들이 보다 복잡해지는 것을 보게 될 것이다.

참이거나 거짓일 수 있다. 따라서 어떤 명제 내용을 진술하거나 주장하는 경우가 발화행위에 의해(즉, 자연언어의 어떤 단어나 문장을 표현함으로써) 수행될 수 있는 발화수반행위의 단지 한 유형이라는 것을 염두에 두고, 우리는 주로 이 경우에 초점을 맞출 것이다.

물론 법적 지시가 진리치를 평가할 수 있는 어떤 내용을 진술하거나 주장하는 행위인지 아닌지는 열려 있는 문제이다. 우리가 법령이나 다른 훈령에서 찾을 수 있는 종류의 법 규정이 진리치를 평가할 수 있는 어떤 종류의 명제 내용을 전달한다는 것은 명백하지 않다. 이에 대한 긍정적 견해가 3장에서 자세히 펼쳐진다. 지금으로서는 화자가 어떤 것을 진술하거나 주장하는 것을 대상으로 하는 일상적인 대화의 모델들이 우리가 사용할 수 있는 적절한 이론적인 틀을 제공하고, 우리가 진행해 가면서 법률 담론에 대해 행하는 수정과 조정을 처리해 준다고 가정할 것이다.

우리가 사용할 논란의 여지가 없는 또 다른 구분은 주어진 문맥에서 화자가 어떤 것을 표현함으로써 전달할 수 있는 내용의 상이한 수준이나 종류이다. 가장 중요한 것은 '말해지거나 주장되는 것', 그리고 주어진 문맥에서 발화에 의해 정확히 말해지지는 않았지만 '함축된 것(또는 전제된 것)'을 구별하는 것이 매우 유용하다고 입증되었다. 예를 들어 놀이공원 입구에 있는 "5세 이상의 어린이는 표를 구입해야 한다"라는 표지판을 생각해 보자. 이 표지판에는 5세 이상의 어린이들에 대한 어떤 것이 쓰여 있는데, 그들은 입장권을 구입해야 한다는 것이고, 또한 비록 그렇게 명시되어 있지는 않지만 5세 미만의 어린이들은 무료로 입장한다는 것을 '함축한다'. 이와 비슷하게 만약 누군가가 "우리 학생 중 몇몇이 자격시험에 떨어졌다"라고 말한다면, 비록 말해지거나 주장되지 않았더라도 몇몇 학생들은 시험에 떨어지지 않았다는 것을 함축한다. 이 장에서는 발화의 '주장된 내용'에 초점을 맞추고, 다음 장에서는 '함축된 내용'에 대한 상세한 토론에 집중할 것이다.

발화에 의해서 말하거나 전달하는 것 중 일부는 사용된 단어와 문장의 구조에 의미적으로 그리고 통사적으로 부호화되어 있다. 우리는 이것을 발화의 '의미적 내용'이라고 부를 수 있다. 주어진 문맥에서 발화에 의해 실제로 전달되는 것 중 얼마 정도가 의미적 내용에 의해 결정되는지는 논쟁의 여지가 있으며, 이 논쟁의 일부를 다음에서 살펴볼 것이다. 그러나 언어 표현에 의해 말하는 것(과 함축된 것)을 이해하는 우리의 능력은 의미론과 통사론에 의해 부분적으로 가능하고 부분적으로 제약을 받지만, 그것에 의해 완전히 결정되는 경우는 없다고 언어철학자와 언어학자 사이에 폭넓은 합의가 있다. 한 가지 우리가 명심할 것은 화자가 일반적인 또는 어휘적인 의미에 따라 문장이나 표현을 사용할 필요가 없다는 것이다. 그리고 중요한 것은 화자가 문자 그대로 또는 의미적으로 뜻하는 바를 정확히 말하는 문장을 발화한다고 하더라도, 그렇게 하는 화자의 '의도'가 그 상황에서 그 발화가 진술하거나 주장하는 바를 부분적으로 결정짓는다는 것이다. 간단히 말해서 자연언어로 발화를 표현하는 것은 필연적으로 하나의 언어 행위이며, 즉 어떤 특정한 의도를 가지고 수행하는 어떤 것이다.[5] 그리고 어떤 내용을 전달하려는 화자의 의도가 청자에 의해 완전히 파악될 때, 언어 행위는 그 내용을 전달하는 데 성공한다고 일반적으로 가정한다. (자세한 내용은 아래와 같다.)

일반적으로 언어 행위는 대부분의 다른 행위들과 마찬가지로 개인에 의해 수행된다. 그러나 법률 제정은 보통 개인이 수행하는 행위가 아니고, 종종 수백 명의 사람들로 구성된 집단에 의해서 수행된다. 그러므로 이 회의적인 여정의 첫 번째 단계는 (어떤 종류의 것이든) 언어 행위가 특히 입법부만큼 크고 다양한 사람들의 집단에 의해 수행될 수 있는지 의심하는 것이다. 그런 의구심의 출처는 무엇일까? 아마도 행위가 집단에 귀속될 수 있다는 생각이 그 출처는 아니다. 일반적으로 큰 어려움 없이 하나의 집단을 이루는 개개인들의 집단에 귀속시키는 의도적인 행위의 수많은 예들이 있다. USC의 트로얀

5 Bach(2005: 27) 참조.

Trojans 팀이 UCLA의 브루인스Bruins 팀을 상대로 축구 경기를 할 때 그 경기는 개인이 아닌 두 집단이 한다. 우리는 "트로얀이 7점을 기록했다" 혹은 "트로얀이 브루인스를 상대로 경기를 이겼다"라고 말할 것이다. 이 진술들이 비유적으로 사용된 것은 아니다. 비록 그 집단의 행위들로 간주되는 행위들이 다른 개별 선수들과 협력해 행동하는 개별 선수들에 의해 이루어지더라도, 그 집단이 말 그대로 점수를 따거나 경기에서 이긴 것이다. 물론 축구를 하는 것은 언어 행위가 아니다. 그래서 제기되는 질문은 집단이 언어 행위를 수행할 수 있다는 견해를 어렵게 만드는 특별한 것이 언어 행위에 있는가 하는 것이다.

1인칭 복수형이 일상적인 발화 도처에 나타난다는 점은 사람들이 집단적 언어 행위를 할 수 없다는 생각을 의심하게 만든다. 우리는 당신을 파티에 초대할 수도 있고, 당신에게 약속을 할 수도 있고, 애도를 표할 수도 있다. 사실 이러한 대부분의 경우 집단을 대표해 언어 행위를 수행하는 개인 화자가 있다. 내 아내 옆에 서서 내가 당신에게 "다음 주에 당신을 저녁식사에 초대하고 싶습니다"라고 말함으로써 나는 나와 내 아내를 대표해서 당신을 초대한다. 하지만 물론 아내와 나는 입을 모아 말하지 않는다. "우리"라는 단어를 사용함으로써 나는 우리 둘 모두를 대표해서 그 행위를 수행한다. 하지만 이제 내 아내가 "다음주 수요일이 어때요. 괜찮으시겠어요?"라고 계속 말했다고 가정해 보자. 그러면 이제 우리의 초대가 말하자면 집단 행위라는 것이 당신에게 더욱 분명해진다. 우리 둘 다 부부로서 당신에게 초대장을 보내는 것이다. 1인칭 복수형을 사용하는 것이 그 상황에서 정당하다면 누가 무엇을 정확히 말하는가는 실제 중요하지 않다. 그리고 확실히 많은 경우가 그렇다.

회의론자들은 집단적 언어 행위가 어떤 경우에는 작동하더라도 민주적인 입법 의회의 문맥에서는 작동하지 않는다고 주장할 수 있다. 입법자 개개인들은 적어도 질서 있는 민주주의 체제에서 입법부를 대변하지 않는다. 그들은 집단 전체를 대변해서 말하는 것이 아니고, 법안에 투표함으로써 집단으로서 법을 제정한다. 하지만 물론 입법 기관의 투표 절차는 집단적 발화가 질서 정연한 (그리고 아마도 민주적인) 방식으로 수행될 수 있도록 하기 위해 도입된 메커니즘이다. 그래서 지금 제기되는 질문은 법안에 대한 투표가 언어 행위인지 아닌지이다. 그린버그는 그것이 언어 행위라는 점을 분명히 의심한다. 그는 개개인이 투표를 통해 매우 다른 메시지를 전달하려는 무언가에 찬성표를 던질 수 있다고 지적한다. 2000년 미국 대통령 선거에서 네이더Ralph Nader에게 투표함으로써 네이더가 대통령이 되기를 원한다는 메시지를 전달하려고 의도한 유권자가 거의 없다는 것을 그린버그는 상기시킨다. 네이더의 지지자들 대부분은 전통적인 양당 체제에 불만이 있다는 아주 다른 메시지를 전달하기를 원했다.[6] 그리고 물론 그와 같은 일은 항상 일어난다.

개개인은 다른 이유로 동일한 것을 말할 수 있다. 사람들이 매우 다른 이유로 네이더에게 투표했다는 점은 요점을 벗어난다. 그리고 그들 중 다수는 일반적인 정치 체제에 대한 상징적인 반대와 같은 어떤 추가적 메시지를 전달하려고 의도했다는 점도 또한 요점을 벗어난다. 이 중 어느 것도 대선에서 투표함으로써 실제로 주장하는 내용이 무엇인가에 대한 질문과는 관련이 없다. 투표는 항상 특정한 질문에 대한 대답이다. 투표로 주장되는 내용은 그 질문에 대한 유권자의 대답이다. 대선에서 질문은 "당신은 누가 정말 대통령이 되기를 원하는가?"가 아니다. 질문은 "시스템이 당신의 표를 어떻게 셀까요? X에, Y에, 또는 Z에 찬성?"이다. X에 투표함으로써 당신은 당신의 한 표를 X에 반영한다는 메시지를 전달한다. 이제 물론 당신은 X에 투표할 온갖 이유가 있을 수 있고, 당신이 했던 것처럼 투표를 통해 모든 종류의 추가적인 메시지를 전달하고 싶을 수도 있지만, 선거라는 민주주의 시스템으로 인해 당신의 이유가 중요하지 않게 된다. 선거제도는 이유를 세지 않고, 선택을 센다. 당신이 투표로 말하는 것, 즉 당신이 주장하는 내용은 당신이 한 선택이다.

물론 (다른 행위들과 마찬가지로) 언어 행위가 종종 다양한 목적과 의도를 염

6 Greenberg(2011: 234) 참조.

두에 두고 행해진다는 점은 그린버그가 옳다. 그러나 언어 행위에 수반되는 모든 종류의 의도가 해당 발화에 의해 주장되는 내용의 일부를 형성하지는 않는다. 예를 들어, 디너파티를 위해 초대장을 보내는 언어 행위를 생각해 보자. A, B, C가 X에게 동일한 초대장을 (개별적으로 그리고 서로 무관하게) 보낸다고 가정하자.

(1) "다음 주 토요일 제 디너파티에 와 주신다면 기쁠 것 같습니다."

A는 X와의 친분을 소중히 여겨 그가 저녁 식사에 참석하기를 정말로 원하기 때문에 (1)을 표현했다고 가정해 보자. 하지만 B의 경우 X의 친구들이 초대되었고 B는 X의 기분을 상하게 하고 싶지 않았기 때문에 (1)을 표현했고, 반면 C는 초대받지 않은 Y를 단지 괴롭히고자 X를 저녁식사에 초대했다. 그럼에도 불구하고 (1)에 의해 표현된 발화는 동일한 주장적 내용, 즉 디너파티에 초대한다는 내용을 전달한다.

이 중 어느 것도 우리가 선거 제도에서 직면할 수도 있는 복잡한 문제들을 과소평가하려는 의도는 없다. 종종 투표는 매우 복잡한 문제이며, 투표 시스템이 대다수의 실제 선호나 의도와는 다른 결과를 내는 일이 분명 일어날 수 있다. 그러나 이러한 복잡성은 대부분 요점을 벗어난다. 여기서 중요한 질문은 다수의 선호가 결과에 적절하게 반영되도록 투표 제도가 보장하는지가 아니라(다수의 경우 그렇지 않지만), 제안된 법안에 대한 투표 행위가 언어 행위인지 아닌지이다. 먼저 간단한 모델을 하나 들어보자. 당신이 소속된 학과의 학부 커리큘럼 개정을 제안하는 업무가 소위원회에 배당되었다고 가정해 보자. 위원회 구성원이 5명이고, 그들은 개정된 교육과정에 대해 어떤 제안을 할 것으로 예상된다고 하자. 위원회는 회의를 개최하고, 제안사항을 제출하고, 거부하거나 또는 수정하고, 심의 등을 잠시 거친다. 그러다가 어느 순간 위원장은 표결에 부칠 제안된 개정안을 내놓는다. 위원들이 읽어 볼 수 있는

T라는 텍스트가 있고, T의 승인 여부를 묻는다고 가정해 보자. 그래서 4명의 구성원이 찬성표를 던지고 한 명이 반대표를 던졌다고 가정하자. 여기서 보통 과반수이면 충분하다고 가정하면, 그 결과 T가 승인되고 위원회의 권고로 간주된다.

T의 내용이 위원회의 공식 권고사항이라는 제안에 문제가 있는가? 아마 아닐 것이다. 그렇다면 T를 승인하기 위한 투표를 통해 위원회가 집단으로 T를 승인했다는 제안에 반대하는 것은 무엇인가? 아마도 이런 형식화에도 문제가 없을 것이다. 그렇다면 위원회가 집단으로서 T의 내용을 (권장 커리큘럼 개정안으로서) 교수진에게 전달할 목적으로 언어 행위를 수행한다는 제안에서 문제점은 무엇인가? 나는 이와 관련해서 어떤 문제점도 보지 못한다.

그린버그는 어떤 곳에서 다음과 같이 말한다. "아마 전형적인 경우일 텐데, 입법자들은 법령 텍스트의 해당 조항과 관련해서 소통 의도를 갖지 않는다. 대부분의 입법자들이 그들이 투표하는 법령의 텍스트를 읽지 않는다는 점은 논란의 여지가 없다. 방대한 양의 제정 법률이 이를 확인해 준다."[7] 이 관심사를 수용하기 위해 우리의 예를 수정해 보자. 즉, 텍스트 T에게 찬성 투표한 위원회 위원 중 한 명이 실제로 그 문서를 읽지 않았다고 가정해 보자. T의 내용이 무엇인지에 대해 매우 모호하고 부정확한 생각만 갖고 있었지만 그럼에도 불구하고 승인에 투표했다고 가정해 보자. 그렇다고 하더라도 T를 찬성하는 투표에 참여했지만 찬성표가 위원회의 권고로 간주되어 학과 교수진에게 전달되었다는 것을 몰랐다고 한다면 매우 이상할 것이다. 제도적 결정에 투표하는 사람들은 전형적으로 그들이 무엇을 하는지 알고 있다는 것에 의심의 여지가 없다. 그들은 어떤 내용이 제도적 결정으로 전달되는 의사결정 과정에 자신들이 참여한다는 것을 알고 있다. 이러한 과정의 참가자 중 일부는 그 내용이 무엇인지에 전혀 관심이 없을 수 있다. 의심할 여지없이 빈번히 그들

7 Greenberg(2011: 239) 참조.

은 사실을 더 잘 아는 다른 사람들에게 의존한다. 그 결과, 집단 결정에 대한 그들의 기여를 그들이 의존하는 다른 구성원에게 위임하게 된다. 그러나 법안에 대한 표결로 끝나는 집단 결정이 언어 행위라는 것을 이 중 어느 것이 의심스럽게 만드는지 나는 알 수 없었다.

여기서 교훈을 일반화해서 말하면 다음과 같다. 민주적 기관의 투표 절차는 그 기관 구성원들의 주관적 심리상태를 취합하기 위한 것이 아니다. 투표 절차는 기관의 결정을 도출하기 위한 것이다. 그러한 절차에 참여하는 사람들은 종종 자신들이 투표하는 결의안에 대해 많은 의구심을 갖고 있다. 때때로 그들은 그것에 대해 거의 신경 쓰지 않거나 심지어 그들이 정확히 무엇에 대해 투표하고 있는지조차 모른다. 간단히 말해서 민주적인 절차에서 투표하는 것이 반드시 유권자들의 주관적인 선호도를 반영하는 것은 아니다. 그러나 입법자들이 특정 결의안에 찬성표를 던질 때, 결의안의 내용을 해당 기관의 공식 결정으로 전달하겠다는 의사를 표명한다. 사회 제도적 사실의 문제로서 결의안에 대한 투표가 바로 이것이다. 제안된 결정에 찬성표를 던졌지만 의사결정을 제도적으로 승인받으려는 의도를 전달한다는 것을 인식하지 못한다면, 당신은 그저 자신이 무엇을 하고 있는지 모를 뿐이다. 심지어 입법자들조차 이를 인식하지 못하는 경우가 종종 있다.

입법이 필연적으로 소통 행위라는 점을 의심하는 사람들은 소통하지 않고 법을 만들 수 있는 가능성을 생각할 필요가 있다. 그것이 어떻게 이루어질 수 있을까? 법을 철저히 비밀에 부쳐 소통에 실패하는 (민주적) 입법부를 가질 수 있을까? 그것은 아마 통하지 않을 것이다. 자신이 만드는 법을 체계적으로 소통하지 못하는 입법 당국은 존재하지 않을 것이다. 그러므로 "소통 모델"에 대한 그린버그의 의구심은 법이 비밀리에 유지될 수 없다는 단순한 진실을 의심하는 것이 아니라고 본다. 법은 대중에게 혹은 최소한 일부 관련 대중에게 전달되어야 한다.

그러므로 여기에 어떤 그럴듯한 우려가 있다면 그 우려는 다른 곳에 있음에 틀림없다. 모든 종류의 언어 행위가 화자에 의해 주장된 어떤 내용을 전달하는 것이 아니라는 것은 상당히 맞는 말이다. 어떤 언어 행위는 아무것도 주장하지 않고 진리치를 평가할 수 있는 내용을 전달하지도 않는다. 예를 들어 인사하는 언어 행위는 아무것도 주장하지 않고 어떤 것을 전달한다. 아는 사람에게 "좋은 아침"이라고 말함으로써 당신은 아침이 좋다는 (또는 아침이 좋아야만 한다는 혹은 그와 비슷한 어떤) 명제 내용을 전달하려고 의도하지 않는다. 말하자면 관례에 대한 당신의 인식과 그것에 대한 준수를 전달하기 위해 당신은 관례적인 사회적 게임에서 단지 조치를 취하는 것이다. 그러나 입법적 언어 행위가 진리치를 갖는가는 그린버그의 걱정거리가 아니다. 그는 입법 발화의 주장적 내용으로 간주되는 것이 분명하지 않다고 말하려는 것으로 보인다.

이 점에 관하여 그린버그는 발화의 주장적인 내용을 정확히 구성하는 것이 무엇인지에 대해 언어철학의 문헌들에서 약간의 논란이 있다고 지적한다. 그라이스P. Grice의 관점에 따르면 화자의 소통 의도는 전적으로 그러한 내용을 구성한다. 화자가 실제로 말하고자 했던 것이 주장된 내용이다. 다른 견해에 따르면, 화자의 주관적인 의도는 주장적인 내용을 단지 부분적으로만 구성하고, 화자는 의도했던 모든 것을 때때로 전달하지 못할 수 있다. 그러므로 언어 행위에 의해 말해지거나 주장되는 내용은 부분적으로 그에 대한 이성적인 이해에 달려 있다. (내가 동의하는) 이 견해에서 보면 화자가 표현한 것, 관련된 문맥 지식, 그리고 준수해야 할 관련 대화 규범들이 주어질 경우, 주장적 내용은 발화의 문맥상 배경을 완전히 알고 있는 이성적인 청자가 이해할 수 있는 그리고 화자가 전달하고자 하는 그런 종류의 내용으로 정의된다.

그러나 일단 우리가 주장적 내용의 정의에 객관적인 요소를 도입하면 그린버그는 다음과 같이 주장한다. "어떤 객관적 개념을 선택하는 것은 규범적 근거에 의해 옹호되어야 할 것이다 … 일단 우리가 화자의 실제 소통 의도를 확인하지 않고 소통 내용을 귀속시킬 때 어떤 내용이 귀속되는가는 화자에 대해 우리가 어떤 가정을 하는가에 부분적으로 달려 있다."[8]

이 주장에는 몇 가지 문제가 있다. 먼저, 주장적 내용의 객관적 관념을 "규범적 근거에 따라 옹호해야" 하는 것은 아니다. 주장적 내용의 객관적 관념은 여기에 '약간의 규범적 요소가 있다'라는 것을 우리에게 알려 준다. 즉, 발화에 의해 말해지는 것은 모든 관련 사실을 알고 있는 어떤 이성적인 사람이 화자가 전달하고자 의도한 바를 어떻게 이해할 수 있는가에 부분적으로 달려 있다. 이것은 규범적인 주장에서 나온 것이 아니다. 그것은 사람들이 그들이 전달하고자 했던 모든 것을 전달하지 못할 수 있다는 관찰에서 비롯된다. 예를 들어, 의미론은 철저히 규범적이지만 우리는 이 사실을 확립하기 위해 규범적인 논증이 필요하지 않다. 그것은 단지 의미가 무엇인지에 대한 하나의 사실일 뿐이며, 어떤 규범들을 따르고 있다는 것에 (적어도 부분적으로는) 그 본질이 있다.

물론 입법자가 어떤 화자와 마찬가지로 자기가 원하는 것을 주장하고자 의도하는 것은 가능하다. 화자 S는 청자 H에게 창문을 닫아 달라는 요청을 전달하고자 마음속에서 주관적으로 '의도하면서', 청자에게 "제발 문을 닫아 주세요"라는 문장을 말할 수 있다. 청자가 그 표현의 문맥에서 발화로부터 추론할 수 없는 무언가를 사람들이 말하려고 의도하는 것은 매우 드문 일이 아니다. 전통적인 그라이스식 관념에 따르면 소통 의도는 다른 의도들과 마찬가지로 순전히 주관적인 개념이며, 화자의 마음 상태에 대한 사실이다. 그리고 이 점은 꽤 옳아 보이지만, 그렇다고 해서 주장적 내용이 무엇인지를 반드시 해결해 주지는 않는다. 여기에는 두 가지 종류의 사실이 있다. ① 상황 C에서 청자 H에게 텍스트 T를 발화함으로써 말하고자 했던 것에 속하는 화자의 의도, 즉 소통 의도에 관련된 사실, 그리고 ② 상황 C와 관련된 모든 인식론적 배경을 공유하는 이성적인 청자는 화자 S가 상황 C에서 T를 발화함으로써 전

8 Greenberg(2011: 232) 참조.

달하고자 했던 것을 추론한다는 객관적 사실이 그것이다. 그리고 이 두 가지 사실이 분리될 수 있다. 그렇다면 우리는 어느 것을 '발화의 주장적 내용'이라고 부를까? 화자에 의해 주관적으로 의도된 것 또는 이성적인 이해에 존재하는 것?

그린버그의 우려를 이해하는 한 가지 방법은 그 답변이 문제의 발화에 대한 청자의 관심과 그것에 관심을 기울이는 이유에 달려 있다고 생각하는 것이다. 그리고 그것은 다음과 같은 생각, 즉 아마도 우리가 특정 대화 문맥에서 어떤 종류의 내용에 관심을 가져야 하는지에 대한 고려에 따라 주장적인 내용에 대한 주관적인 개념과 객관적인 개념 사이의 선택이 규범적인 것이라는 생각에 어느 정도 타당성을 부여할 수 있다. 이제 다양한 종류의 주장에 대한 우리의 관심이 우리를 화자의 주관적인 의도에 더 많거나 더 적은 관심을 기울이게 할 수 있다는 것은 확실하다. 친밀한 대화에서 우리는 어떤 객관적인 의미의 말해진 것에 대한 것보다는 의도에 더 신경을 쓴다. 그리고 법의 경우 법관들은 입법자들이 말하고자 의도한 것에 대해서가 아니라 법이 실제로 말하는 것에 대해 관심을 가져야 한다고 주장할 수 있다.[9] 그러나 이것은 우리가 언어적 소통의 다양한 측면에 주목해야 하는 이유에 대한 질문과 관련된 규범적인 문제이다. 심리학자는 당신이 말한 것의 내용에 대해서보다는 왜 당신이 무언가에 대해 아마도 무의식적으로 말하는지에 대해 더 신경 쓸지도 모르지만, 그것이 그의 일이기 때문이다. 하지만 심리학자와 상담할 때 당신의 표현에 담긴 주장적 내용이 당신이 말하고 있는 것을 말하는 동기에 의해 ─ 숨기든 그렇지 않든 ─ 결정된다는 것을 의미하지는 않는다. 심리학자는 아마도 일차적으로 당신의 표현이 실제로 주장하는 것에 대해 관심을 가질 뿐만 아니라 그 밖의 다른 것에도 관심을 가질 만한 이유가 있다는 것을 의미할 뿐이다. 마찬가지로 때로는 화자가 전달하고자 하는 바를 전달하지

9 이 점에 관해 이 책 5장에서 자세하게 다룰 것이다.

못하더라도 주의를 기울여야 할 이유가 있다. 이것은 주장적인 내용을 주관적으로 만들지 않을 것이다. 이는 단순히 주장적 내용이 청자가 관심을 가질 수 있는 유일한 것이 아니라는 것을 의미한다. 그리고 물론 이것은 입법에도 해당될 수 있다. 법률 해석의 다양한 맥락에서 그리고 다양한 목적을 위해, 우리는 입법적 언어 행위가 말하는 것 이외에 다른 소통 측면들에 대해 주의를 기울일지도 모른다.

그러나 닐Stephen Neale은 여기서 우리가 두 종류의 사실들, 즉 의도에 대한 사실 및 이성적인 이해에 대한 사실만을 가지고 있을 뿐이며, 이러한 유형의 사실들 중 어느 것에도 "주장적 내용"에 대한 어떤 선이론적인 개념을 포착할 수 있는 특권을 부여할 수 없다고 주장한다.[10] 이것이 옳은 것인지는 확신할 수 없다. 사실 그것은 반대일 수 있다. 즉, 선이론적으로 보면 화자가 실제로 말한 것과 화자가 말하고자 의도한 것 사이에는 매우 분명한 차이가 있다. 보통 우리는 이것을 혼동하지 않는다. 만약 내 아내가 내게 문을 닫아 달라고 부탁하지만 그녀가 말을 잘못했고, 그녀가 정말로 요청하려고 했던 것이 나로 하여금 창문을 닫게 하는 것이라는 것을 우연히 알게 된다면 나는 가서 창문을 닫을 것이다. 하지만 아내가 표현한 말이 비록 "문을 닫아 주세요Close the door"라고 할지라도, 내 아내가 실제로 한 '말'이 "창문을 닫아 주세요Shut the window"라고 주장하는 것은 매우 이상할 것이다. 우리는 오히려 그녀가 실제로 발화한 것은 문을 닫으라는 요청이었지만 그녀가 나에게 창문을 닫아 달라고 부탁할 의도였다고 말하고 싶다. 그래서 화자가 의도한 것에 대한 주관적인 개념과 대조적으로, 객관적인 주장된 내용에 대한 직관적이고 선이론적인 개념이 있다. 이는 마치 의도한 것 또는 무언가를 하려고 시도하는 것과

---

10 S. Neale, "Textualism with Intent" 참고. 텍스트에서 닐에게 귀속시키는 특정한 포인트는 2013년 3월에 Fordham Law School에서 constitutional interpretation 주제로 열린 학술대회 발표 중에서 청중과의 토론에서 나왔다.

그것을 행하는 것 사이에 차이의 선이론적 개념이 존재하는 것과 같다. 사람들은 시도하거나 하고자 의도한 것을 항상 행하지는 않는다. 내가 문을 바깥쪽으로 밀어서 열려고 할지도 모르지만, 문이 안쪽으로 열린다면 나는 실제로 문을 열지 않고 닫고 있는 (또는 닫힌 상태로 두는) 것이다. 이론적으로 말하면 우리는 화자가 표현하고 싶었을 수도 있는 것을 표현하지 못할 수 있다는 가능성을 열어 두어야 한다. 즉, 주어진 문맥에서 발화된 내용이 실제로 화자가 말하고자 했던 것이 아닐 수도 있다. 그래서 관련 문맥 지식을 공유하는 합리적인 청자가 해당 발언이 그 표현의 문맥에서 나타나는 내용이라고 추론할 수 있는 그런 종류의 내용처럼, 주장된 내용의 개념을 객관적으로 이해할 수 있는 직관적이고 이론적인 몇 가지 타당한 이유들이 있다.

결론적으로 그린버그가 집단적 언어 행위의 한 형태로서의 입법 절차에 대해 의심하는 것은 입법이 어떤 종류의 소통적 행위인가에 대한 질문과, 투표 혹은 보다 일반적으로 입법이 입법자들의 주관적인 의도를 반드시 반영하는가에 대한 매우 다른 질문 간 혼란에서 비롯된다. 두 번째 질문에 대한 대답이 '아니오'라는 사실은 민주적인 입법부에서 특정 법안을 승인하기 위한 투표가 입법부의 공식적이고 제도적인 결정으로서 법안의 내용을 소통하려는 집단적 언어 행위의 한 형태라는 가정에 의심을 두지 않는다.

그러나 여기서 나는 이 주장이 불완전하다는 것을 인정한다. 나는 입법부의 권위적인 지시가 법이라는 근본적인 가정을 뒷받침해 주는 어떤 것도 말하지 않았다. 다시 말해 법을 제정하는 형태의 입법제도적 결정이 법을 제정하려는 의도를 소통하는 언어 행위라는 것을 보여 주었을 뿐이다. 물론 법이란 법률 당국이 법적 지시로서 소통하는 것일 뿐이라는 주장을 입증하기 위해서는 더 많은 말이 필요하다. 그러한 주장은 법의 근본적인 속성과 그 본질적인 권위적 속성에 관련될 것이다. 이것은 내가 여기서 옹호하고자 하는 주장이 아니며, 다른 곳에서 그것을 제시한 바 있다.[11]

2. 화용론적 강화

이제 말하거나 주장하는 것의 의미적 결정 요인 그리고 문맥적 혹은 화용적 결정 요인 사이의 관계를 좀 더 자세히 살펴보도록 하자. 우리는 '의미적 내용'의 개념을 의미론과 통사론에 의해 완전히 결정되는, 즉 사용된 단어의 어휘적 의미와 문장의 구문에 의해 결정되는 그런 종류의 내용으로 정의했다. 여기서 내가 가정하는 것은 "의미론"에 대한 상당히 좁은 이해이다. 즉, (바흐, 새먼N. Salmon, 소엄즈S. Soames 등을 따라) 의미적 속성은 발화나 언어 행위의 속성이 아닌 단어와 문장의 속성이라고 가정한다.[12] 이에 따라 우리는 자연언어의 의미적 특징을 기본적으로 규칙이나 규범에 따르는 학습 가능한 것으로 특징지을 수 있는데, 이는 언어적 소통에 참여하기 위해 습득할 필요가 있는 자연언어의 측면들이다.[13] 의미론적 의미(와 구문)는 우리가 언어적 소통으로 내용을 전달하기 위해 사용하는 주요 수단이며, 그것은 규칙을 따르고 학습 가능하기 때문에 우리는 그것을 정확하게 수단으로 사용할 수 있다. 또한 우리는 자연언어로 된 문장의 의미적 자질과 구문적 자질의 조합이라는 가장 주목할 만한 특징을 결코 놓쳐서는 안 된다. 이것은 아마 우리 종족의 가장 주목할 만한 성과인데, 한정된 일련의 단어와 통사 규칙들을 가지고 무한한 수의 다양하고 의미 있는 문장을 구성하는 "합성성"이라 불리는 능력인 것이다. 만약 단어는 기호라는 표현 토큰이 아닌 새먼이 말하는 "표현 유형"이고 기호는 학습가능한 방식으로 상징화하거나 표현한다는 생각을 진지하게 받아들이지 않는다면, 자연언어의 합성성을 설명하기가 불가능하다고 말

11 예를 들어, Marmor(2010) ch.3~4 참조.

12 의미론을 언어 행위로 이해하는 것은 아마도 비트겐슈타인의 후기 철학의 유산이다.

13 잘 알려진 대로 촘스키(N. Chomsky)가 주장한 바와 같이 자연언어 통사론의 심층부가 타고난 지식인가에 대한 질문에 대해서는 나는 입장이 없다. 질문에 대한 답변이 긍정이라 하더라도 표층 문법은 학습되거나 습득될 필요가 있고, 분명 단어의 의미도 학습될 수 있다.

하는 것은 아니지만 매우 어려울 것이다. 그리고 새먼이 말한 바와 같이 "표상에 대한 이러한 체계적 할당이 의미론"인 것이다.[14] 의미론적으로 부호화된 표현에 의해 실제로 얼마나 많은 소통된 내용이 결정되는가에 대한 질문은 내가 곧 다시 언급할 것이다. 우리는 단지 지금 어떤 내용이 자연언어를 사용하는 표현에 의해서 의미론적으로 부호화되어 있다는 생각을 필요로 한다.

발언할 때 화자가 '말하는' 것, 즉 발화의 '주장적 내용'은 그때 그 발화가 전달하는 진리치 평가가능한 내용이다. 그것은 화자가 주장하는 완전한 명제이며, 우리는 그것이 참인지 거짓인지 물어볼 수 있다.[15] 지난 몇십 년 동안 언어철학자와 언어학자 사이에 다음과 같은 인식이 커져 왔다. 발언 시 화자가 말하는 것, 즉 발화의 주장적 내용은 발화된 표현의 의미론적 내용에 의해서 종종 일상 대화에서 어쩌면 아주 자주 미결정된다는 것이다. 대부분이 아니라도 다수의 경우나 일반적인 발화에서 주장적 내용은 화자가 전달하려고 의도한 '화용론상 강화된pragmatically enriched' 내용이고, 청자는 그렇게 인식할 수 있다. 따라서 청자가 발화의 주장적 내용을 파악할 때 일반적으로 그것은 말해진 문장의 의미(의미론 및 통사론), 관련 발화 상황에 대한 어떤 문맥적 지식, 그리고 다음 장에서 자세히 논의하겠지만 대화를 지배하는 어떤 규범적 틀 등으로부터 도출한 취소 가능한 '추론'이다. 왜 문맥 지식이 말해진 것의 추론에서 종종 중요한 역할을 하는지 보기 위해서는 친숙한 예들을 가지고 설명하는 것이 가장 좋을 수 있다.

먼저 "나", "오늘", "지금", "여기" 등과 같은 순수한 직시를 사용하는 표현을 고려해 보자. 분명히 이러한 경우 말해진 것은 화자, 현재 시간과 장소 등과 같은 발화 상황에 대한 객관적인 자질들에 의해 부분적으로 결정된다. 인정

14 Salmon(2005: 323) 참조.

15 물론 어떤 명제적 내용을 갖는 것으로 주장되는 발화 종류라고 가정한다. 처음에 언급한 바와 같이 모든 표현이 진리치를 갖는 것은 아니다. 이에 대해서는 3장에서 자세히 다룬다.

하건데 일부 철학자들은 순수한 직시를 의미론적 내용과 주장적 내용 간 차이에 대한 예로 보지 않는다. 순수한 직시의 의미는 단지 특정한 사용 상황에 대한 참조일 뿐이라는 견해를 널리 공유하고 있기 때문이다.[16] 이 관점에 따르면 "나는 지금 걷고 있다"라는 종류의 표현은 비록 그 내용이 분명 발화 상황의 어떤 객관적 자질들에 따라 달라지더라도 전달된 모든 내용을 (문장이 역설적으로, 비유적으로 또는 그런 식으로 표현되지 않았다고 가정할 때) 의미론적으로 결정한다. 물론 다른 유형의 경우들이 많이 있다. '그들', '그녀', '그것' 등과 같은 지시어들은 주어진 표현에서 그것들이 지시하는 바를 단순히 의미한다고 가정하는 것은 타당하지 않으며, 달리 작동한다. 화자가 "그녀가 커피를 마시러 갔다"라고 말할 때 청자가 "그녀"의 지시체를 인식할 수 있고, 대화 참여자들로 하여금 "그녀"가 가리키는 사람을 골라내거나 인식할 수 있게 해 주는, 화자와 청자가 공유하는 문맥적 배경에 대한 어떤 두드러진 자질이 존재한다고 화자는 가정해야 한다. 보통 이것은 대화의 이전 단계들부터 이어진다.

법률 언어에서 직시 및 지시어가 거의 사용되지 않는 점은 놀랍지 않다. 정확하게 말하면 그러한 용어를 사용하는 것은 전달되는 내용을 문맥 의존적으로 만드는 것이 분명하기 때문에, 법률 형식은 일반적으로 그러한 용어를 피하려고 한다. 예를 들어, 법이 기한을 정해야 한다면 "다음 주"와 같은 표현은 쓰지 않고 특정 날짜를 언급할 것이다.

여하튼 우리는 지시어 외에도 의미론적 의미가 화자가 말하는 것을 미결정하는 다수의 다른 예들을 볼 수 있다. 물론 전부는 아니지만 다음의 예들을 생각해 보자.

a. 불완전한 명제

"I have had enough" [of what?]

16 Kaplan(1989) 참조.

"It's raining" [where, when?]

"Tom is too short" [for what?]

b. 소유 구문

"Joseph's book…" [조셉이 소유한 책, 조셉이 지은 책, 조셉이 손에 든 책 등]

c. 수 표현

"You have two hours to take the exam" [최대 2]

"I have two daughters" [정확히 2]

"Anyone with two children is eligible for a child-support tax credit" [최소 2]

d. 영역 양화사

"Everyone must stop writing [the exam] now" [이 세계에 있는 모두가 아니라 이 교실에 있는 모두]

e. 시간/원인 연속체

"Sarah ate her breakfast and went to work" [먼저 아침을 먹고, 그 다음에 일하러 갔다]

"John fell asleep while driving and his car swerved off the road" [인과관계]

f. 문맥상 대용어

"I have nothing to wear" ["가진 옷이 없다"는 것이 아니라 특정한 경우에 입을 옷이 없다]

"Don't worry, you are not going to die" ["결코 죽지 않을" 것이라는 의미가 아니라 이 상처 때문에 죽지 않을 것이다]

"John and Susan went to Paris last summer" [함께]

"I haven't had any breakfast" [오늘은 아직]

앞의 예시를 비롯한 다른 수많은 예시에서 나온 완전한 명제 내용을 추론하는 청자의 능력에서 분명 문맥은 중요한 역할을 한다. "저편 화용론far-side pragmatics"으로 불리는, 함축된 내용에 관계되는 그런 화용론적 결정요인과는 반대로, 주장적인 내용의 추론에 관계하는 화용론적 결정요인을 페리John Perry가 제안한 문구를 채택해 "이편 화용론near-side pragmatics"으로 부르자.[17] 어느 쪽이든 여기서 문맥은 인식론적 개념으로 이해된다. 화용론적으로 관련된 발화 문맥은 청자에게 알려진 것으로 (또는 당연하게 여겨지는 것으로[18]) 화자가 가정하는, 그리고 화자에 의해 가정된 것으로 청자가 알고 있다고 화자가 가정하는 그런 요소들로 구성된다. 어떤 목적상 일반 사람들이 세상에 대해 공유하는 그런 종류의 지식으로 구성된 문맥과, 특정 발화 상황에 특수한 문맥을 구분하는 것이 유용한 것으로 드러날 것이다. 예를 들어, '불완전한 명제'(와 전형적으로는 '소유 구문')의 경우에서 명제 내용을 파악하는 데 필수적인 그런 종류의 문맥적 지식은 어떤 발화 상황에 상당히 특정적이다. 그러나 '시간/원인 연속체' 및 '영역 양화사'와 같은 다른 경우에는 일반적인 배경지식이면 보통 충분하다. '문맥상 대용어' 예들도 마찬가지이다. (일반적으로 사람들은 옷을 조금 가지고 있거나, 모든 사람들이 어느 시점에 죽거나, 혹은 살면서 한 번도 아침을 먹지 않은 사람은 거의 없다는 것을 우리는 알고 있다.)

그러나 철학적으로 논란의 여지가 없는 것은 아니며, 내가 여기서 가정하고 있는 그림에 대해 두 가지 회의적인 입장이 있다. 요약하자면 그림은 다음과 같다. 일반적인 대화에서 특히 발화가 일종의 진술일 때, 화자가 말하는 것은 매우 자주 그리고 반드시 그렇지는 않지만 화용론적으로 강화된 내용이다. 일부 철학자들(스탠리와 킹Stanley and King[19])은 '이편 화용론'에 대해, 그리고 말해진 것을 결정하는 데 문맥이 실제 얼마나 많은 역할을 하는가에 대해

17 나는 여기서 이편과 저편 화용론 간에 실질적인 차이가 없다고 가정한다. 차이는 화용론적 요인들이 결정하는 것에 있다. 즉, 그 요인들이 주장된 내용을 또는 주장되지는 않지만 다소 함축된 내용을 결정하는가에 있다.

18 다음 장에서 보겠지만 청자가 화자의 발화에 관련된 어떤 배경 정보를 기꺼이 수용할 것이라고 화자는 때대로 당연히 간주한다. 소엄즈는 이를 "전제 수용(presupposition accommodation)"이라 부른다.

19 King and Stanley(2005); Carston(2004); Soames(2008) 참조.

의문을 제기해 왔다. 다른 한편, 문맥주의 의미론자들(예를 들어, 르카나티F. Recanati[20])은 의미론적으로 부호화된 내용이 항상 문맥에 따라 변화한다고 주장하면서 화용론적 강화가 예외에 해당한다는 것을 의심한다. 즉, 단어와 문장의 의미적 자질들에 의해 부호화된 종류의 내용은 특정 개별 경우에 발화 문맥에 따라 변화하며 완전히 유동적이다.

나는 중도적인 입장을 고수하고 싶다. 내가 보기에 이편 화용론에 대한 회의론은 이론적으로 동기부여가 적은 것 같다. 우리가 앞에서 언급한 것과 같은 이편 화용론의 강화에 대한 명백한 예들을 그럴듯하게 설명하기 위해 화용론적으로 강화된 내용이 완전히 부호화되지 않았다면, 최소한 의미론적으로 유발되거나 또는 그러한 의미론적 유발자가 보이지 않는 다른 경우에는 강화된 내용이 주장된 것이 아니라 단지 함축된 것이라고 회의론자들은 주장할 필요가 있다. 후자에 초점을 맞추자. 이러한 예들 중 일부에서, 특히 '시간/원인 연속체'와 '문맥상 대용어'에서 강화된 내용이 정확히 말해진 것이 아니라 단지 함축된 것이라고 주장하는 것이 전적으로 부당한 것은 아니다. 아마도 이것들은 경계선상에 놓인 경우일 것이다. 그러나 그러면 왜 우리가 이편 화용론과 저편 화용론 사이에 뚜렷한 경계선을 고집해야 하는지 좀 의문스러워진다. 저편 화용론이 진짜라는 것을 회의론자들이 부인하지는 않는다. 그들은 화용론적 결정 요인들이 함축된 내용의 추론에 필수적이라는 것을 의심하고 싶어 하지 않는다. 그러나 회의론자들이 예시들을 설명하기 위해 고수해야 하지만 그럼에도 말해진 것과 함축된 것 사이의 구분이 때때로 흐릿하다면, 말해진 것에 대해 화용론적으로 강화하는 것을 부정하고 함축된 것에 대해서는 허용하는 동기가 이론적으로 부족하다.[21]

---

20 Recanati(1994) 참조. '역동의미론(dynamic semantics)'이라는 비슷한 견해가 최근 들어 언어학자들 사이에서 지지를 받고 있다.

21 함축된 내용이 의미론적으로 유발되고, 때때로 의미론적으로 부호화되는 다수의 경우들이 존재한다는 점을 부인하고자 하는 것은 아니다. 법에서 매우 중요한 이런 범주들을 다음 장에서

다른 한편, 급진적인 문맥주의자의 관점은 화용론적 강화에 관한 것이 아니라 의미론에 관한 것이다. 그것은 순수한 의미론적 의미에서 의미가 무엇인지에 대한 견해이다. 말할 필요도 없이 이곳은 의미론의 복잡한 문제들을 다룰 자리가 아니다. 그러나 법적인 맥락에서 내가 이편 화용론에 대해 제기할 의구심은 문맥주의를 잠시 멈추게 할 것이다. 우리가 다음 절에서 보게 되는 바와 같이 입법부는 아주 최소한의 문맥적 전제와 매우 제한적인 화용론적 강화를 사용하여 그들이 말하고 싶은 대부분을 말한다. 물론 이 중 어느 것도 문맥주의가 잘못되었음을 법이 입증할 수 있다는 것을 의미해서는 안 된다. 하지만 그것은 의미적으로 부호화된 정보가 일반적인 대화 문맥에서보다 법에서 훨씬 더 큰 역할을 한다는 것을 증명할 수 있고, 아니면 적어도 내가 증명하려고 노력할 것이다.

3. 법에서 이편 화용론

법률에서 이편 화용론의 역할은 다음의 두 가지 이유로 일반적인 대화에서보다 훨씬 더 제한적이다. 첫째, 법적 지시는 일상적인 대화에서 나오는 가벼운 진술이 아니다. 입법부는 설익은 형식과 불완전한 문장을 제정하지 않는다. 법률은 대개 여러 다양한 청중에게 말할 의도로 신중하게 만들어지고 형식화된다. 둘째, 우리는 입법의 문맥적 배경이 상대적으로 불투명하고 다소 복잡하며, 일반적인 대화의 경우보다도 청자들에게 덜 알려져 있다는 것을 명심해야 한다.

예를 들어, "기차역에서 자는 것은 경범죄에 해당한다"라는 시의 조례에 대한 풀러Lon Fuller의 유명한 가설을 생각해 보고, 한 노신사가 밤늦게 기차를 기

논의하겠다.

다리며 몇 분 동안 졸고 있다고 가정해 보자.[22] 분명 우리는 이 노신사가 법을 위반했다고 결론 내리고 싶지 않을 것이다. 법률이 "기차역에서 자는 것"으로 표현하지만, 실제로 이 조례가 주장하는 것은 "기차역을 잠자는 장소로 사용하는 것"과 같은 것이라고 말할 수 있을까? 그러면 이것은 우리의 신사가 분명히 시도하지 않았던 것이다. 바꿔 말하면 여기서 제안하는 것은 이 조례에 의해 주장되는 문맥상 강화된 내용이 그것의 의미론적 내용과 다소 다르다는 것이다. 즉, 법이 말하는 것은 정확히 단어가 의미하는 것이 아니다. 이 선택을 고려해 소엄즈는 이 분석이 과장된 것일 수도 있다고 다음과 같이 말했다. "입법자들이 스스로 이해해서 원하는 결과를 내주는, 문맥상 강화된 그런 내용을 주장하는 스토리의 완성을 상상할 수 있지만, 또한 그들이 그 문제에 대해 곰곰이 생각하지 않았던 스토리의 완성을 상상할 수도 있다."[23]

여기서 소엄즈가 언급한 요점은 입법적 맥락에서의 문맥 지식은 종종 매우 제한적이고 편파적이고, 따라서 화용론적 강화는 우리가 일상 대화에서 접하게 될 것보다 종종 더 의심스럽다는 것이다. 어쩌면 시의 조례 초안이 형편없을 수도 있지만 잘 읽어보면, 그것이 시의 조례가 실제로 주장하는 것이라는 것을 의미하지는 않는다. 입법부는 복잡한 기관이고, 입법부가 정확히 무엇을 말했는가의 질문에 대한 답변이 없는 경우도 있다.

대표적인 예가 1892년의 Holy Trinity v. U.S 사건이다.[24] 관련 의회법은 노동자들의 국내 이민을 용이하게 하는 것이 금지되어 있다고 규정했다. 이 법의 목적은 당시 미국 노동 시장에서 매력적으로 여겨졌던 값싸고 숙련되지 않은 노동력의 유입을 줄이기 위한 것이었다. 하지만 그 법의 해당 부분은 "모든 종류의 노동력이나 서비스의" 수입을 금지하는 것으로 표현되었다. 이

22 Fuller(1958: 630) 참조.

23 Soames(2008) 참조.

24 *Rector, Holy Trinity Church v. United States*, 143 U.S. 457(1892) 참조.

경우와 관련해서 고위 성직자가 뉴욕에 있는 Holy Trinity Church의 교구 목사로 봉사하기 위해 영국에서 왔는데, 문제는 이 법이 이러한 종류의 노동력 수입을 정말 금지하는지, 아니면 육체노동에 국한되는지 여부였다.[25] 법원은 이 법에서 "노동"이라는 단어의 사용이 실제로 육체노동에 국한되고, 성직자에게는 해당되지 않는다고 보았다. 이 결정의 구체적인 근거가 (그중 일부는 다소 불명확했다) 우리를 여기에 붙들어 두어서는 안 된다. 문제는 법원이 입법부 발화의 화용론적으로 강화된 '주장적 내용'을 단순히 확인했다고 암시하는 것이 말이 되느냐는 것이다.

이 결정에 비판적인 사람들은 이 법의 입법 역사를 지적하고, 이 법이 다소 난해하고 모호하다는 점을 제시했다. 우리는 이 특정 질문에 대한 의회 토론의 초기 단계에서 약간의 논의가 있었다는 것을 안다. 일부 의원은 "육체노동"이라는 표현을 쓰자고 제안했다. 다른 의원들은 그 표현이 잉여적이라고 생각했고, 반면에 다른 이들은 (실제로 그랬듯이) 법의 후속 개정에서 언어 표현이 명확해지기를 바란다고 했다. 하지만 이 법이 다음 의회 회기 중에 표결되었을 때 부분적으로는 너무 많은 세부 사항들에 얽매일 경우 입법 추진력이 상실될 수 있다는 일부 의회 지도자들의 우려와 시간 제약 때문에 이 문제는 다시 거론되지 않았다. 이러한 불분명함의 이유는 추측하기 어렵지 않다. 그 법률의 목적이 값싸고 숙련되지 않은 노동력의 유입을 막는 것이라는 것은 입법의 문맥상 상당히 분명하다. 그러나 의회가 육체노동에 명백하게 초점을 맞추는 데 불편함을 느꼈을 것임이 또한 분명하다. 이 법이 값싼 육체노동의 수입을 대상으로 한다고 명시적으로 선언하는 것이 정치적으로 다소 불편했을 것이다.[26]

---

25 법률의 별개 섹션은 금지에 대한 명시적 예외 목록을 포함하지만, 성직자에게 적용되지는 않는다. 이에 대해서는 2장을 참조.

26 Holy Trinity의 입법 역사에 대해서는 예를 들어 Chomsky(2011: 15~26) 참조.

그다지 독특하지 않은 Holy Trinity에 대한 입법의 역사는 물론 조심스러운 이야기이다. 법적 발화의 문맥이 다소 불명확할 수 있다는 점을 우리에게 상기시켜 준다. 여기서 문맥의 개념이 인식론적으로 이해되어야 한다는 것을 기억하라. 즉, 주장적 내용은 화자와 청자 간의 공통 지식인 문맥적 요소들에 의해 강화된다. 대화의 당사자들이 인지하거나 당연하게 여기는 요소들만이 화용론적으로 강화된 내용의 추론에 기여할 수 있다. 청자가 중요한 문맥적 요소들을 알지 못하고, 화자 또한 이 점을 인식한다고 가정할 때 그러면 강화된 내용으로 추론도 의심스러워진다. 게다가 청자들은 법적 사례에서 실제로 법률을 만드는 대화의 당사자가 아니라는 것을 우리는 명심할 필요가 있다. 구체적인 사례에 대한 법 적용을 위임받은 법관과 행정기관은 관련 법률이 제정되는 특정 문맥에 대한 접근이 다소 제한적인, 멀리 떨어져 있는 대화자들이다.

그러나 이 시점에서 특정 대화에 특수한 문맥 지식과, 화자와 청자 간 널리 공유되는 일반적인 배경지식 사이의 차이를 상기하는 것이 유용할 수 있다. 입법 과정이 갖는 특별한 복잡성과 상대적 불투명성은 입법 발화의 화용론적 결정 요인들을 구성하는 일종의 특정 문맥 지식과 확실히 관련이 있다. 그러나 일반적인 배경지식이 반드시 이것들의 영향을 받는 것은 아니다. 따라서 법률의 주장적 내용이 일반적인 배경과 문맥 지식에 의해 화용론적으로 강화될 가능성을 배제할 수 없다. 간단한 예는 어휘적으로 중의적인 용어들의 중의성 해소이다. "bank"의 개장 시간을 규제하는 법적 지침은 강둑이 아닌 상업 기관에 대해 무언가를 주장하고 있으며, 우리는 단지 우리를 둘러싼 세계에 대한 몇 가지 일반적인 사실을 (즉, 상업 기관이 개장 시간과 관련 있고, 강둑은 그렇지 않다는 점을) 아는 것만으로 이것을 알고 있다. 그러나 중의성 해소가 유일한 예는 아니다. 뉴욕시에서는 NYC 행정법 27 제371조 C항에 따라 공공건물 문에 붙어 있는 "항상 문은 닫혀 있어야 한다"라는 표지판을 볼 수 있다. 확실히 우리는 그 지침이 우리에게 절대 문을 열지 말라고 지시한 것이 아니라, 단지 사용 후에 문을 닫으라고 지시했을 것으로 생각한다. 그리고 또 우리가 이 내용을 추론하는 이유는 항상 닫혀 있어야 하는 문은, 즉 문자 그대로 항상 닫혀 있는 문은 더 이상 문으로 사용할 수 없다는 것을 의미한다고 알고 있기 때문이다. 마찬가지로 자연스러운 눈 깜박임은 운전자들에게 항상 도로를 주시하도록 요구하는 교통 법규에 위반되지 않을 것이다.

특정 대화에 초점이 맞춰진(입법 상황에서 문제가 되는) 배경지식과, 해당 시대에 일반인이 공유하는 일반적인 (그렇게 문제가 되지 않는) 배경지식 사이에 있는, 특정 입법 행위를 발생시키는 이유와 관련된 법률적으로 흥미로운 중간의 경우가 있는데, 이런 경우들이 법률 해석에 많은 논란을 야기한다. 법은 법이 달성하고자 하는 것, 도입하려는 규범적 변화, 의도된 변화의 이유 등 몇 가지 목적을 염두에 두고 제정된다. 우리는 이 모든 것을 단순히 '입법 목적'이라고 부를 수 있다. 우리가 나중에 4장에서 보게 되는 바와 같이 입법 목적은 경계선상의 사건에 적용되는 모호한 용어들을 정밀화할 때 법원의 역할을 지도하는 데 특히 중요하다. 그러나 나는 입법 목적이 '주장된 입법내용'의 화용론적 강화에 많은 역할을 하고 있는지 의심스럽다. 사람들이 기차역에서 자는 것을 금지하는 시 조례에 대한 풀러의 가설을 다시 한 번 생각해 보자. 노숙자들이 기차역을 야간 숙박 장소로 사용하지 못하도록 하는 것이 이 법의 목적이라고 가정한다면 이 조례가 실제로 주장하는 것은 "기차역을 잠자리로 이용하는 것"을 금지하는 것이라고 추론하는 것은 매우 합리적일 것이다. 이것은 분명 앞의 취지에 비추어 이 조례를 합리적으로 해석하는 것일 수 있다. 하지만 추론은 여기서 충분히 안전한가?

두 가지 고찰이 이에 부정적이다. 첫째, 우리가 입법 목적에 대해 갖고 있는 지식은 종종 제한적이며, 더 중요한 것은 종종 편파적이고 불완전하다는 것이다. 대부분의 경우 우리는 입법부가 행동하도록 촉구하는 것이 무엇인지 알고 있다. 우리는 맨 처음 입법에 동기를 부여하는 사회적·정치적 배경 또는 경제적 문제를 알고 있다. 그러나 입법부에서는 특정 사회 문제를 이용해 행위에 동기를 부여하는 한편, 그 주변의 다른 문제들도 해결하려고 시도한다. 다시 말해, 입법 목적이 반드시 새로운 법을 제정하도록 동기부여하는 특정한 "피해"에 의해 소진되는 것은 아니다. 종종 제정 과정에서 다른 관련 목적이 쌓이고, 외부인은 이렇게 추가된 목적에 대한 지식이 제한적일 수 있다. 또는 때때로 일어나듯이 이러한 추가된 목적은 심지어 해당 법안에 찬성한 의원들 사이에서도 논란이 될 수 있다.

둘째, 그리고 더 중요한 것은 우리가 현행 입법 목적을 완전히 알고 있다고 하더라도 법률의 형식화가 그러한 목적을 효과적으로 표현한다는 보장이 없다는 점이다. 다시 말해 입법부가 목적 또는 달성하고자 하는 목표에 비추어 자신들이 했어야 할 말을 하는 데 항상 성공하지는 않는다는 것이다. 만약 그 조례의 목적이 기차역이 노숙자들의 숙소가 되는 것을 막는 것이었다면, "기차역을 잠자리로 이용하는 것"을 금지한다고 했어야 했지만, 그것은 법에 명시되어 있지 않다. 기차역에서 "자는 것이" 금지되어 있다고 쓰여 있다. 무언가를 말하는 이유에서 행해지는 조치 그리고 실제로 말해진 것은 논리적 추론이 아니라 사실의 문제이다. 물론 입법부를 포함한 화자들은 대화의 목적이 주어졌을 때 그들이 실제로 말했어야 했던 것을 말하지 못할 수 있다.

유명한 예는 Whitely v. Chappell 사건이다. 관련 법령은 "투표할 자격이 있는 사람을 사칭하는 것"을 사기 행위로 규정했다.[27] 피고는 유권자 명부에 이름이 올라 있었지만 그 당시 우연히 사망한 이웃의 이름으로 부정하게 투표를 했다. 이 법의 목적이 다른 누군가를 사칭해 부정 투표를 하는 것을 범죄로 규정하는 것이었음에 의심의 여지가 없으며, 피고의 행위는 이 범죄의 정의에 의해 포괄되었어야 하는 바로 그런 종류와 정확히 일치한다. 안타깝게도 그 법이 잘못 만들어져서 "투표할 자격이 있는" 사람들만 사칭하는 것이 위법 행위가 된다. 죽은 사람들은 이 범주에 들지 않는다. 이에 따라 법원은

27 (1868) L.R. 4 Q.B. 147, 147.

피고인의 행위가 범죄의 범위에 속하지 않는다고 판단했다. 언어학적 관점에서 보면 이것은 옳은 결정이었다. 법이 말하는 바에 대한 보다 목적론적인 해석을 법원이 무시하기로 선택했어야 했는지는 별개의 규범적 질문이며, 나는 이 질문에 대답할 의향이 없다.

주어진 입법안의 알려진 목적이 그 법안이 실제로 말하는 것의 화용론적으로 강화된 내용에 기여할 가능성을 나는 배제하지 않을 것이다. 하지만 이것이 자주 일어나는 현상인지 의심스럽다. 다시 한 번 말하지만 이 중 어느 것도 법률의 해석이 요구될 때 법관들이 입법 목적을 무시해야 한다는 것을 의미하지는 않는다. 또 법이 법의 명확하고 부인할 수 없는 취지와 상충되는 것을 말할 때 법관들은 그 상황에서 법이 말했어야 하는 것이 아니라 법이 말하는 것을 이행해야 한다는 점을 함의하지 않는다. 법관들은 법이 그렇게 하지 않을 경우 매우 나쁜 결과를 초래할 때 법이 말하는 것을 무시할 도덕적 의무를 가질 수 있다. 이것들은 규범적인 질문들이며, 우리가 여기서 탐구하는 언어적 고찰에 의해 결정되는 것은 분명 아니다.

지금까지 나온 결론은 사소하지 않다. 우리의 논의는 법률의 맥락에서 의미적 내용과 주장적 내용 사이의 차이가 일반적인 대화에 비해 훨씬 제한적이고 드물다는 것을 보여 주기 위한 것이다. 일반적인 대화에서 화자가 실제로 주장하는 내용은 매우 자주 화용론적으로 강화된 내용이다. 화용론적 강화는 입법 문맥에서 그리 흔하지 않다. 입법부는 그들이 전달하고자 하는 법적 내용을 다양한 다수 청중들에게 전달해야 한다는 사실을 알고 있고, 그들은 법의 정확한 형식화가 변호사들과 법원의 면밀한 검토를 받아야 한다는 것을 알고 있으며, 입법부의 대화 문맥이 상대적으로 불투명하다는 것도 알고 있다. 그러므로 법이 말하는 것은 사용된 단어와 문장이 축자적으로 의미하는 바이고, 물론 때때로 변호사들이 널리 공유하는 기술적인 언어와 용어의 교리적인 이해를 사용하는 것은 놀랄 일이 아니다.

법률의 의미적 내용과 주장적 내용 사이에는 거의 차이가 없다는 결론은 또한 민주주의 의회에서 입법의 절차적 측면에서도 뒷받침된다. 법률은 경우에 따라 신중하든 아니든 초안이 작성되지만, 최종적으로 투표할 수 있는 텍스트가 나올 때까지 수정, 재작성, 협상 등을 하는 경향이 있다. 물론 법률이 투표에 부쳐지는 것은 최종 텍스트이다. 그러므로 입법자들이 제안된 법안에 대해 투표할 때 그들의 개별적이고 집단적인 소통 의도는 제안된 법안인 최종 텍스트가 제정 문맥에서 의미하는 것에 대해 찬성(또는 반대) 투표하는 것이다. 법안에 대한 투표는 최종 투표에 부쳐진 텍스트에 기록되어 있는 주장적/법적 내용을 전달하기 위한 소통 의도이다. 물론 이제 텍스트가 말하고 있는 것, 즉 주장적 내용은 단어와 문장들이 축자적으로 의미하는 바가 정확히 아닐 수도 있다. 입법자들은 종이 위에 단어를 사전식으로 번역한 것에 아니라 법안이 말하는 것에 투표하고자 한다. 그러나 이 절차의 집단적이고 다소 복잡한 성격을 고려할 때, 입법 텍스트가 문자 그대로 의미하는 것과 입법 문맥에서 주장하는 것 사이에 큰 차이가 있을 여지가 없다. 일반적으로 법이 주장하는 것은 투표될 텍스트의 공공연한 의미론적 의미이다. 다시 말해 매우 비정상적인 상황을 제외하고 모든 상황에서, 입법자들의 소통 의도는 그 법안 텍스트가 공공연하게 의미하는 것을, 즉 문제 법안의 의미적 내용을 주장하는 것이라는 점을 투표 절차가 입증해 준다.

다시 한 번 강조하지만 나는 법률에서 주장적 내용이 화용론적으로 강화될 가능성을 부인하지 않는다. 법률 한 부분의 주장적 내용이 사용된 표현의 의미론적 의미와 다소 다른 일들이 분명히 일어나는데, 특히 실제 사용 중인 화용론적 결정 요인이 일반 지식의 문제일 때는 더욱 그렇다. 나의 의심은 이 현상의 상대적 빈도와 관련이 있다. 일상 대화에서 화용론적 강화는 예외가 아니라 표준이지만, 법률에서는 예외이다.

2장

법은 무엇을 함축하는가?

What Does the Law Implicate?

일상적인 발화의 수많은 사례에서 의사소통의 어떤 내용은 화자에 의해 주장되지는 않지만 발화의 특정 맥락에서 함축된다. 따라서 입법 발화에는 법이 말하는 것에 의해서 함축되는 많은 내용이 또한 포함될 것이라고 가정하는 것은 당연하다. 5장에서 설명하겠지만, 텍스트주의자들은 법률 언어가 함축하는 것에 주의를 기울임으로써 법률의 내용에 대해 많은 것을 추론할 수 있다는 생각을 갖는다. 그 예들은 쉽게 찾을 수 있다. 법적 조항이 규범에 대해 잘 정의된 여러 예외를 나열할 경우, 다른 예외가 허용되어서는 안 된다는 것을 함축하는 것처럼 보인다. 법이 "F인 모든 X는 φ를 해야 한다"라고 말한다면, F가 아닌 X들이 있어야 하고 그들은 φ를 할 필요가 없다는 것을 함축하는 식이다. 또는 구체적인 예를 들어 "깨끗하고 잘 유지되는 화장실을 실내에 마련"하도록 식당에 요구하는 시 조례를 생각해 보라. 규정에 명시되어 있지 않더라도 항상 잠겨 있는 깨끗한 화장실을 갖춘 식당은 이 조례를 위반하는 것으로 분명히 생각할 수 있다. 그 조례는 고객이 사용할 수 있도록 화장실을 개방해야 한다는 내용을 분명히 함축한다.

이 장의 목적은 의사소통 내용이 발화에 의해 함축될 수 있는 주요 형식을 제시하고, 그러한 함축이 법적 맥락에서 작동할 수 있는 방법을 탐구하는 것이다. 나의 주요 논거는 법적 담론의 전략적 성격이 법률에 나타나는 함축된 내용의 신뢰성에 대해 약간의 의심을 불러일으킨다는 것이다. 나는 법에 의해 실제로 주장되지 않았지만 함축되었을 뿐인 내용을 입법부와 법원이 조작할 수 있도록 허용하는 방식으로, 양측 모두 이런 담화의 규범적인 틀에 대해 일정 수준의 불확실성을 유지하는 것에 관심이 있음을 보여 주고자 한다.

1. 다양한 함축

일반적으로 문맥 C에서 발화 P의 함축된 내용은 C의 특정 문맥에서 화자가 P를 발화함으로써 '약속한' 내용으로 정의할 수 있으며, 화자가 그 내용을 약속한 것을 청자가 알 것으로 기대되고, 화자는 다시 이를 아는 것으로 기대된다. 함축된 내용에 대한 명시적 사후 거부로 인해 상황에 따라 '이성적인' 청자를 당혹스럽거나 부정직하거나 모순되는 상황에 빠뜨릴 때에만, 화자가 어떤 함축된 내용을 약속하는 것으로 예상할 수 있다. 함축된 내용에는 여러 종류가 있다. 가장 친숙한 두 가지 경우는 함축과 전제이며, 이들을 여기에서 논의할 것이다.[1]

1 아이러니가 또 다른 예이지만 여기서는 다루지 않겠다. 아이러니는 다소 특별한 경우로서, 일반적으로 화자가 자신의 발화의 주장 내용과 반대되는 내용을 전달하려는 의도를 함축한다. 어떤 형태의 은유는 또한 말해진 것 이상의 내용을 함축할 수 있으며, 다른 경우들이 있을 수 있다.

1.1 대화 함축

함축에 대한 그라이스의 주요 아이디어 몇 가지를 간략하게 검토하는 것으로 시작하겠다.[2] 그의 주요 통찰력은 우리가 말한 것 이상으로 표현의 내용을 이해하는 능력이 두 가지 요소의 조합에 기인한다는 것이다.[3] 즉, 관련 발화 상황에 적용되는 일반적인 대화 규범과 발화 상황에서 화자와 청자가 공유하는 문맥 지식이다. 물론 함축은 화용론적으로 강화된 내용이며, 의미론적 내용, 맥락적 지식, 그리고 결정적으로 문제의 대화에 적용되는 어떤 규범적 틀 등으로부터 취소 가능한 추론에 의해 유도된다. 발화의 주요 목적이 정보의 협력적인 교환인 일반적인 대화 상황에서 어떤 일반적인 격률들이 적용된다. 그라이스는 유용하게도 일반적인 대화의 이러한 격률들을 나열하고 분류했으며, 이는 기본적으로 다음과 같다.

① 양의 격률: 너의 대화상 기여한 바가 필요한 만큼 정보적이 되라. 즉, 너무 적게 그리고 너무 많이 말하지 말라.
② 질의 격률: 거짓이라고 믿는 것을 말하지 말라. 그리고 그에 대한 타당한 증거가 없는 경우 말하지 말라.
③ 관련성의 격률: 너의 기여가 대화에 관련한 것으로 만들어라.
④ 태도의 격률: 모호성과 중의성을 피하라. 간략히 그리고 순서에 맞게 하라.[4]

언급한 바와 같이 이러한 격률들은 대화의 목적이 정보의 협력적 교환에 있

2 Grice(1989: 24~37) 참조.

3 이편 화용론 역할에 관한 그라이스 자신의 견해에는 약간의 불확실성이 있다. 많은 부분에서 그라이스는 말해진 것 이상의 내용으로서 화용론적 강화에 대해 이야기한다. 그라이스가 화용론적으로 주장적 내용의 편재를 인식했는지는 전적으로 분명하지 않다. Soames(2008) 참조.

4 Grice(1989: 28) 참조.

는 일반 대화에 적용된다. 격률은 소통적 상호작용의 특정 기능이나 목적을 직접 구체화하고, 그런 협력 기능을 용이하게 하는 규범이다. 사실, 격률은 규범성에 대한 두 가지 표준적 의미에서 규범적이다. 즉, 일상적인 대화에서 일반적으로 지켜진다는 점에서 사회적 의미에서의 규범이다. 그리고 대화의 협력적 목적을 감안할 때 지켜야 할 일종의 규범이 되게 하는 이유에 의해 뒷받침된다는 점에서 규범성의 건전한 의미에서의 또는 철학적 의미에서의 규범이다.[5] 수년간에 걸쳐 몇몇 철학자와 언어학자는 보다 경제적인 공식의 마련을 목표로 이러한 격률들의 재구성을 제안하면서, 보다 일반적인 휴리스틱하에 다양한 그라이스식 격률들을 포함시켰다. 나는 이러한 공식이 진척되지 않았다고 시사하지 않으며, 대체로 그라이스의 원래 격률들을 따를 것이다. 그런 재구성이 이 장에서 전개될 주장에 차이를 가져오지 않기 때문이다. 아마도 그라이스가 열거한 격률들은 간소화되고 보다 적은 휴리스틱하에 포함될 수 있을 것이다. 그러나 나는 이에 대해 불가지론자로 남아 있겠다.[6]

그렇더라도 어떤 내용은 화자가 실제로 주장했던 내용의 일부가 아니지만 그럼에도 불구하고 특정 발화 상황에서 한 말에 의해 함축된다면, 적용될 대화 격률을 고려해 볼 때 그 내용은 대화상으로 함축된다. 다시 말해 화자 S는 다음과 같은 경우 문맥 C에서 p를 말함으로써 q를 대화상 함축한다.

① S는 C에서 관련 대화 격률들을 준수하는 것으로 간주된다.

② S가 q를 의미했다는 (또는 의도했다는) 가정은 적용될 대화 격률들이 주어질

5 이 이중성을 인정하는 Grice(1989: 29)를 보라.

6 문헌에서 제안된 신그라이스식 휴리스틱 중 일부는 격률이 규범이라는 생각에 충실하다. 그러나 일부는 발화로부터 소통적 내용을 이끌어 낼 때 우리의 마음이 실제로 어떻게 작동하는지 설명하는 인지 원리에 초점을 두었다. 이에 대해 Sperber and Wilson(1986) 참조. 나는 화용론에 대한 이 두 가지 일반적인 견해 사이에 필연적인 모순이나 긴장이 있다고 생각하지 않는다. 대부분 함께 잘 작동한다. 그러나 이 견해들은 다소 다른 것을 설명하는 것을 목표로 하는 다른 관점이다. 내가 이 장과 다른 장에서 주장하는 것은 적합성 이론과 관련이 없다.

경우 문맥 C에서 S의 발화 p를 의미 있게 하는 데 필요하다.

③ 청자가 조건 ②를 인식할 수 있고, 또한 S가 이를 알고 있음을 청자가 인식할 수 있다고 S가 믿는다/가정한다.[7]

그라이스 자신이 강조했듯이 다음의 두 가지 주요 특징이 본질적으로 대화 함축과 관련 있다.

① 대화 함축은 화자에 의해 항상 '취소 가능하다'. 화자는 자신의 발화로부터 나올 수 있는 함축을 취소하는 명시적 설명을 항상 추가할 수 있다. 우리가 보게 되겠지만 이것은 대화 함축의 본질적인 특징이다.

② 대화 함축은 청자에 의해 '무효화할 수 있는 추론'의 결과이다. 그라이스가 언급한 바와 같이 항상 어떤 유도과정이 있는데, 이는 청자로 하여금 함축 내용을 해석하도록 이끈다.

그러나 두 번째 조건은 자격을 갖춰야 한다. 그라이스는 보통의 대화 함축 외에도 '일반 대화 함축generalized conversational implicature'이라는 경우의 범주도 확인했다. 그 예는 다음과 같다.

'X는 오늘 저녁에 한 여자를a woman 만난다'라는 형식의 문장을 사용하는 사람은 일반적으로 만날 사람이 X의 아내, 어머니, 자매 또는 아마도 가까운 정신적 사랑의 친구가 아닌 다른 사람임을 함축할 것이다. 마찬가지로 내가 'X가 어제 어떤 집에into a house 들어가 현관문 안에서 거북이를 발견했다'라고 말하고, 나

7 마지막 조건, 즉 투명성 조건은 실제로 다소 문제가 있고 논쟁의 여지가 있다는 점에 유의해라. 그라이스 자신은 이점을 사용하는 것과 관련된 함축을 고려할 때 여기서 심각한 문제를 인식하고 있었다. 예를 들어, Soames(2008) 참조.

중에 내가 그 집이 X의 집이라는 것을 밝히면 듣는 사람은 일반적으로 놀랄 것이다.[8]

일반 대화 함축은 해당 함축이 명시적으로 취소되지 않는 한 보통 특정 내용을 함축하는 표현을 사용하는 것을 말한다. 화자가 "X가 오늘 저녁에 한 여자를 만난다"라고 말하면서 "나는 그 여자가 X의 아내인지 아닌지 궁금하다"라고 바로 덧붙일 수 있다. 여기서 함축적 의미는 후자의 문장에 의해 명시적으로 취소된다. 이제 그라이스가 제안하는 것은 취소되지 않은 경우에 누군가가 "an A"라고 말할 때, 그 표현은 일반적으로 그것에 대한 특정한 지식을 가지고 있지 않다는 것을 함축하거나, 또는 누구의 A인지 명시하는 것이 그 대화와 관련이 없다고 생각한다는 것을 함축한다는 것이다. 그렇지 않으면 화자는 양의 대화 격률을(너무 적게 말하지 말라) 준수하지 못할 것이다.[9] 다시 말해서 일반 대화 함축은 자연언어의 어떤 표준적 표현의 의미적 특징들의 조합에 의해 생성된다. 이것은 의미적으로 촉발되며, 따라서 일반성이 있고 대화 격률들이 적용되는 특정 문맥에서 나타난다. "an A" 형태의 표현은 의미상 특정 유형의 기대를 유발한다. 구체적인 발화 상황에 적용되는 대화 격률들이 주어지면, 이러한 기대는 일반적으로 함축을 생성해 낸다.

그러나 일반 대화 함축의 경우는 어떤 함축이 너무 자주 사용되어 실제로는 관용적 표현이 된, 축자적 의미와 다소 다른 관례적인 의미를 갖는 다른 친숙한 유형의 경우와 구별되어야 한다. 예를 들어 "Do you have the time? (몇 시입니까?)"은 일반적으로 소유에 대한 질문으로 사용되는 것이 아니라 청

8 Grice(1989: 37) 참조.

9 경우에 따라 "an X"는 보다 구체적인 정보를 전달하는 것처럼 보일 수 있다. "I found an earring(귀걸이를 찾았다)"와 "I lost an earring(귀걸이를 잃어버렸다)"를 비교해 보라. 후자의 경우 귀걸이가 내 것이라는 것을 암시한다. 하지만 이것은 "잃어버렸다"라는 뜻에서 비롯된다고 생각한다. 나는 내가 일찍이 소유했던 것만을 잃을 수 있기 때문이다.

자에게 몇 시인지 물어보는 것이다. 비슷하게 "Can you pass me the salt?(소금을 건네주세요)"는 일반적으로 청자에게 무언가를 할 수 있는 능력에 대해 물어보는 것이 아니라 요청을 할 때 사용된다. 이 표현들은 더 이상 함축의 문제가 아닌 어떤 관례적 의미를 오랫동안 얻어 왔다.[10]

1.2 전제

주어진 맥락에서 발화에 의해 대화상 함축된 내용 외에도, 청자와 공유된 배경지식과 관련해서 어떤 내용이 화자에 의해 전제되어야만 주어진 발화가 의미 있는 경우들이 많다. 전제는 주장되지 않은 내용에 그 본질이 있지만, 주장된 내용 또는 대화와의 관련성을 이해하려면 당연하게 받아들여질 필요가 있다. 이것은 대화 참가자들이 이미 공유하거나 청자가 대화 목적을 위해 기꺼이 수용할 수 있는 유형의 내용이다. 그러나 흥미로운 것은 발화 자체에서 전제를 추론할 수 있는 경우이다. 소엄즈는 '발화 전제utterance presupposition'를 다음과 같이 정의한다.

> 다음과 같은 이유로 화자 S가 P를 받아들이고, 이 P를 논란의 여지가 없다고 간주한다는 것을 발화 U로부터 타당하게 추론할 수 있다면, U는 P를 전제한다.
> (a) P가 U의 발화 시에 이미 대화 배경의 일부분이라고 S는 생각하거나,
> (b) 대화 참여자들이 반대하지 않고서 그 배경에 P를 추가할 준비가 되어있다고 S는 생각한다.[11]

10 이를테면 Bach and Harnish(1982: 173) 참조. 써얼은 이런 경우를 '관례적으로 사용된 간접화행'으로 지칭했다. Searle(1979: 36~43) 참조.

11 Soames(2008: 573) 참조.

다음 예들을 생각해 보자.

(1) "Bill regrets lying to his parents."

전제: Bill [believes that he] lied to his parents.[12]

(2) "Sarah forgot to pick up Jane from the airport."

전제: Sarah was supposed (or intended) to pick Jane up at the airport.

(3) "John's wife is going to the concert tomorrow."

전제: John is married.

일부 언어학자들은 전제된 내용에 대한 화자의 약속은 정도의 문제라고 지적했다. 앞의 예에서 보면 (1)과 (2)에서 전제된 내용에 대한 화자의 약속이 (3)의 전제에 대한 약속에 비해 다소 더 강하다고 주장하는 것이 그럴듯해 보인다. 이것은 맞는 것 같아 보인다. 그러나 어떤 전제는 다른 전제보다 문맥에 더 민감하다는 점도 유의해야 한다. (3)을 다시 생각해 보라. 어떤 대화 상황에서는 이야기 대상이 되는 사람이 존과 결혼했는지 여부가 대화에 중요할 수 있고, 다른 대화 상황에서는 별로 중요하지 않을 수 있다. 최소한 부분적으로 이러한 문맥의 민감성은 전제된 내용이 거짓으로 판명되는 경우를 보고, 그 거짓이 화자가 전달하는 내용에 어떻게 영향을 미치는지 물어보면 알 수 있다. 예를 들어, 존이 결혼하지 않은 것으로 밝혀졌다고 가정해 보자. 이 점이 화자의 발화 (3)의 주요 내용을 반드시 무효화시킬 것인가? 그것은 상황에 따라 다르다. 만약 화자와 청자 모두 그 여성의 신원을 알고 단지 그 사람을 지칭하고 싶어 했다면, 그녀가 실제로 존과 결혼하지 않았다는 사실은 그 발화의 주요 내용에 거의 영향을 미치지 않을 것이다. 이와 반면에 (1)이나

12 나는 P가 실제로 발생하지 않았더라도 행위자가 P에 대해 후회할 수 있다고 생각한다. 그러나 행위자가 P가 발생했다고 믿지 않는다면 행위자가 P를 후회하는 것은 불가능하다.

(2)와 같은 발화와 관련해서 전제의 거짓이 발화의 주요 내용을 무효화시키지 않는 문맥을 생각하는 것은 훨씬 더 어려울 것이다. 이것은 어떤 전제가 대화의 맥락에 특히 민감하고 다른 전제는 덜 민감하다는 사실에서 비롯된다.

1.3 의미적으로 부호화된 함축

그라이스는 발화된 표현에 사용된 단어의 '의미'에서 함축 내용이 나오는 경우가 있다고 수수께끼 같은 유명한 발언들에서 제안했다. 함축 내용은 화자가 사용한 표현에서 종종 '의미적으로 부호화'된다. 그라이스는 이것을 '관례' 함축이라고 불렀다.[13] 그러나 동일한 현상이 종종 발화 전제에도 나타난다. 두 경우 모두 화자의 발화 표현에 의미적으로 부호화된 어떤 내용이 어떤 식으로 함축될 수 있다.[14] 따라서 지금은 함축과 전제 사이의 구분을 무시하고 몇 가지 예를 살펴보자. 다음 발화들을 생각해 보자.

(4) "Even X can A"

(함축: X를 제외하고, A를 할 수 있는 다른 사람들이 있다. X는 그 사람들 중 A를 할 가능성이 가장 적은 사람들 중 하나이다.)

(5) "X managed to find A"

(함축: A를 발견하는 것은 약간의 어려움이 있을 것이라고 추측되었다.)

(6) "It was X who broke the vase"

(함축: 누군가가 그 꽃병을 깨뜨렸음에 틀림없다.)

---

13 Grice(1989: 25) 참조. 그러한 의미적으로 부호화된 의미에 대해 정말로 관례적인 것이 있는지 여부에 대한 질문은 다른 곳에서 다루었던 질문이다. Marmor(2009) ch.5 참조.

14 실제로 Karttunen and Peters(1979)는 발화 전제가 관례 함축이라고 주장했다. 나는 그들의 견해에 완전히 동의하지 않지만[Marmor(2009: 115) 참조], 이러한 불일치는 본 장에서의 내 주장에 영향을 미치지 않는다.

(7) "X is not coming to the party tonight"

(함축: X가 오늘밤 파티에 올 수 있을 것이라는 기대가 있었음에 틀림없다.)

(8) "The Republicans and Senator X voted against the bill"

(함축: X는 공화당원이 아니다.)

(9) "I cannot join you for dinner; I have to meet with X"

(함축: 두 사건, 즉 저녁식사와 X와의 만남이 시간상 겹친다.)

발화 (4)~(9)의 공통점은 발화의 주장적 내용 외에도 어떤 내용이 괄호 안에 표시된 바와 같이 발화에 의해 함축된다는 것이다. 그러나 다음과 같은 결정적인 차이가 있다. 발화 (4), (5), (6)에서 관련된 함축 내용은 사용된 표현에 의미적으로 부호화된다. 이는 함축 내용을 화자가 취소할 수 없다는 사실에 의해 명확하게 드러난다. "그 꽃병을 깨뜨린 것은 X였다"라고 말한 다음 실제로 아무도 그 꽃병을 깨뜨리지 않았다고 말함으로써 함축/전제를 즉시 취소하려고 시도하는 것은 의미가 없다.[15] 이와 반면에 발화 (7), (8), (9)에서 관련 함축은 의미적으로 부호화되지 않는다. 이것은 함축 내용이 화자에 의해 취소될 수 있다는 사실로 입증된다. 예를 들어, X가 공화당원인 경우에도 (8)을 표현하는 것이 의미 있는 맥락이 있을 수 있다. 상원의원 X가 이 법안에 대해 찬성 투표할 것으로 널리 예상되었던 점이 대화 당사자들 간에 공유된 알려진 사실이었을 수도 있다. "공화당원과 X"가 법안에 반대표를 던졌다고 말함으로써 특정한 배경 기대치를 감안할 때 대화 당사자가 유익하고 적절하다고 판단했을 어떤 것을 명확히 하는 것일 수도 있다.[16]

15 의미적으로 부호화된 함축은 전형적으로 투사 가능하다는 점에 유의해라. 그 표현이 부정, 조건 등의 문맥에 내포된다고 할지라도 함축은 그대로 살아남는다. (그러나 대용어는 예외일 수 있다. 각주 16 참조.)

16 의미적으로 부호화된 함축은 개별 단어의 의미로부터 반드시 따라오는 것은 아니며, 경우에 따라서는 다른 유형의 문장에 사용되는 동일한 단어에 의해 다른 내용이 함축되기도 한다. 예

일반적으로 말해서 나는 여기서 취소 가능성이 의미적으로 부호화된 함축 내용과 의미적으로 부호화되지 않은 함축 내용을 구별하기 위한 건전한 기준이라고 가정할 것이다. 발화의 함축을 취소할 수 없다면 함축이 발화 표현에 의미적으로 부호화되어 있기 때문이다. 특정 표현을 사용하기로 선택함으로써 화자는 이미 그 표현의 의미에 의해 함축되는 내용을 약속했다. 의미적으로 부호화되지 않은 함축은 주어진 대화 맥락에서 사용된 표현과 화자가 따를 것으로 추정되는 몇몇 대화 규범들(그라이스의 용어로는 격률)의 조합에서 그 내용이 유추되는 그런 것이다.

그러나 의미적으로 부호화된 함축과 표현의 의미에 의해서만 촉발되는 함축 사이의 구별이 항상 식별하기 쉬운 것은 아니다. 예를 들어, 다음 문장을 말하는 화자 S를 생각해 보라.

(10) "All Xs who are F ought to φ."

(10)을 발화하면서 화자 S는 'F가 아닌 X가 있을 수 있다'라는 내용을 약속하고 있는 것이 분명하다. 이것은 (10)에서 의미적으로 부호화된 함축인가? 완전히는 아니다. (10)이 함축하는 것은 다음과 같다. 즉, (이 발화의 맥락에서) 'S가 아는 모든 것에 비추어', F가 아닌 X가 있을 수 있다. 왜 그럴까? 그렇지 않았다면 S가 양의 격률(너무 적게 말하지 말라)을 위반했을 것이기 때문이다. 모든 X가 F라는 것을 S가 '알았더라면', 그의 발화는 너무 약한 명제를 표현했을 것이고, 말 그대로 너무 적게 표현했을 것이다. 따라서 화자가 알고 있는 모든 것에 비추어 보았을 때 F가 아닌 X가 있을 수 있다는 결론을 우리는 (10)

를 들어, 다음 대용어의 두 경우에서 "too" 단어의 함축을 비교하라. "Joseph was in the room, too"(다른 사람들이 방에 있다는 것을 함축), "Joseph goes to the meeting, the department chair will be there, too"(조셉이 학과장이 아니라는 것을 함축). 이 예는 Kripke(2009)에서 가져왔다. Marmor(2009: 113)에서도 논의되고 있다.

의 발화로부터 안전하게 이끌어 낼 수 있다. 그러나 이러한 함축은 부분적으로 그라이스의 양의 격률에 의존하지만, 발화의 어떤 화용론적 특징들에 의해 생성된다. 즉, 사용된 표현이 유발하는 어떤 정보가 있는데, 화자가 양의 격률을 고수한다고 가정하면 그 정보는 어떤 함축을 생성한다. 이것이 '일반 대화 함축'의 경우이다.

2. 전략적 발화

앞 절에서 언급한 바와 같이 그라이스 모델에서 일반 대화의 패러다임은 대화 당사자가 정보의 협력적 교환에 참여한다는 가정에 기초한다. 앞서 논의된 격률들은 본질적으로 이러한 협동의 원리에서 유도되며, 대화의 일반적인 협력적 목적에 비추어 화자와 청자가 따를 것으로 기대되는 규범이다. 그라이스는 물론 모든 발화 상황이 정보의 협력적 교환이 아니라는 것을 깨달았다.[17] 경우에 따라서는 대화의 요점이 정보 교환이 아니다. 예를 들어, 예의 또는 공손함의 맥락에서 사용하는 표현을 생각해 보라. 이러한 경우에는 어떤 형태의 협력이 확실히 지배하고 있지만, 진실된 정보 교환을 수반하는 전형적인 종류는 아니다. 정중한 말이나 예의상의 표현은 전적으로 참이라거나 관례적으로 적절하다고 간주되는 것 이상을 함축하거나 하지 않는다. 당신이 참석하는 만찬회 주최자가 당신에게 음식이 어땠는지 물어보면, 당신은 반드시 참은 아니지만 친절하고 감사한 무언가를 말해야 할 것으로 기대된다. (아마도 그러한 경우에는 당신이 말하는 내용의 진실에 책임지지 않더라도 당신이 진실

17 그라이스는 다른 사람의 행동을 지시하거나 영향을 끼치는 것을 목표로 하는 공손한 대화와 발화에 관한 협력 원칙에 대한 몇 가지 가능한 수정사항들을 언급했다. 그러나 이러한 수정사항에 대한 그의 논의는 다소 개략적이고, 여기서 논의된 전략적 대화의 가능성을 다루지는 않는다. Grice(1989: 28~30) 참조.

을 말하는 척하려는 기대가 존재한다. 잘 모르겠다. 때로는 가식도 없고 단지 관습이나 의식을 따르려는 기대만 있을 때도 있다.)

공손한 대화는 진실한 정보 교환이 아니더라도 협조적이다. 그러나 다른 유형의 대화는 덜 협조적이다. 아마도 모든 소통 상호작용에 협력의 일부 요소가 필요할 것이다. 예를 들어, 화자가 관련성 격률을 완전히 무시하는 대화를 상상하기는 어렵다. 그러나 협력의 수준은 대화의 목적과 대화의 맥락에 따라 달라질 수 있다. 예를 들어, 중고차를 판매하려는 자동차 딜러가 너무 적거나 너무 많은 것을 말하지 않고서 양의 격률을 고수할 것이라고 가정하는 것은 매우 순진한 일일 것이다.

비협조적 함축의 제한적인 경우는 조작이다. 이것은 화자가 참인 것을 주장하면서 거짓이라고 알고 있는 것을 고의적으로 함축하려는 경우들이다. 예를 들어, 다음의 경우를 생각해 보라. 스미스 씨는 병원에 가서 간호사 중 한 명에게 문의할 때 자신을 "스미스 박사"라고 소개한다. 공교롭게도 스미스의 박사학위는 철학 분야이다. 간호사가 나중에 이 작은 세부 사항을 알게 되면 오히려 놀라고 상당히 짜증나지 않을까? 사실 스미스 씨는 자신이 의사라고 단언하지 않았지만, 상황을 고려할 때 이는 자연스럽게 따라오는 함축이다. 즉, 여기에서 주장된 내용은 참이고, 거짓인 것은 함축일 뿐이다. 이러한 조작된 발화의 사례는 함축이 남용될 수 있음을 보여 준다. 그러나 남용이나 조작이 가능한 것은 화자가 일반적인 그라이스 대화 격률을 고수한다고 청자가 잘못 가정하기 때문이다.

입법은 조작된 발화의 형태가 아니다. 그러나 완전히 협조적이지도 않다. 법적 소송에서 우리가 자주 갖는 종류의 담화는 본질적으로 '전략적'이다. 내가 여기서 사용하는 용어인 전략적 발화의 본질적인 특징은 화자가 기꺼이 표현하고자 하는 것보다 더 많은 (또는 더 적은) 의미를 함축함으로써 어떤 이득을 얻으려고 한다는 점이다. 일상적인 대화에서 화자는 자신의 발화가 대화상 함축하는 내용을 분명히 말할 필요는 없지만, 우리는 화자가 관련된 함축적 의미를 기꺼이 인정할 것이라고 가정한다. 함축된 내용을 설명하는 것은 그의 발화 목적을 훼손하지 않을 것이다. 그러나 이 점이 바로 전략적 발화에서와는 다른 요소이다. 즉, 화자는 명료하게 표현하지 않는 어떤 것을 함축하려고 하는데, 표현하면 함축의 목적을 무너뜨릴지도 모르기 때문이다. 이에 대한 분명한 예는 암시이다. 문맥 C에서 X를 말함으로써 화자가 청자에게 Y를 암시하려고 한다고 가정해 보자. 진술하거나 단언함으로써 Y를 명시적으로 표현하는 것은 암시의 한 형태로서의 발화 목적을 무효화한다. 실제로 주장한다면 더 이상 암시가 아니다. 어떤 내용이 공중에 떠돌고 있다는 것은 진술하는 것과는 대조적으로 무엇을 암시하는 것의 필수적인 측면이다. 즉, 완전한 주장 의지가 없는 상태에서 무언가를 제안하는 것이다.[18]

확실하게 말하자면 나는 암시가 필연적인 또는 심지어 전형적인 전략적 발화라고 말하는 것은 아니다. 대화의 더 큰 맥락에 따라 그럴 수도 있다. 발화를 전략적으로 만드는 것은 화자가 명시적으로 표현하지 않거나 인정하지 않으려는 특정 내용을 함축함으로써 어떤 이득을 얻는 것을 목표로 한다는 사실이다.

함축된 내용에 대한 완전한 약속이 아닌 이러한 요소는 화자에게만 국한되지 않는다. 청자는 이와 유사하게 명시적으로 주장하는 것을 초과하는 내용의 이해를 완전히 인정하려 하지 않을 수 있다. 다양한 상황에서 청자는 일종의 그럴듯한 부인 가능성을, 즉 실제로 주장되는 것 이상을 넘어서는 이해를 인정할 수 없음을 주장하고자 한다. 특히 아이들은 명시적으로 금지되지 않은 것을 원할 때 이해 거부 가능성을 이용하는 것으로 알려져 있다. 다음과 같은 친숙한 예를 생각해 보라. 8살 된 밥은 초콜릿을 원하는데, 그의 엄마가

18 Strawson(1971) 참조. 화자가 실제로 무언가를 말하기보다는 함축하는 것을 선호하는 데에는 여러 가지 이유가 있을 수 있음을 명심해야 한다. 나는 이것을 부정하지 않는다. 그러나 텍스트에서의 요점은 함축된 내용을 명시적으로 인정하는 것이 특정 유형의 경우에서는 화자가 의도한 언어 행위 유형을 무효화할 수 있다는 것이다. 암시가 그러한 경우 중 하나이다.

이렇게 말한다. "한 시간 전에 사탕을 많이 먹었잖아!" 이것은 초콜릿이 이제 불가능하다는 것을 분명히 암시한다. 밥은 계속해서 초콜릿을 먹고, 그의 잘못된 행동에 대해 설명하라는 요구를 받았을 때 이렇게 말한다. "하지만 엄마, 제가 초콜릿을 먹을 수 없다고 '말하지 않으셨잖아요!'" 물론 맞는 말이다. 그녀는 말하지 않았다. 함축된 이해의 부인 가능성은 유치한 행동에 국한되지 않는다. 사실 명시적으로 금지되지 (즉, 진술되거나 주장되지) 않은 행위가 형사 범죄에 해당할 수 없다는 것은 형법의 공식 교리 중 하나이다. 이 교리가 실제로 지켜지는지 의문스럽지만 그것은 별개의 문제이다.

학문적 맥락에서 우리에게 친숙한 또 다른 전략적 발화의 예, 즉 우리가 추천서를 읽는 방식에 대해 생각해 보라.[19] 다른 대학에서 막 박사학위를 마친 취업 지원자를 고려하고 있고, 그의 교수들이 쓴 추천서를 읽고 있다고 가정해 보자. 당연히 당신은 그 편지가 명시적으로 주장하는 것뿐만 아니라 편지의 내용이 함축하는 것에도 관심이 있다. 말 그대로 행간을 읽으려고 노력한다. 그러나 당신은 또한 추천자가 그의 학생의 승진에 관심이 있어서 너무 많은 것을 함축하려고 하는 것 같다고 의심한다. 그래서 당신은 편지에서 읽은 내용의 함축을 알아내려고 노력하지만 조금만 알게 된다. 그리고 물론 편지를 쓴 동료는 이 모든 것을 알고 있고, 당신도 그가 알고 있다는 것을 알고 있다. 어떻게 작동하게 되는가? 화자가 명료하게 나타내고자 하지 않는 어떤 내용을 함축하거나 청자가 주장된 내용을 넘어선 이해를 거부할 수 있게 하는 전략적 의사소통 형태는 무엇인가?

일반적으로 말해서 나는 대화를 지배하는 규범적 틀에 대해 일정 수준의 불확실성이 있을 때 전략적 의사소통이 작동한다고 제안한다. 일상적인 대화에서 대화 참여자들이 정보의 협력적 교환을 목표로 할 때, 규범적 틀은 상당히 견고해 화자(와 청자)가 관련성, 질, 양 및 태도라는 그라이스의 격률들을

19 전략적 발화의 문맥에서는 아니라고 할지라도 그라이스의 예들 중 유명한 하나의 예이다.

준수할 것이 요구된다. 앞서 언급했듯이 격률은 협력적인 상호작용으로서 대화의 목적을 직접적으로 구체화한다. 그러나 대화가 완전히 협력적이지 않으면 격률들이 완전하게 준수되지 않는다. 특정 격률을 적용하는 것이 명확하지 않거나 당사자들이 관련 격률을 엄격하게 준수할 것으로 기대되는 것이 확실하지 않기 때문에, 대화 참여자들은 협력적인 격률들을 따르는 데 완전히 전념하지 않는다. 즉, 두 가지 종류의 불확실성이 대화에서 전략적 움직임을 가능하게 한다. 첫 번째 유형의 경우, 주어진 격률이 적용되는지 여부가 완전히 명확하지 않다. 예를 들어, 레스토랑의 웨이터가 나에게 음식이 마음에 드는지 물으면 진실을 말해야 하는가? 아니면 아내가 어제 산 값비싼 새 드레스가 내 마음에 드는지 물으면? 여기에서 진실성의 요구 사항에 대해 약간의 의심이 간다는 것은 매우 분명하다. 즉, 한편으로 내가 답변할 내용의 진실성에 전념해야 한다는 것이 분명하지 않다. 다른 한편, 내가 진실을 말할 것으로 기대되지 않는다는 것이 완전히 분명하지 않다. 그렇지 않으면 왜 귀찮게 물어보겠는가? 여기서 질의 격률은 말하자면 명백하게 적용되거나 적용되지 않은 채 남아 있게 된다.

두 번째 종류의 불확실성은 일반적으로 적용되는 주어진 격률을 준수하는 수준과 관련이 있다. 예를 들어, 어떤 상업적 계약에서 "X는 Y의 B 증명 없이는 A를 발행하지 않을 것"이라는 규정을 고려해 보라. 일반적인 대화에서는 B의 증거가 X가 A를 발행하는 유일한 조건이라고 청자가 추론했을 것이다. 그렇지 않으면 화자는 양의 격률(너무 적게 말하지 말라)을 위반했을 수 있다. 그러나 상업적 협상의 맥락에서 이것은 매우 불안정한 추론일 수 있다. 한 가지 조건을 언급하는 것이 반드시 다른 조건을 배제하는 것은 아니라고 X는 주장할 수 있고, Y는 이것을 어느 정도 알고 있고, 이것이 대화 맥락에서 X가 가정하는 것일 수 있음을 알 것으로 기대될 수 있다. 그러나 양의 격률이 여기에 적용되지 않는다는 점이 대화에서 양 당사자에게 명백하다면, X는 그의 발화에서 이끌어 내게 될 것보다 더 적은 것을 함축한다는 점에서 어떤 이득도 얻을 수 없었을 것이다. 여기서 전략적인 움직임이 가능하다면 그것은 양의 격률이 완전히 위반되지는 않았지만 완전히 준수되지도 않았기 때문이다.

학생들에 대해 우리가 읽고 쓰는 추천서는 또 다른 예이다. 작성자는 추천서가 진술하거나 주장하는 것 이상으로 어떤 내용을 함축하게 하는 자신의 능력을 이용하려고 하기 때문에, 이러한 맥락에서 격률들은 무시될 수 없다. 그러나 때때로 우리는 명시적으로 진술하고자 하는 것보다 조금 더 적게(또는 더 많이) 함축하고자 하며, 이는 관련 격률 준수에 대해 어느 정도의 불확실성이 있는 경우에만 달성될 수 있다. “너무 많이 말하지 말라”는 격률은 그러한 맥락에서 엄격하게 준수되지 않는다. 때때로 우리는 (학생의 실제 재능과 능력에 대해) 덜 함축하기 위해 너무 많은 말을 한다. 예를 들면 학생의 박사학위 논문의 내용에 대해 계속 말을 한다.

요약하자면, 전략적 의사소통의 두 가지 주요 특징이 일반적인 협력적 정보 교환과 구별된다. 첫째, 일반적으로 관심이 일치하지 않는 경우가 있다. 즉, 특정 내용을 함축하고자 하는 화자의 관심과 해당 내용의 이해를 인정하려는 청자의 관심이 어느 정도 다를 수 있다. 화자는 자신이 기꺼이 명시적으로 밝히고자 하는 것보다 더 많이 (또는 더 적게) 소통하기를 원하지만, 청자는 그러한 불명확한 함축의 이해를 인정하는 데 관심이 없을 수 있다. 청자의 관심사는 종종 함축적 의미를 이해하지 못하거나 듣지 못한 것처럼 행동하면서 함축의 이해에 대한 그럴듯한 부인 가능성을 유지하는 것이다. 둘째, 전략적 의사소통의 협력적 요소와 비협력적 요소의 이런 혼합은 대화 격률의 준수에 대한 어느 정도의 불확실성으로 인해 가능하다. 규범적 틀에 대한 확실성이 결여되어 있기 때문에 어떤 내용은 확정되지 않은 상태로 있고, 말하자면 각 대화 당사자들이 전체 전달 내용을 다소 다르게 이해할 수 있는 선택권을 갖게 된다.

물론 이 모든 것은 매우 일반적이고 부정확하다. 우리는 이러한 전략적 의사소통의 특징들이 어떻게 작동하는지 볼 필요가 있다. 다음 절에서는 법적 소통의 전략적 성격을 보여 주기 위해 입법 발화의 몇 가지 주요 특징들을 살펴볼 것이다. 그 설명은 완전하지 않다. 나의 목적은 몇 가지 어려움 그리고 가능한 해결책을 보여 주는 것이다.

그러나 법적 사례에 존재하는 다양한 복잡성을 검토하기 전에 의미적으로 부호화되어 있는 함축으로 돌아가 보겠다. 나는 의미적으로 부호화된 함축이 불가피하게 법 내용의 일부분을 형성할 수 있다고 생각한다. 바로 그러한 함축이 취소불가능하고 일반적으로 대화의 특정 문맥에 의존하지 않기 때문에, P를 말하는 입법 발화의 사례가 의미적으로 해당 Q를 함축한다면, Q는 입법 발화가 실제로 소통 내용의 사안으로 결정하는 것의 일부라고 가정할 수 있다. 다시 말해 의미적으로 부호화된 함축적 의미는 기본적으로 주장된 내용과 대등하다.

확실히 나는 화자가 자신이 말하는 내용에 의해서 논리적으로 또는 다른 방식으로 '수반되는' 모든 내용을 약속한다고 말하는 것은 아니다. 사람들은 자기들이 인식하지 못하는 내용을 약속할 것으로 기대할 수 없다.[20] 그러나 일반적으로 말해서 화자는 관련된 자연언어에 대한 정상적인 언어 능력을 가지면, 자신이 발화한 표현의 의미적 특징에 의해 '명백하고 분명하게' 함축된 내용을 약속하는 것으로 간주할 수 있다.

의미적으로 부호화된 함축이 반드시 법의 전달 내용의 일부라는 것을 의심할 이유가 있는가? 이에 대한 의심이 있다면 함축된 내용의 명시성이 상대적으로 부족하기 때문일 수 있다. 여기서 고려하는 그런 종류의 표현이 함축하는 내용은 종종 다소 명시적이지 않다. 그러한 내용의 명세화는 일반적으로 문맥의존적이다. 그럼에도 불구하고 관련 표현이 일부 내용을 명시적이지 않

20 물론 수세기 동안 산술의 공리를 사용하고 표현해 온 사람들은, 우리가 지금 알고 있듯이, 괴델(K. Gödel)의 정리들이 집합론에 대한 그러한 공리와 일부 진실들에 의해 수반되지만 어떤 의미에서도 괴델의 정리의 진실을 약속했다고 간주될 수 없다. 이 예는 소엄즈 덕분이다.

은 상태로 두더라도 부호화된 정보는 차이를 만들기에 충분할 수 있다. 예를 들어 화자가 "존조차 그 시험에 합격할 수 있다"라고 주장하는 경우 그 화자는 다음 내용을 분명히 약속한다. ① 관련 참고인 그룹에는 존 외에 시험에 합격할 수 있는 다른 사람들이 있고, ② 이 그룹에서 존이 시험에 합격할 가능성이 가장 낮은 사람들 중 하나이다. 물론 청자는 여기서 관련 참고인 그룹이 무엇인지 알기 위해 약간의 문맥 배경이 필요할 것이다. 이 점에서 그 내용이 의미적으로 명시적이지 않다. 그러나 ①과 ②의 나머지 내용은 이 발화의 특정 문맥에 관계없이 이 문장에서 "~조차"라는 단어를 사용함으로써 의미적으로 수반된다. 그리고 이 내용은 취소할 수 없다. "존조차 시험에 합격할 수 있고, 결국 그가 최고 우수한 학생이었다"라고 말하는 화자를 상상해 보라. 이것은 매우 당혹스러운 발언이 될 것이다. 이것이 타당한 맥락을 상상하는 것은 어렵다.

3. 법에서의 전략적 발화

앞 장에서 주장했듯이 입법부의 입법 행위는 법률로 간주되는 어떤 법적 내용을 소통하는 집단적 언어 행위이다. 분명히 그러한 과정에서 두 가지 주요 대화가 진행된다. 첫 번째는 제정 과정에서 입법자들 사이의 대화이며, 두 번째는 제정된 법률의 주체들에게 말을 거는 집단적 발화의 한 형태인데, 이는 종종 법원(또는 다양한 기관)에 의해 중재되는 이런 내부 대화의 결과이다.[21] 물론, 입법부에서의 내부 대화는 매우 전략적이다. 입법부는 정보의 협

21 사실 이 상황은 더 복잡할 수도 있다. 입법부가 때로는 다른 청중들에게 다른 메시지를 전달하려고 하기 때문이다. 입법부의 이런 이중 대화 현상은 형법에서 음향 분리에 관한 Dan-Cohen(2002)의 연구로부터 잘 알려져 있다. 나는 이런 이중 대화의 언어적 관련성을 Marmor(2008)에서 설명하려고 노력했다.

력적 교환이라는 그라이스의 격률들을 확실히 준수하지 않는다. 그러고 나서 법원이 입법부 발화를 듣게 되면, 말하자면 집단적 발화를 만들어낸 그 대화의 전략적 성격을 무시하기는 어려울 것이다. 더욱이 이것은 일방적인 대화가 아니다. 즉, 법원은 의심스러운 경우에 법을 적용하고 해석하는 방식을 사용하여 입법부에 대응한다. 그러면 입법부는 때로 법원의 결정을 번복하거나 법원의 신호에 맞춰 입법 담론을 조정하는 등 다양한 방식으로 법원에 대응하는 경향이 있다. 일반적으로 여기에서 나는 입법부와 법원 모두 현재 진행 중인 대화에서 전략적인 의사소통 형태를 유지하는 데 나름의 관심을 갖고 있다고 가정한다. 입법부는 입법 결과를 얻는 데 필요한 거래와 타협을 촉진하기 위해 주로 전략적 담화를 필요로 한다. 그리고 법원은 주로 법적 결과에 대한 더 큰 통제력을 얻기 위해 전략적 담화를 필요로 한다. 즉, 법원은 보다 전략적인 유연성을 가질수록 그들이 직면하는 결정에 대해 결국에는 더 많은 권한을 행사할 수 있다.[22]

이러한 점을 설명하기 위해 친숙한 몇몇 예들을 언급하고 일반적인 결론을 도출해 보겠다. 입법의 가장 친숙한 측면은 그것이 거의 항상 타협의 결과라는 것이다. 타협은 종종 내가 '암묵적으로 인정하는 불완전한 결정', 즉 의도적으로 어떤 문제를 결정하지 않은 상태로 두는 결정에 그 본질이 있다.[23] 이것은 입법이 집단 기관의 한 예라는 사실과 밀접한 관련이 있다.

X는 Q를 함축하고자 "P"를 말하고 싶어 할 수 있다.

Y는 Q 부정을 함축하고자 "P"를 말하고 싶어 할 수 있다.

X와 Y는 "P"를 말하면서 그들의 집단적 발화가 Q의 함축에 대해서 미결정된 상

---

22 항소 법원에서 법관 사이에 많은 전략적 대화가 진행되고 있을 것이다. 상급 법원의 결정 절차와 의사결정 문화는 관할권마다 상당히 다르기 때문에 일반화하기 어려울 수 있다.

23 이 생각에는 새로운 것이 없다. 다수의 저자들에 의해 언급되어 왔다.

태로 두기를 의도하면서 집단적으로 행동한다.

일반적인 문제는 밑줄 친 '의도하면서'가 종종 명확하지 않다는 것이다. 사실 전형적인 경우는 상충되고 양립할 수 없는 의도, 희망, 기대 등의 경우이다. 즉, X와 Y 모두 그들의 의도가 우세하기를 의도하거나 희망하거나 기대하는 경우이다. 어떤 경우에 이것은 문제가 되지 않을 수 있다. 즉, X와 Y 모두 그들의 '집단적' 발화가 Q에 대한 어떤 것을 함축하기를 의도하지 않은 채로, Q의 함축에 대해 상충되는 의도나 기대를 가질 수 있다. 이러한 종류의 타협은 그렇지 않으면 요구되었을 것보다 더 모호한 표현을 종종 법안에 정함으로써 이루어진다. 이 경우 입법자들은 기본적으로 권한 위임에 동의하고 모호한 용어의 명세화는 법원에서 해결하도록 남겨 놓는다.[24] 그러나 이것이 항상 그렇다고 또는 심지어 일반적인 경우라고 가정하는 것은 비현실적일 것이다. 입법자들은 종종 자신들의 입법 의제를 실제로 실현하기를 원한다. 그들은 자신들이 원하는 방식으로 자신들이 제정한 법안을 적용함으로써 특정 목표를 달성하기를 원할 것이다. 다시 말해서 전형적인 경우는 X와 Y 모두 '"P"의 집단적 표현이' Q를 함축(또는 함축하지 않음)할 것으로 기대하거나 최소한 원하는 경우이다.

예를 들어, 두 명의 입법자들이 "성별, 인종, 민족 또는 국적에 따라 사람을 차별하는 것은 불법이다"와 같은 차별금지 조항의 형식화에 동의한다고 가정해 보자. 이제 어떤 입법자는 "사람을 차별하는 것"이 차별이 '의도적인' 경우에만 불법이 될 것이라는 것을 분명히 함축한다고 가정한다고 생각해 보자. 그러나 다른 입법자는 이 의도된 함축을 공유하지 않았을 수도 있다. 따라서 (이 입법자가 생각하기로는) 사람들이 자신들 행동의 차별적 효과를 알지 못하더라도 차별적인 행위를 할 수 있다. 그리고 법률 조항에서 차별의 근거 목록

24 이것은 4장에서 자세히 논의할 것이다.

이 완전한지 여부에 대한 질문에 대해서도 유사한 차이가 존재할 수 있다. 이 법이 열거된 근거에 기초하지 않는다면 차별을 허용하는가? (이러한 유형의 함축에 대해 다음에서 자세히 설명하겠다.) 다시 한 번 말하지만 집단적 표현이 이러한 질문들에 대해 결정하지 않은 채로 두고자 하는 것은 분명 가능하다. (그리고 이는 일반적으로 결정권을 법원에 위임하려는 의도에 해당한다.) 그러나 입법자들이 단순히 그들의 집단적 표현에 의해 다른 내용을 함축하고자 의도하는 것도 마찬가지로 가능하다.

물론 이러한 종류의 집단행동이 그들이 제정하는 법안에 대한 정치적 의제와 의도가 다르고 입법 과정에서 수행하는 역할도 다른 수많은 기관, 수백 명의 의원과 관련된다면, 어려움은 명백하다. 그라이스의 용어로 이러한 경우 문제는 두 가지이다. 첫째, '누가' 대화의 관련 당사자로 간주되는지에 대한 상당한 불확실성이 있다. 예를 들어, 법안 발의자, 열성적이지 않은 지지자, 반대투표를 한 사람 등이 있지 않겠는가?[25] 둘째, 다른 당사자가 허용될 수 있는 대화에 '무엇이' 관련 기여로 간주되는가에 대해 내재적 불확실성이 있다. 의원들을 타협에 도달할 수 있게 하는 것 중 하나는 그들의 동기, 의도 또는 기대를 분명히 할 필요가 없다는 사실임을 기억하라.

잠시 멈추고 검토해 보겠다. 나는 대화 당사자들이 정보의 협력적 교환을 목표로 하는 일반적인 대화 상황과 달리 부분적으로 비협조적인 형태의 의사소통이 입법적 맥락에 존재한다는 것을 보여 주고자 했다. 입법 과정 자체는 관련 기관들 간의 초기 협력 부재를 극복하려는 전략적 행동으로 인해 골머리를 앓는다.[26] 그리고 일단 우리가 이 과정의 결과를 얻게 되면, 입법 발화의

---

25 입법의 정치적 역동성 그리고 다양한 입법자 그룹 간 차이점에 대한 탁월한 분석에 대해서는 Rodriguez and Weingast(2003) 참조.

26 물론 입법부의 다수당이 견고하고 단일체일수록 전략적 유연성은 덜 필요할 수 있다. 따라서 일당이 다수를 차지하는 입법부, 특히 의회 제도에서는 전략적 유연성이 실제로 필요하지 않다고 생각할 수 있다. 나는 그것이 덜 필요하다는 것에 동의한다. 하지만 우리는 입법부와 법

어떤 부분이 함축 내용을 결정하는 데 관련하는지 그리고 어떤 부분을 무시해야 하는지를 결정하는 것이 매우 어려워진다. 게다가 이러한 어려움은 법원의 손에 달려 있는데, 이는 법원 자체가 입법부와 전략적 의사소통을 할 수 있어서 법원이 법적 결과를 결정하는 데 있어 더 큰 권한을 부여받기 때문이다.

이에 대해 내가 옳다고 가정하면 다음 질문이 제기된다. 그라이스가 제시한 일련의 대화 격률들이 입법 발화의 맥락에 반드시 적용되지 않는다면, 대신 적용되는 다른 규범들이 있는가? 또는 그라이스의 대화 격률 중 어떤 것이 입법적 발화 상황에서 나타나는 전략적 행동 유형에 적용될지 그리고 어떤 것이 적용되지 않을지를 식별할 수 있을까? 답변은 다소 복잡하다. 부분적으로는 법률 시스템에서 입법의 역할에 대한 규범적(즉, 도덕적·정치적) 이해와 법원이 실제로 따르는 해석상 관행에 달려 있다. 하지만 앞 절의 주장이 시사하는 바와 같이 우리는 어떠한 경우에도 그러한 규범이 전적으로 결정하기를 기대해서는 안 된다. 이 점을 설명해 보겠다.

요약하자면 아이디어는 이렇다. 우리가 일상 대화의 기본적인 협력 목표로부터 일상 대화에 적용되는 격률들에 대한 결론을 도출하는 것처럼, 우리는 그러한 의사소통적 상호작용의 본질과 목적으로부터 입법 발화에 적용될 격률들에 대한 결론을 도출할 수 있어야 한다고 생각할 수 있다. 단순히 입법의 주요 목적을 관찰하고 그러한 목적을 구체화할 관련 대화 격률들에 대해 몇 가지 결론을 도출할 수는 없을까? 아마도 우리는 경쟁을 해야 하는 경기와 매우 비슷한 방식으로 그것에 대해 생각할 수 있을 것이다. 경기는 전형적으로 특정한 형태의 전략적 행동을 보여 준다. 경기의 규칙은 득점하는 방식과

원 사이의 담론 문화가 오랜 시간에 걸쳐 진화하며 오늘날의 확고한 다수가 내일은 소수가 될 수 있음을 명심해야 한다. 장기적으로 양측은 통상적으로 특정 법적 결과에 대한 통제권을 포기하고 향후 더 많은 유연성과 더 많은 권한을 부여하는 것을 선호할 것이다.

경기를 진행하고 또 성공적으로 진행하기 위해 어떤 종류의 기술과 능력을 보여 주어야 하는지 결정한다. 일반적으로 우리는 허용되는 것으로 간주되는 다양한 형태의 행동과 허용되지 않는 행동에 대해 경기의 목적으로부터 몇 가지 결론을 도출할 수 있다. 체스를 예로 들어보자. 이것은 지적인 종류의 경쟁이기 때문에 우리는 체스 선수들이 경기에서 그들의 전술 일부로 물리적 위협을 사용하는 것이 허용되지 않는다는 결론을 내릴 수 있어야 한다. 그러나 권투나 축구와 같은 다른 경기에서는 물리적 위협이 완전히 용인될 수 있다. 다시 말해서 우리는 단순히 경기의 성격과 경기의 일반적인 목적으로부터 선수들에게 허용되어야 하는 움직임의 종류에 대해 몇 가지 규범적인 결론을 도출할 수 있다. 우리는 이 유추를 입법으로 확장하고, 말하자면 "경기" 법률이 무엇인지에 대한 이해를 예시해 줄 수 있는 대화 격률들을 추론해 볼 수 있지 않을까?

그러한 가능성에는 크게 두 가지 고려사항이 있다. 첫째, 문제는 우리가 추구하는 규범적인 결론을 도출하기에 충분할 정도로 깊은 "경기"의 본질에 대한 이해가 논란이 될 수밖에 없다는 것이다. 물론 법관을 포함한 사람들은 관련 정치 제도에서 입법 기관과 사법 기관 간의 적절한 분업에 대해 매우 다른 도덕적·정치적 이해를 갖는 경향이 있다. 예를 들어, 법 해석에서 입법 의도의 역할에 대한 잘 알려진 논쟁이 있다. 사람들은 법 해석에서 입법 의도에 대한 적절한 역할에 대해 입법자의 의도를 크게 존중하는 입장부터 그러한 의도가 전혀 관련이 없다는 입장까지 매우 다른 견해를 가지고 있다. 이제 이는 입법부가 입헌 민주주의에서 차지하는 제도적 역할에 대한 더 깊은 논란을 반영하는 논쟁의 한 예에 불과하다. 우리가 법적·정치적 기관의 지시를 해석하는 데 있어서 그 기관의 특정한 의도를 고려해야 하는지, 그리고 어느 정도까지 고려해야 하는지에 대한 문제는 부분적으로 그 기관들의 정당성과 그들의 도덕적·정치적 근거에 대한 견해에 달려 있다.[27] 그리고 이러한 견해들은 매우 논란이 많은 경향이 있다.

더욱이 내가 여기에서 계속 주장해 온 것처럼 입법의 의사소통에 적용되는 규범에 대한 이러한 종류의 부분적 불확실성은 부수적인 것이 아니다. 사실 당사자들을 전략적 형태의 대화에, 즉 제정 과정 그리고 계속 진행 중인 법원과 입법부 간의 대화에 참여할 수 있게 하는 것은 관련 대화 규범에 대한 일정 수준의 불확실성이다. 그러나 한 가지 주의 사항을 언급해야 한다. 시간이 지남에 따라 법원에서 실제로 따르는 법 해석의 규범은 입법의 어떤 대화 격률들을 부분적으로 결정할 수 있다. 법원이 법 언어를 해석하는 방식에 대한 특정 규범을 따름으로써 법원은 입법적 맥락에 대해 일종의 그라이스식 격률들을 만들 수 있다. 예를 들어, 법원이 법 이력에 대한 증거를 듣고자 하는 정도가 부분적으로 입법상의 함축에 대한 관련성 규범을 결정할 것이다. 그러한 규범은 입법자와 법원 간의 대화에 어떤 기여가 중요한지를 부분적으로 결정할 것이다. 따라서 법원의 해석 문화에 따라 어느 정도는 입법적 맥락에 대해 대화 격률들이 명시될 수 있다.[28] 그러한 규범의 신뢰성은 시간이 지남에 따라 법원의 해석 관행의 일관성에 결정적으로 의존한다는 점에 유의해라. 법원이 관련 해석 관행을 일관되게 준수하지 않는다면 입법자들은 무엇이 그들과 법원 사이의 대화, 나아가서는 불가피하게도 입법자 자신들 사이의 대화에 대한 관련 기여로 간주될지에 대한 명확한 신호를 받지 못할 것이다. 그러나 다시 말하지만 전략적 대화 규범의 불확실성에 대한 내 주장이 옳다면, 법원이나 입법부가 매우 일관되게 따르는 해석 규범을 가질 강력한 동

---

27 나는 이것을 Marmor(2005) ch.8에서 훨씬 더 자세하게 설명했고, 우리는 이것을 이 책 5장에서 다시 다룰 것이다.

28 미국에서 법원은 수많은 법정 해석의 규범을 채택해 왔으며, 그중 일부는 입법 발화에 특수한 준그라이스식 격률처럼 보일 수 있다. Carston(2013) 참조. (더 자세한 내용은 5장에서 설명하겠다.) 문제는 100개가 훨씬 넘는 이 규범들이 종종 충돌을 일으키기 때문에 법원이 상황에 따라 어느 것이 우세한지를 골라 선택하게 된다는 것이다. Carston(2013: 16ff)은 법률에서 대화 함축의 가능성에 반대하는 것으로 나를 이해하지만 그것은 내가 주장하는 바가 아니다. 나는 법에서 함축 일부가 효과 있을 가능성을, 또는 일부 구문 규범이 일관되게 적용된다면 일종의 그라이스식 대화 격률이 될 가능성을 부정하는 것이 아니다.

기를 반드시 갖지 못할 것이라는 점을 인식해야 한다.

다시 말해 우리는 법원과 입법부 모두 진행 중인 대화에서 전략적 움직임의 가능성을 유지하는 데 관심이 있다는 것을 인정해야 한다. 우리가 본 바와 같이 대화의 규범적 틀에 대한 일정 수준의 불확실성은 일종의 전략적 발화가 진행되도록 하는 데 필수적이다. 따라서 법원과 입법부 모두 진행 중인 대화에 적용되는 격률들에 대한 일정 수준의 불확실성을 유지하는 데 관심이 있다. 법원이 대화 규범을 일관되지 않게 그리고 예측 가능성이 낮게 적용하는 것은 (그리고 입법부에 의해 묵인된) 아마도 이러한 불확실성이 지속적으로 유지될 수 있도록 하는 주요 메커니즘일 것이다.

이 점을 입증할 몇 가지 예를 들어보겠다. 입법 발화에서 함축에 대한 다음의 친숙한 예를 먼저 생각해 보라. 법이 "X가 F, G 또는 H가 아니라면 모든 X는 φ해야 한다". (또는 보다 일반적인 경우 법은 "X는 φ해야 한다"라고 주장하고, F, G 또는 H인 사람들에 대한 명시적인 면제를 규정하는 다른 절이 뒤따른다.) 이러한 종류의 발화는 일반적으로 언급된 예외가 모두 적용된다는 것을, 즉 F 또는 G 또는 H가 아닌 모든 X는 φ해야 한다는 것을 함축할 수 있다. 이 함축은 취소될 수 있음에 유의하라. 예외가 완전하지 않다고 간주한다는 것을 입법부는 쉽게 표시할 수 있다. 그러나 그러한 표시가 없다면 F, G 및 H가 φ에 대한 X의 필요조건에 대해 유일하게 허용되는 예외라고 입법부가 함축했다고 가정하는 것이 자연스럽다. (이것은 일반 대화 함축의 예이다.)

그러나 모든 로스쿨 1학년 학생들은 법원이 그러한 함축을 적용하는 데 있어서 그다지 일관성이 없다는 것을 알게 된다. 법관은 입법부가 제정하는 규칙에 대한 가능한 모든 정당한 예외를 미리 결정할 수 있는 입법부의 능력에 대해 다소 회의적이다. 따라서 때때로 그러나 결정적으로 항상 그런 것은 아니지만 법원은 단순히 함축을 무시한다. 그들은 예외 목록을 완전한 것이 아니라 예시적이거나 불완전한 것으로 취급한다.[29] 그러한 경우 법원은 충분히 주장되지 않았지만 그것에 의해 함축된 의사소통의 내용을 무시한 채 입법 발화의 주장적 내용을 심리한다. 그리고 이것을 가능하게 하는 부분은 대화의 관련 격률들에 대한 일정 수준의 불확실성, 즉 관련 격률들을 (이 경우에는 양의 격률) 법원이 선택적으로 예측 불가능하게 적용함으로써 발생하는 불확실성이다. 이러한 상호작용에서 양 당사자(즉, 법원과 입법부)의 전략적 관심을 고려할 때, 법원이 함축을 추론하려는 의지의 정도에 대한 일정 수준의 불확실성은 이해할 수 있다. 말하자면 이것이 양측으로 하여금 이 경기에서 다양한 전략적 움직임을 할 수 있게 해 준다.

두 번째 예는 전제에 관한 것이다. 내가 앞에서 인용한 정의에서 소엄즈가 언급한 전제의 한 가지 흥미로운 화용론적 측면은 수용의 현상이다. 화자가 주어진 대화에서 문장을 말할 때, 화자는 일반적으로 청자들에 의해 이미 공유되고 있고 따라서 주장될 필요가 없는 내용이 있다고 가정한다. 그러나 때때로 발화는 대화 당사자가 이전에 공유하지 않은 정보를 대화 배경에 추가하는 전제와 관련한다. 그러한 경우 화자는 청자들이 반대하지 않고서 그들의 공유된 배경에 전제된 내용을 기꺼이 추가할 것이라는 가정하에 행동한다. 예를 들어, (2) "Sarah forgot to pick up Jane from the airpot(사라가 공항으로 제인을 마중 나가는 것을 잊어 버렸다)"라는 발화를 생각해 보자. 이 발화를 들은 청자는 사라가 공항으로 제인을 마중 나가기로 '되어 있었다'라는 사실을 몰랐거나 몰랐을 가능성이 크다. 화자가 기술한 대로 (2)를 발화하고자 한다면, 그것은 청자가 특별한 어려움 없이 자신의 배경지식에 이 정보를 기꺼이 추가할 것이라고 화자가 가정하기 때문이다. 그래서 '이제' 청자는 사라가 공항에서 제인을 마중 나가기로 되어 있었다는 것을 알고, 이 대화에서 이 정보를 배경지식에 기꺼이 추가할 것이다.

---

29 그 유명한 사례가 1장에서 논의된 Holy Trinity Church v. United States 143 U.S. 457(1892)이다. "모든 종류의 노동 또는 서비스" 수입 금지는 성직자를 포함하지 않는 예외 목록에 의해 법령에 규정되었다. 법원은 기본적으로 예외 목록이 완전하다는 함축을 무시했다.

그러나 법적인 경우에는 수용이 항상 그렇게 원활하게 그리고 이해할 수 있게 작동하는 것은 아니다. 유명한 TVA v. Hill 사건[30]을 가지고 이러한 종류의 수용 실패를 설명하겠다. 이 사건은 테네시강 유역 개발공사TVA에 의한 텔리코댐Tellico Dam 건설에 관한 길고 복잡한 소송이었다. 환경단체들은 댐 건설이 새로이 제정된 '멸종 위기에 처한 종에 관한 법률'을 위반하며, 스네일퍼치라고 불리는 작은 물고기의 서식지를 위태롭게 할 것이라고 주장하면서 댐 건설을 중단시키고자 했다.[31] 그러나 환경 문제가 대중의 관심을 끌자, 의회는 연간 세출 법안에서 댐 건설 자금을 계속 지원했다. 이제 사람들은 의회가 특정 프로젝트에 예산을 책정했다면 그 프로젝트가 법적으로 승인되었다는 전제가 있을 것이라고 생각할 것이다.[32] 그렇지만 대법원은 법적으로 당시 극명했던 환경론적 반대에도 불구하고 댐 건설을 의회가 승인했음을 이러한 세출 법안이 함축한다고 볼 수 없다고 결정했다. 사실상 법원은 세출법안의 전제된 내용에 의해 전달된 정보를 수용하지 않았다. 상당히 명백한 이러한 전제를 수용하기를 거부함으로써 법원은 입법부의 발화가 약속한 내용을 명백히 무시했다.[33] 나는 법원이 그렇게 하는 것이 잘못되었다(또는 옳았다)고 시사하는 것이 아니다. 입법부 발화의 화용론적 약속이 (이 사건에서 매우 분명하지만) 어떻게 법원이 수용하고자 하고 아마도 합법적일 수 있는 그런 이해

---

30 437 U.S. (1978) 153.

31 스네일퍼치의 보호는 댐에 반대하는 주된 이유가 아니었고 관련된 문제는 매우 복잡했는데, 일부는 환경적인 문제이고 일부는 경제적인 문제였다.

32 댐 건설이 그 법이 시행되기 몇 년 전에 시작되었기 때문에 텔리코댐에 대해 '멸종 위기에 처한 종에 관한 법률'의 적용에 대해 어렴풋하고 불안정한 문제가 있다는 점을 감안하면 더욱 분명하다. 많은 법률 평론가들은 이 법이 발효될 당시 진행 중인 프로젝트에 이 법이 적용되어서는 안 된다고 생각했다.

33 이 사례에 대한 자세한 내용은 McCubbins and Rodriguez(2005)를 참조하라. (나는 이 사건에 대한 법원의 결정에 대한 저자의 부정적인 견해에 전적으로 동의하지 않는다. 그러나 법원이 의회에서 세출 절차의 심의 속성에 대한 의심스러운 정보에 의존했고, 그들의 생각이 옳다고 생각한다.)

의 일부를 형성하지 않는지를 보여 주기 위해서 나는 이 사건을 언급한다.

나는 TVA 소송을 언급함으로써 또 다른 요점을 말하고 싶다. 이것은 입법 발화의 전략적 성격이 매우 명확하게 입증되는 그러한 사례들 중 하나이다. 의회가 세출 법안을 제정했을 때 이미 댐 건설에 대한 심각한 환경상의 반대가 있었고, 스네일퍼치가 멸종 위기에 처한 종 목록에 추가되면 건설이 중단될 수도 있다는 점이 이미 명백했다. 그러나 멸종 위기에 처한 종에 관한 법률을 명시적으로 무효화하고 댐 건설을 승인하며, 대중에게 호응을 얻지 못하는 조치를 취하는 대신(또는 스네일퍼치를 멸종 위기에 처한 종으로 지정하기로 한 '어류 및 야생 동물 관리국FWS'의 결정을 명시적으로 무효화하는 대신), 의회는 댐 건설에 자금을 계속 지원하여 더 불분명하게 결과를 달성하고자 희망했다. 의회에는 환경 운동가들과 정면으로 맞서기에 충분한 지지가 없었다는 것을 짐작할 수 있을 뿐이다. 내가 여기서 논하고자 하는 바와 같이 관련 대화의 성격이 전략적일수록 화자의 화용론적인 약속과 그러한 약속의 이해에 대한 청자의 관심이 다를 가능성이 더 높아진다. 말하자면 함축된 내용에 대한 화자와 청자 간의 서로 다른 관심은 법률 영역에서의 차이에 따라 그리고 다양한 법률 규정의 특징이 되는 입법 발화의 유형에 따라 달라질 수 있다는 것이다. 입법 맥락이 더 전략적일수록 우리는 화자의 의도된 함축과 그러한 함축의 이해를 인정하는 것에 대한 청자의 관심 간의 일치를 기대하지 말아야 한다.

예를 들어, 규정의 입법 영역, 특히 규정이 전문 지식에 기반을 둔 영역에서는 법원이 입법 발화의 화용론적 함축을 무시할 유인책을 가질 가능성이 적다.[34] 사실, TVA 결정 자체가 이를 잘 보여 준다. 여기에서 딜레마를 바라

34 미국 연방대법원이 전문기관 규정을 더 존중한다고 명시하고 있다. 이를 Chevron U.S.A. Inc. v. Natural Resources Defense Council Inc. 467 U.S.A. 837(1984)의 결정에 따른 '쉐브론(Chevron) 원칙'이라고 한다. 그러나 논평가들이 지적했듯이 쉐브론 원칙은 법원이 해당 기관의 상대적 전문지식에 대해 갖는 신뢰 수준에 따라 그 자체가 차별적으로 적용된다.

보는 한 가지 방법은 두 가지 다른 유형의 법률 사이의 충돌이라는 측면에서 보는 것이다. 두 법률 중 하나는 스네일퍼치를 멸종 위기에 처한 종의 목록에 추가하는 '멸종 위기에 처한 종'에 관한 법률과 FWS의 후속 규제 결정이 있었다. 다른 하나는 의회에서 제정한 세출예산 법안이 있었다. 기본적으로 법원은 전문적인 규제 입법이 우선한다고 결정했다. 다시 한 번 말하지만 여기서 나의 요점은 법원의 판결을 정당화하는 것이 아니다. 요점은 법원이 서로 다른 유형의 입법 발화의 구분에 매우 민감하다는 것과, 법관들은 입법 상황이 더 전략적일수록 발화가 실제로 주장하는 것보다 더 많이 들으려고 하지 않는다는 원칙을 대체로 따르고 있다는 점을 입증하는 것이다.

일반적인 정책으로서 이것이 법원뿐만 아니라 입법부에도 많은 의미가 있음을 나의 논의가 보여 주기를 바란다. 양 당사자가 전략적 대화를 유지하는데 관심이 있는 한, 둘 다 대화를 지배하는 규범에 대한 어느 정도의 불확실성에 관심이 있다. 이와 반면에 전문 기관들은 일반적으로 전략적 움직임을 보이지 않는다. 그들은 전략적 목표를 은폐해야 하는 압박을 훨씬 덜 받고, 적은 전략적 유연성과 더 많은 명확성을 필요로 한다. 그러므로 기관 규정의 경우, 우리는 화자의 화용론적 약속과 그와 같은 약속을 이해하려는 청자의 의지 사이의 더 큰 조율을 기대해야 한다. 따라서 일반적으로 말해서 상호작용의 전략적인 성격이 클수록 화자가 함축하려고 애쓰는 것과 청자가 기꺼이 받아들이거나 수용하려는 것 사이의 차이를 더 많이 예상해야 한다. 그리고 그 반대의 경우도 마찬가지이다. 입법 상황이 덜 전략적일수록 일상적인 대화의 표준적인 그라이스 모델에 더 가까워진다.

3장

법과 진리치

Truth in Law

나는 1장에서 주장적 내용의 결정 요인을 논의하면서 일반적으로 법률과 훈령 같은 유형에서 보통 볼 수 있는 종류의 법 규정이 진리치 평가가능한 어떤 내용을 진술하거나 주장하는 언어 행위로 볼 수 있는지에 대한 질문을 남겨 두었다. 그러나 이 문제를 피할 수 없다. 법적 추론을 이끌어 내는 것은 결국 변호사와 판사의 정규 업무이다. 그러한 추론의 대부분은 일반적인 삼단논법처럼 보이는데, 이 경우 법의 규범적 내용에 대한 전제 그리고 사실 또는 사건을 기술하는 진술로부터 결론이 도출된다. 전제가 진리치에 적합하지 않은 경우, 즉 법 규정에 진리치 평가가능한 내용이 없는 경우 그러한 추론이 어떻게 유효할 수 있는지 확인하기 어렵다. 이것이 내가 이 장에서 검토하고자 하는 주요 문제이다. 여기서 주제는 우리가 법이 말하는 것에 진리치를 부여할 수 있는지, 그리고 그렇게 하기 위해 무엇이 필요한지에 관한 문제이다. 앞으로 보겠지만 여기에는 별개의 두 가지 문제가 관련된다. 즉각적이고 가장 분명한 관심은 법 규정이 어떤 명제적 내용을 갖는 진술인지 여부이다. 이 문제에 대한 해결책이 본 장의 첫 번째 부분(1~3절)의 내용을 구성한다. 마지막 부분(4절)에서 나는 법의 삼단논법이 갖는 구조적 측면을 살펴보고, 법에서의 진리치와 소설에서의 진리치 사이에 흥미로운 유사점이 있음을 제안한다.

1. 권고의 명제적 내용

추론은 전제의 참이 결론의 참을 보장하는 경우에만 유효하다. 따라서 전제가 명제적 내용을, 즉 진리치 평가가능한 내용을 표현하지 않는 문장이나 언어 표현으로 구성되어 있으면 추론의 타당성에 대해 질문이 제기되지 않는다. 표면적으로는 특정 법적 내용의 언어 표현, 즉 헌법 규정 및 법률 규정의 내용, 사법 결정, 기관 규정 등은 명제가 아니다. 법은 세상의 한 측면을 묘사하는 것을 목적으로 하지 않는다. 법은 상황이 어떤지 우리에게 말해 주지 않는다. 대략적으로 할 일 또는 하지 말아야 할 일을 우리에게 말해 준다. 따라서 문제는 법 규정에서 찾아볼 수 있는 규범적 내용이 과연 진리치 평가가능한 종류의 내용인지 여부이다. 그렇지 않다면 그런 규정을 전제로 취하는 추론은 타당할 수 없다.

진행하기 전에 여기서 문제가 되는 것이 무엇인지 명확히 하는 것이 중요하다. 나는 법적 추론을 위한 논리적 틀을 제공하기 위해 우리가 표준적인 명제 논리 연산에 국한해야 한다고 제안하는 것이 아니다. 논리학자들은 의무, 허가 등과 같은 의무 연산자를 포함하는 명제 사이의 논리적 관계를 형식화하기 위해 의무 논리deontic logic의 체계를 개발했다. 그러나 의무 논리 또는 그러한 표현을 다루기 위해 고안할 수 있는 다른 공리 체계는 우리 문제에 대한 해결책이 아니며, 우리가 나중에 사용할 수 있는 도구일 뿐이다. 의무 논리는 규범적 문장이 어떤 의미에서 참(또는 거짓)일 수 있다고 '가정해' 이를 처리하는 형식화된 체계를 제공한다.[1] 이러한 논리 도구는 규정이나 의무적 진술을 진리치 평가가능하게 만드는 것에 대해 해석을 제공하지 않고, 그러한 해석이 이용가능하다고 가정한다. 그러나 여기에서 문제가 되는 것은 바로 그러한 해석의 이용가능성이다. 다시 말해 법적 규정이 어떻게 진리치 평가가능한 내용을 가질 수 있는지 보여 주는 것이 과제이다. 그러한 해석이 있으면 관련 진술 간의 논리적 관계를 평가하기 위해 의무 논리를 채택할 수 있다. 그럼 이제 이 내용으로 넘어가겠다.

여기서 회의적인 입장이 타당하다는 것은 명령형으로 표현된 진술을 보면 알 수 있다. "문 닫아!", "거기 서 있어!"와 같은 명령 발화는 어떤 것을 기술하는 종류의 발화가 아니다. 그 기능은 행동에 동기를 부여하는 것이며, 진리치 평가가능한 내용을 갖고 있지 않는 것처럼 보일 것이다. 물론 나는 법 규범이 일반적으로 명령문으로 형식화된다고 제안하는 것은 아니지만, 그들의 언어적 또는 소통적 기능은 매우 유사하다. 그리고 두 가지 면에서 비슷하다. 첫째, 법은 행동 양식을 규정하지만 사태를 묘사하지 않는다. 물론 법이 형식화되는 방식은 매우 다양하다. 표준적인 명령문으로 형식화되는 법 규정은 거의 없다. 법률은 다양한 종류의 권리를 부여하고, 의무를 부과하며, 민간과 공공의 다양한 기관에 법률의 규범적인 변경을 도입할 수 있는 권한 등을 부여한다. 그러나 통일된 요소는 행동 지침이다. 어떤 식으로든 법 규범과 법적 결정은 어떤 목적을 갖든 행동으로 인도하는 것을 목적으로 한다.[2]

둘째, 법이 당신에게 무언가를 하도록 요구할 때, 즉 "상황 C에서 φ를 해야 한다"라고 말하면, 그것은 당신이 φ를 해야 하고, 법이 그렇게 말하기 때문에

1 Jorgensen(1937) 참조.

2 물론 일부 법률 제정에는 규범적인 내용이 없을 수도 있다. 입법부는 때때로 특정 새를 공식 "주의 상징새"로 선언하거나 이와 유사한 것과 같이 행동 지침 요소가 없는 다양한 선언적 법률을 제정한다. 그러나 그러한 법률은 매우 드물며, 어쨌든 사회에서 법률의 주요 기능과 별로 관계가 없다.

φ를 해야 한다고 말하는 것을 의미한다. 법적 요구 사항은 그 대상에게 적용되는 조치에 대한 이유를 단순히 지적하지 않고, 관련 요구 사항을 표현함으로써 그러한 이유를 만들거나 부여하려는 것이다. 법이 그렇게 규정하기 때문에 당신은 그것을 해야 한다. 그리고 다시금 이 점에서 법은 일반적인 명령문과 매우 유사하다. 예를 들어, 다음 두 진술 간의 차이점을 생각해 보자.

(1) S가 H에게 "당신은 사라에게 100달러를 주어야 한다"라고 말한다.

(2) S가 H에게 "사라에게 100달러를 주어라!"라고 말한다.

유형 (1)의 진술은 일반적으로 H에 적용되는 행동의 이유를 지적하기 위해 표현된다. (1)을 표현함으로써 S는 일반적으로 H에게 그가 해야 할 일이 있다는 것을, 즉 (가령 그가 그것 또는 그런 것을 하겠다고 약속했기 때문에) 사라에게 100달러를 주는 것을 말하자면 그에게 상기시켜 주는 것으로 이해될 것이다. 언어 행위 자체는 H의 행동 이유에 (또는 원하는 경우 (1)의 진리치에) 변화를 주장하지 않는다. S의 발화나 언어 행위에 상관없이 말하자면 그 이유가 거기에 있다고 주장되거나 가정된다. 이와 반면에 (2)와 같은 명령형 표현은 H가 S의 명령형 표현을 행위의 이유로 간주할 것이라는 기대를 필연적으로 시사한다. S가 (2)를 발화했다는 사실은 H가 한 행동의 이유에 변화를 주장한다.

언어 행위 이론가들은 청자가 어떤 행동을 하도록(또는 물론 행동을 하지 않도록) 유도하기 위해 일반적으로 표현되는 그런 광범위한 언어 행위들이 있고, 그러한 언어 행위들 자체를 명령받은 대로 요구받은 대로 해야 할 이유로 간주한다는 것을 오랫동안 인정해 왔다. 여기에는 명령, 지시, 요청, 탄원, 초대, 질문 등이 포함된다.[3] (약간 수정한) 오스틴을 따라 나는 이러한 종류의 수

3 언어 행위들의 유용한 분류에 대해서는 Bach and Harnish(1982: 47~55) 참조.

행문을 '권고적 언어 행위exhortative speech acts' 또는 '권고exhortatives'라고 부를 것이다.[4] 이러한 언어 행위는 청자가 그 발화를 행동의 이유로 인식할 것을 기대하면서, 관련 발화를 표현하는 바로 그 행위에 의해 청자 측의 행동에 동기부여하는 것을 목적으로 한다. 다른 수행문과 마찬가지로 해당 언어 행위의 적정 조건 또는 성공을 확보하기 위해 몇 가지 배경 조건이 필요할 수 있다. 때때로 이러한 배경 조건은 사회적 관례나 기관의 규칙으로 구성되지만 반드시 그렇다고 가정하지는 않는다.[5]

법적 지시는 일반적으로 권고이다. 사실 그것이 아마도 권고의 전형적인 예일 것이다. 법적 요구 사항의 제정 또는 (가령 법원이나 행정기관에 의한) 법적 결정의 공식적인 표현은 언어 행위를 청자에게 행위에 대한 이유를 제공하는 것으로 인정함으로써, 청자 측의 행위에 동기부여하는 일종의 언어 행위이다. 물론 이것은 모든 법적 규정이 명령형으로 형식화된다는 것을, 심지어 규범적으로 형식화된다는 것을 의미하지 않는다. 어떤 표현은 단순한 기술적 진술문으로 형식화되더라도 권고일 수 있다. 예를 들어, "여기는 매우 춥다"라고 말하는 것은 물론 대화 배경과 관련 상황에 대한 상호 지식에 따라 누군가에게 창문을 닫아 달라는 요청일 수 있다. 이와 유사하게 "상황 C에서 φ하는 것은 경범죄다"와 같은 법적인 기술적 진술문은 세상이 어떻게 돌아가는지에 대한 기술이 아니라 C에서 φ해서는 안 된다는 규정이다. 그리고 다시 한 번 말하지만 φ해서는 안 된다고 법이 말할 때, 그것은 법이 그렇게 말하고 있기 때문에 적어도 부분적으로는 당신이 φ해서는 안 된다는 것을 변함없이

4 Austin(1989: 151)은 그것들을 "행사(exercitives)"라고 불렀고, Bach and Harnish(1982: 47)는 더 합리적으로 그것들을 "지시(directives)"로 분류했다. 나는 "지시"가 권위 있는 화행을 지칭하는 표준 방식이 되었기 때문에 Bach and Harnish(1982)의 용어 사용을 자제하고, 반드시 권위적이지 않은 화행을 포함하는 더 넓은 범주를 사용하고 싶다.

5 수행적 언어 행위가 반드시 관례적 설정에 의존하는지에 대한 질문에 대해서는 문헌에서 지속적인 논쟁이 있다. Marmor(2009: 118~130)에서 이 토론에 무게를 두었다. 어쨌든 모든 수행적 언어 행위가 권고 행위는 아니다.

암시한다.

이제 법이 일반적으로 권고 언어 행위라고 가정하면 권고가 진리치를 갖는가의 질문이 제기된다. 여기에 문제가 있다고 의심할 수 있다. 추론의 목적상 우리는 "imperative that _____"과 같은 연산자와 그 뒤를 따르는 관련 권고의 내용을 설정할 수 있다고 생각할 수 있다. 예를 들어 다음 명령문을 고려해 보자.

(3) (S가 H에게): "문을 닫아라."

이제 다음 공식을 통해 (3)에 진리치를 할당할 수 있다.

imperative that {H가 문을 닫는다}.

H가 문을 닫으면 그 명령문이 참이고 H가 닫지 않으면 거짓이라는 것을 함의할 수 있기 때문에 진리치가 괄호 안의 내용에 할당되지 않으며, 이는 우리가 추구하는 바가 아니다. 명령문의 진리치는 명령의 준수에 의존할 수 없다. 게다가 명령문은 지시된 대로 수행해야 하는 것이 거짓일지라도 (그렇게 하는 의미가 있는 경우) 명령문이 참일 수 있기 때문에 "당위ought" 연산자와 같은 것이 충분하지 않을 것이라는 점에 유의해야 한다. 따라서 아이디어는 "imperative that _____"에 진리치를 부여하는 것이다. 즉, 연산자 뒤에 오는 내용과 함께 명령문이 제시되거나 표현된 경우 참이고, 그렇지 않은 경우 거짓이 된다. 논리적 추론 목적을 위해 이것은 작동해야 한다. 그러나 우리는 관련 명제를 참(또는 거짓)인 경우로 만드는 것에 대한 해석이 여전히 필요하다. 그것은 단순히 명령이 표현되었다는 사실인가? 그럴지도 모르지만 왜 그런 것인지, 어떤 조건인지 설명이 필요하다. 즉, 우리는 그러한 진술의 '진리 조건'에 대한 해석을 필요로 한다. 진리치를 할당할 수 있는 어떤 연산자를 설정함으로써 명령문

및 아마도 다른 유형의 권고문을 진리치 평가가능한 진술문으로 번역할 수 있다는 사실은 우리의 질문에 답을 주지 않는다. 우리는 다양한 종류의 권고에 참(또는 거짓)을 부여하는 것을 '보증하는' 것이 무엇인지 알아야 한다.

단순하게 설명하기 위해 나는 명령형으로 표현된 지시나 명령과 같은 몇 가지 간단한 권고에 초점을 맞출 것이다. 여기서 가정은 명령문에 진리치를 부여하는 해석을 제공할 수 있다면 적절히 수정해 다른 유형의 권고도 유사하게 다룰 수 있다는 것이다. 이제 명령문의 명제적 내용을 해석하는 자연스러운 방법은 그러한 내용이 자기 지시적임을 제안하는 것이다. S가 H에게 "문 닫아라!"라고 말할 때 표현된 명제적 내용은 S의 바람에 관한 것이다. 그것은 "S는 H가 문을 닫기를 원하고/희망하고, H가 이 바람의 표현을 자신이 따라야 할 이유로 인식하기를 원한다/희망한다"와 같이 화자의 마음 상태에 대한 무언가를 표현한다. 이것은 의심할 여지없이 표준적인 기술의 명제적 내용이고, 명제는 화자의 마음 상태를 가리킨다. 즉, 사람들이 요청이나 지시 등을 표현할 때 일반적으로 어떤 일이 일어나기를 바라는 기원이나 바람을 표현하고, 청자가 요청이나 지시를 그 자체로, 즉 어떤 방식으로 행동하는 동기부여된 이유로 간주할 것이라는 기대를 표현한다.[6] 이것이 적어도 표준적인 경우이다. 나는 곧 몇 가지 비표준적인 예들을 다룰 것이다.

분명히 나는 자기 지시적 내용이 명령문의 의미론적 '의미'라고 제안하고 있는 것은 아니다. "문을 닫아 주세요" 또는 "소금을 건네주세요" 같은 명령문은 문장이 진술하는 바를 의미한다. 즉, 명령문은 의미론상 자기 지시적인 명제적 내용으로 축소될 수 없다. 실행 중인 명제적 내용이 상황에 따라 명령문을 참 또는 거짓으로 만든다. 그러나 명제적 내용이 거짓일 수 있는가? 명령

6 지시와 요청의 주요 차이점은 표현이 생성할 것으로 예상되는 행위에 대한 이유의 종류에 있다. 지시는 행동(또는 의무)에 대한 지켜야 하는 이유를 생성하는 반면에, 요청은 보통 행동에 대한 일반적인 이유를 생성하는 것으로 간주된다. 세부 사항들이 해결되기 쉽지 않지만 현재 주장에 영향을 미치지는 않는다.

문이 자기 지시적인 명제적 내용을 표현한다면, 명령문의 모든 진지한 표현은 참인 명제를 구성할 것이다. "문을 닫아 주세요"라고 말함으로써 나는 당신이 문을 닫기를 원한다는 (그리고 나는 당신이 이 지시에 대한 나의 표현을 당신이 그렇게 하는 이유로 인식하기를 원하는) 명제를 표현한다면, 그러한 명제적 내용이 어떻게 거짓일 수 있을까? 아마도 정상적인 대화라는 가정하에서 그리고 성실성 같은 조건이 주어지면 명제적 내용은 거짓일 수 없다. 그러나 이것은 심각한 걱정이 아니다. "나는 지금 당신과 얘기하고 있어요"와 같이 표현 자체만으로 참이 되는 문장들, 또는 더 흥미롭게도 약속의 표현과 같은 (레몬E. J. Lemmon과 다른 사람들이 확인한[7]) 유사한 현상이 있다. 화자가 정상적인 조건에서 "나는 φ하기를 약속한다"라고 말하면 화자는 참인 진술을 행하는 것이고, 그 진술은 발화되었다는 사실에 의해서 참이다. 설령 화자가 약속을 지킬 생각이 없었다 하더라도 그것은 거짓으로 판명될 수 없다. 화자는 "(표준적인 대화 맥락에서) φ하기를 약속한다"라고 말함으로써 자신이 약속을 했다는 사실을 표현했고, 이는 그것을 표현함으로써 약속이 실천되어 참이 된다.[8]

나는 실패의 여지가 없다고 말하는 것이 아니다. 명령문의 표현이 그 발화 상황에서 명제적 내용을 전달하지 못할 수 있다. 예를 들어, 문을 닫으라는 지시는 닫을 문이 근처에 있다는 것을 전제로 한다. 전제가 명백히 거짓이라면(예를 들어, 주변에 문이 없는 초원을 산책할 때 문을 닫으라고 당신에게 지시한다) 그 발화가 의미 있는 명제적 내용을 전달하지 못할 가능성이 크다. 나는 이것이 일반적으로 화용론적 실패라고 생각한다. 즉, 우리는 문장이 의미하는 것과 그것이 참이 되기 위해 필요한 것이 무엇인지 안다. 실패는 관련성의 부족에 그 본질이 있다. 화자가 대화 상황과 관련이 없는 무언가를 말한 것이다. 그러나 여기에 어떤 종류의 실패가 관련되어 있는지 설명하는 다른 방법

---

7 Lemmon(1962); Bach and Harnish(1992) 참조.

8 Marmor(2009: 120ff.)에서 이것을 자세히 설명했다.

이 있을 수 있다. 나는 이것을 고집하지 않을 것이다.

요약하자면, 표준 사례에서 명령문은 일반적으로 그 표현만으로도 참이 되는 화자의 의도, 바람 또는 욕망에 대한 어떤 명제적 내용을 표현한다는 것이다. 적절한 수정을 가하면 이는 일반적으로 권고에도 적용된다. 권고는 화자가 그 표현을 행동에 대한 동기부여하는 이유로 인정함으로써, 청자 측의 어떤 행동에 (또는 행동하지 않음에) 동기를 부여하려는 언어 행위의 한 종류이다. 권고의 표현에서 1인칭 대명사가 항상 암시적이라는 것이 권고가 갖는 매우 중요한 특징이다. 말하자면 화자가 누구인지가 항상 중요하다. 예를 들어, 내가 요구를 할 때 그것이 나의 요구이고, 그것은 나의 바람, 의도 등을 표현한다는 것이 그 표현의 본질적인 특징이다.[9] 명시적으로 표현되는 경우는 드물지만 1인칭 대명사는 말하자면 권고가 대상으로 하는 것이다. 권고는 화자의 마음 상태에 대해 기술에 준하는 진술을 한다. 우리는 권고와 그 전달된 명제적 내용의 부정을 병치함으로써 이에 대한 증거를 볼 수 있다. 따라서 다음 진술 쌍을 고려해 보자.

(a) "문을 닫아 주세요." — "내가 당신이 문을 닫아 주는 바람을 표현하는 것은 참이 아니다."
(b) "나에게 10달러를 빌려주세요." — "내가 당신으로부터 10달러를 빌리고 싶은 바람을 표현하는 것은 참이 아니다."
(c) "당신은 지금 방을 나가도 됩니다." — "내가 당신에게 지금 방을 나가도 된다고 하는 의도를 표현한 것은 참이 아니다."

9 물론 어떤 사람이 다른 사람의 권고를 표현할 수 있는 경우가 있다. 나는 당신에게 φ하라고 지시를 내리라는 지시를 받았을지도 모른다. 나는 그러한 경우가 특별한 문제를 제기한다고 생각하지 않는다. 일반적으로 두 번째의 지시는 첫 번째 지시에 대한 기술이다. 발화는 다른 사람의 바람 등을 전달하는 수단으로 사용된다.

이러한 연접문 쌍이 보여 주듯이 화자의 표현된 마음 상태를 반영하는, 전달된 명제적 내용의 부정과 권고를 병치하면 의미가 통하지 않는다. 그 연접문들은 일관성이 없거나 기껏해야 난해하다. 권고의 표현은 권고가 진심으로 표현되지 않았다는 가정 없이는 모순될 수 없는 어떤 명제적 내용을 전달한다. '정상적인 상황에서 진심으로' 권고를 표현할 때 그 표현만으로도 참이 되는 어떤 명제적 내용을 표현한 것이다. 다시 한 번 말하면 나는 권고가 그것이 표현하는 명제적 내용으로 의미론상 축소될 수 있다고 제안하는 것이 아니다. 그 내용은 권고라는 언어 행위의 종류와 그 의사소통 기능에서 나오는 것이라고 제안한다. 권고의 요점은 청자가 화자의 마음 상태를 인식하도록 하여 특정한 방식으로 행동하도록 청자에게 동기를 부여하는 것이다. 물론 다양한 권고는 화자의 의도나 바람 등이 행동의 이유로 받아들여지는 방식에서 서로 다르다.[10]

이 모든 것은 권고가 진심으로 표현되고 화자가 자신이 말하는 것을 의미하는 표준적인 경우에 해당된다. 하지만 항상 그런 것은 아니다. 권고 언어 행위에 의해서 전달된 내용이 말해진 바와는 다른 어떤 것을 함축하는 (또는 함축하는 것을 목표로 하는) 일부 비표준적인 경우가 있다. 예를 들어, 수잔이 남편 밥에게 "네, 오늘 밤 축구 경기에 가도 되어요. 난 상관없어요"라고 말했다. 그러나 수잔은 실제로 신경을 쓰고 있고 밥이 집에 있는 것을 훨씬 더 선호한다고 가정해 보자. 대화 맥락의 뉘앙스와 유사한 화용론적 요소에 따라 이러한 경우를 처리하는 두 가지 방법이 있다. 여기서 한 가지 가능성은 성실성의 조건이 충족되지 않는다는 것이다. 수잔의 표현은 진심이 아니었다. 그녀는 허락의 언어 행위를 표현했지만 필요조건인 성실성이 없다. 그러나 또

10 사실 그것들은 다른 측면에서도 다를 수 있다. 예를 들어, 명령이나 금지와 같은 일부 권고 언어 행위는 일반적으로 권위 있는 위치와 같이 청자에 대한 화자의 특정 위치를 전제로 하는 반면, 다른 것은 특정 위치를 요구나 가정하지 않을 수 있다. Bach and Harnish(1982: 47~55) 참조.

다른 가능성은 이 대화의 맥락에서 대화 참여자의 배경지식이 주어지면 그 표현은 문장이 문자 그대로 의미하는 바와는 다른 (실제로는 반대의) 내용을 전달한다는 데 있다. 그리고 이것은 권고 언어 행위에만 국한된 것이 아니다. 1장에서 본 바와 같이 사람들이 글자 그대로 말하는 것과는 다른 것을 주장하려고 하는 경우가 많으며, 일반적으로 이러한 의도는 청자가 쉽게 인식한다. 다른 형태의 언어 표현과 마찬가지로 주장적 내용은 대화 상황의 다양한 화용적 특징들에 의해서 그리고 발화에 의해 주장된 내용을 문자 그대로 진술한 것과 다르게 만드는 방식들에 의해서 영향을 받을 수 있다.

물론 더 복잡한 경우도 있다. 앞의 예에서 밥이 축구 경기에 가도록 허락한 수잔의 허락은 그녀가 문자 그대로 말한 것을 주장하고, 따라서 밥을 미식축구 경기에 가게 하려는 의도를 전달하지만 사실 그녀는 밥이 가지 않기를 바란다고 가정하자.[11] 수잔의 허락 언어 행위가 그를 경기에 가게 하는 그녀의 바람이나 의도를 표현한다고 말할 수 있을까? 우리는 그녀가 실제로 그가 가지 않기를 바라는 바람이나 희망을 품고 있다고 가정하기 때문에 그것은 잘못된 것처럼 보일 것이다. 이것은 까다로운 경우이지만 여기에서 그럴듯한 해결책은 수잔의 소통 의도가 그녀의 희망이나 바람과 충돌한다고 주장하는 것이라고 생각한다. 즉, 비록 수잔은 그 반대의 일이 일어나길 바라지만 그녀의 권고 언어 행위는 밥이 경기에 가도록 내버려 두려는 명제적 내용을 표현한다고 나는 생각한다. 그리고 이것은 완전히 비논리적이지도 않고, 권고 언어 행위에만 국한된 것도 아니다. 대리인이 자신이 할 수 없다는 것을 알고 있는 일을 하려고 하거나, 하라는 지시를 받았고 할 수 없다는 것을 보여 주려고 했기 때문에 하려고 하는 경우에 유사한 문제가 있다. 무언가를 하려고 하면 반드시 하려는 의도가 수반된다는 견해를 가진 사람들에게는 그러한 경

---

11 또는 여기 유사한 예가 있다. 나는 당신이 그렇게 하지 않을 것을 바라면서 "자, 내 코를 한 번 때려 봐!"라고 당신에게 말한다.

우에도 비슷한 유형의 충돌이 존재한다. 그 의도가 희망이나 기대 등과 충돌한다. 말할 필요도 없이 이 자리는 시도하려는 의도와 이러한 반례를 수용하는 방법을 다루는 곳이 아니다.[12] 내 요점은 희망이나 욕망과 상충되는 바람이나 의도를 표현하는 것이 반드시 비합리적인 것은 아니라는 것이다. 어떤 권고 언어 행위는 그러한 갈등과 연관될 수 있다. 사람들은 어떤 것을 전달하려고 의도하고, 그 반대가 일어나기를 희망할 수 있다. 그러나 명제적 내용은 표현에 수반되는 희망이나 욕망에 의해 결정되지 않는다. 화자가 자신이 주장하는 것과 다른 희망이나 기대를 품고 있다는 사실 자체가 그가 전달하는 진리치 평가가능한 명제적 내용에 영향을 미치지는 않는다.

2. 법의 진리치 평가가능한 내용

이제 법의 맥락으로 돌아가 보자. 내가 당신에게 문을 닫아 달라고 요구할 때 나는 복잡한 바람을 표현한다. 즉, 당신이 문을 닫았으면 하는 바람과, 이 바람의 표현을 그렇게 행동하는 이유로 당신이 인식해 주었으면 하는 바람을 표현한다. 지금까지의 제안에 따르면, 권고 언어 행위의 명제적 내용은 이 복잡한 마음 상태에 대한 적절한 기술에 그 본질이 있다. 이제 문맥이 약간 달라졌다고 가정하자. 우리 학과 본관 출입문에 "오후 6시 이후 출입금지" 표지판이 붙어 있는데, 이 표지판을 일종의 법적인 또는 법에 준하는 지시라고 생각하자. 글쎄, 그것을 일종의 법적 지시로 만드는 것은 무엇인가? 아마도 그 표지판을 세운 사람에게 그렇게 할 권한이 있다는 사실일 것이다. 학과장이라고 가정해 보자. 개개인에게 전해지는 지시의 명제적 내용은 문에 붙어 있는 학과장의 표지판 지시와 구두로 표현한 지시 사이에 차이가 없다. 표지판

12 예를 들어, Yaffe(2010) ch.2 참조.

을 세우는 대신 학과장이 거기 서서 우리 각자에게 구두로 같은 지시를 내렸다고 상상해 보라. 명제적 내용은 정확히 동일할 것이다. 물론 표지판을 세워서 그 내용을 전달하는 것이 훨씬 더 효율적이다.

물론 개인적으로 학과장은 아무나 오후 6시 이후에 사무실에 들어올 수 있는지 여부에 대해 신경을 덜 썼을 가능성도 있다. 그 지시는 학과장의 공식적인 바람을 반영한 것이며, 반드시 그의 개인적인 바람은 아니다. 이것이 특별한 것은 아니다. 사람들은 종종 자신이 개인적으로 믿거나 원하는 것을 반영하지 않을 수 있는 공적인 역할에서 특정 내용을 표현한다. 그리고 이러한 현상은 권고나 권위 있는 역할에만 국한된 것이 아니다. 예를 들어, 당신이 전화를 건 고객 담당자는 전화 주셔서 고맙고 거래해 주셔서 감사하다고 종종 말한다. 그들은 자신을 위해 말하는 것이 아니라 그들이 대표하는 회사를 위해 말하는 것이다. 그리고 물론 그렇지 않다고 가정하면 당신은 큰 실수를 하게 될 것이다. 법적 기관 및 기타 공식 기관도 마찬가지이다. 그들은 반드시 그들 자신, 즉 개인적으로 말하는 것이 아니다. 공식 권고는 공적 역할을 맡은 사람, 즉 임원으로서의 바람과 의도를 반영하며, 이것이 보통 우리가 그러한 말을 이해하는 방식이다.[13]

한 걸음 더 나아가자. 어떤 이유로 그 문제가 그 학과에서 다소 논란이 되고 있다고 가정해 보자. 그래서 학과장은 이 작은 논란에 대해 학과 회의를 열고, 어느 정도 논의한 후에 오후 6시 이후에는 사무실에 들어오지 못하도록 하기로 하는 결의안을 도출하고, 표지판을 설치한다. 이것이 그 지시의 명제적 내용과 관련해서 영향을 주는가? 지시가 가령 단일 "입법자"의 견해를 표현하든 아니면 다수의 집단적 결정을 표현하든, 그 지시의 명제적 내용이 무엇인가에 차이가 있어서는 안 된다. 그러나 학과의 다른 구성원들이 결의안에 투표할 때 약간 다른 것을 의도했다면 어떻게 될까? 아마도 그들 중 일부

13 이는 Dan-Cohen(1995)에 잘 설명되어 있다.

는 그 지시가 학생에게만 적용된다고 생각하고, 다른 일부는 교수진에게도 적용된다고 생각했을 것이다. 이것은 서로 다른 두 가지 내용이지만, 둘 다 관련 상황에서 지시에 대한 일반적인 이해와 일치한다(고 가정하자). 어떤 쪽인가? 우리가 알 수 있을까?

우리가 말할 수 있는 것은 다음과 같다. 다른 일반적인 명제와 마찬가지로 권고도 발화의 맥락에서 관련 표현에 의해 결정되는 어떤 명제적 내용 그리고 결정되지 않거나 명시되지 않은 어떤 내용을 가질 것이다. 예를 들어 누군가가 특정 문을 가리키며 다음과 같이 말한다.

(4) "그 문은 열 수 없다."

분명히 이것은 참 또는 거짓인 명제적 내용을 갖는 서술적인 문장이다. 그러나 그 발화는 또한 일부 내용을 미정으로 남겨 놓는다. 문이 잠겨 있다는 뜻인가, 아니면 무언가에 걸려 있다는 것인가? 그 명제는 이 두 가지 선택과 일치하지만 그 자체로는 어느 쪽도 선택하지 않는다. (물론 발화의 맥락이 어느 선택인지를 명확히 하지 않는 한, 예를 들어 그 발화가 건물의 부실한 유지 관리에 대한 대화의 일부일 수 있으며, 이 경우 그 명제는 문이 걸린 것이지 잠긴 것이 아니라고 주장한다고 암시해 준다.) 그리고 발화가 직접적인 명제이든 명령형이든 또는 다른 종류의 표현이든 상관없이 이것은 일상적인 대화에서 표현되는 대부분의 발화에 해당한다. 일반적으로 내용 일부는 발화의 맥락에서 표현에 의해 결정되고, 또 내용 일부는 명시되지 않은 채로 남을 수 있다.[14]

하지만 우리는 아직 질문에 대답하지 않았다. 그 질문은 화자 의도와의 관

14 더 자세한 분석을 확인하려면 예를 들어, Soames(2008) ch.10을 보라. 나는 여기에서 주장적 내용에 초점을 맞추고 있으며, 설명을 간단히 하기 위해서 비록 완전히 주장되지는 않았지만 함축된 내용의 종류에 대해서는 논의하지 않는다.

련성에 관한 것이다. 일반적인 입법 사례와 같이 학과 결정의 경우는 집단 표현의 한 형태로, 집단 표현의 내용에 대해 참여자마다 소통 의도가 약간씩 다르다. 문제는 이러한 서로 다른 마음 상태가 집단적 발화의 명제적 내용에 영향을 미치는지 여부이다. 여기서 문제가 생길 수 있다. 일반적인 명제적 진술의 경우 표현된 명제적 내용은 일반적으로 발화된 단어(및 구문)의 의미 그리고 관련 문맥적 배경, 전제, 대화를 지배하는 격률 등의 화용론적 결정 요인들의 조합에 의해 결정된다. 1장에서 본 바와 같이 화자의 의도나 마음 상태 '자체가' 그가 말한 내용을 반드시 결정하지는 않는다. 예 (4)에서 화자는 문이 잠겨 있다고 말하려고 했을 수 있다. 그러나 그것이 반드시 그가 말한 것은 아니다. (물론 그것이 화자가 주장한 것임을 특정 상황적 배경이 명확히 하지 않는 한에서이다.)

그러나 권고의 경우는 다른 것처럼 보일 수 있다. 내가 제안한 대로 권고의 명제적 내용이 화자의 마음 상태를 설명하는 자기 지시적이라면, 관련된 마음의 상태가 주장된 명제적 내용을 '결정한다는' 결론을 내려야 할 수도 있다. 그리고 이것은 문제가 있는 결과일 것이다. 예를 들어, 집단적 표현의 예에서 참여자마다 의도, 바람 등이 다소 다를 경우 명제적 내용은 관련된 특정 참여자에 따라 달라질 수 있다. 그러면 엉망인 것 같다.

그러나 결론은 나오지 않는다. 일반적인 명제적 진술의 경우 사람들이 소통의 의도 내용을 정확히 표현하지 못하는 것처럼, 권고의 경우에도 표현하고자 하는 내용을 표현하지 못할 수 있다. 진리치 평가가능한 명제적 내용은 화자가 말하고자 의도한 것이 아니라 주어진 문맥에서 그가 '말하거나 주장하는' 것에 있다. 나는 소통의 의도가 무관하다고 말하는 것이 아니다. 전혀 그렇지 않다. 정상적인 상황의 경우 일반적인 대화 맥락에서 우리가 말해진 것(그리고 아마도 함축된 것 등)을 파악함으로써 이해하려고 하는 것은 정확히 화자의 소통 의도이다. 다시 1장에서 주장한 바와 같이 발화의 주장적 내용은 관련 대화 배경과 문맥을 알고 있는 '이성적인 청자'가 그러한 문맥에서 발화된 단어나 문장으로부터 추론하는 화자의 소통 의도에 의해서 결정된다. 주장적 내용이 무엇인지에 대한 어떠한 그럴듯한 관념은 화자가 자신이 전달하려는 모든 것을 주장하지 못할 수 있다는 가능성을 열어 두어야 한다.

이제 질문은 이것이 권고와 다른지 여부이다. 권고의 명제적 내용이 화자의 마음 상태에 대한 적절한 기술에 그 본질이 있다면, 그것은 권고를 표현하는 화자의 전반적인 의도가 발화의 특정 맥락에서 그 문장에 의해 주장된 내용을 구성한다는 것을 의미하는가? 대답은 부정적이다. 물론 의도 일부는 그 내용을 구성하지만 전부는 아니다. 예를 들어, 한 학생이 내 사무실로 들어오고, 나는 그에게 "뒤에 있는 문을 닫아 주세요"라고 말한다고 가정해 보자. 어떤 이상한 이유에서인지 그것이 정확히 내가 부탁하고자 했던 것이라 할지라도, 내 요청이 문을 잠그는 것이라고 그 학생이 결론을 내린다면 깜짝 놀랄 일이다. 만약 내가 그런 의도가 있었다면 나는 그것을 전달하는 데 실패했을 뿐이다. 권고의 표현은 청자가 화자가 의도한 바를 추측하도록 권유하는 것이 아니다. 그것은 바람의 표현이며, 다른 표현과 마찬가지로 화자가 의도한 모든 내용을 전달하지 못할 수 있다.

이제 내가 어디로 가고 있는지 당신은 알 수 있을 것이다. 집단적 표현에도 동일하게 적용된다. 집단적 표현의 참여자들이 그 내용과 관련하여 가질 수 있는 의도가 모두 그 표현이 권고적이든 아니든 집단적 표현이 주장하는 내용을 결정하는 것은 아니다. 집단적 표현은 개인의 표현과 마찬가지로 일부 관련 내용을 명시적이지 않은 상태로 놔둘 수 있다. 이러한 점에서 권고 언어 행위는 명제의 직선적인 발화와 다르지 않다.[15]

---

15 집단적 표현이 실제로 누군가의 의도를 반영하지 않는 경우가 있기 때문에 집단적 표현은 다르다고 생각할 수도 있다. 예를 들어, 교수회의 참가자들이 서로 다른 견해를 갖고 있다고 가정하자. 일부는 오후 4시 이후에는 아무도 출입할 수 없도록 하는 것을, 다른 일부는 오후 8시 이후만을 선호하고, 최종 결론은 어느 특정 개인의 바람이나 선호를 반영하지 않는 타협이 된다. 그러나 이러한 종류의 예는 매우 잘못된 것이다. 내가 1장에서 주장한 바와 같이 일단 제안이 투표에 부쳐지고 과반수 지지를 얻으면 적어도 그것은 채택된다는 다수의 집단적 의도를

중요한 설명을 덧붙이자면, 앞의 논의는 권고의 진리치 평가가능한 주장된 내용이 무엇인지에 대한 질문에 국한된다. 그러한 표현의 내용에 대해 또는 일부 문제가 있는 경우에 대한 적용에 대해 의구심이 생길 때, 그러한 표현을 어떻게 해석할 것인가에 대한 문제와는 직접적인 관련이 없다. 후자는 결정적으로 청자가 관련한 관심에 또는 더 정확하게는 발화에 주의를 기울여야 하는 이유에 달려 있다. 설령 화자의 의도, 희망, 기대 등이 발화의 문맥에서 화자에 의해 완전히 주장되지 않거나 또는 심지어 함축되지 않았다고 할지라도 청자가 그것에 관심이 있거나 알아낼 이유가 있을 수 있다. 우리는 종종 화자가 말하거나 주장한 것(또는 함축한 것)보다 더 많은 것을 알고 싶어 한다. 그리고 심지어 법의 맥락에서도 그러한 지식은 법의 올바른 해석과 상당히 관련이 있을 수 있다. 하지만 이러한 문제들은 본 장의 초점을 벗어난다. 나는 여기서 법률 해석의 이론을 제안하지 않는다. 나의 유일한 관심사는 언어 행위에 의해 표현된 내용에 진리치를 부여할 수 있도록 하는 그런 법적 언어 행위에 대해 설명하는 것이다. 관련 발화에 의해 명확하지 않을 때 그러한 내용을 어떻게 완성하는지는 여기서 논의되지 않을 많은 고찰을 수반하는, 별개의 훨씬 더 광범위한 사안이다.

3. 명령권자가 없는 명령문?

많은 법철학자와 법학자들은 법의 내용이 입법자의 의도에 의해 결정된다는 견해를 거부한다. 그러한 견해는 다양하며, 그중 일부는 현재 논의와 전혀 관련이 없다. 특히 법령 및 헌법 해석에서 입법 의도의 잠재적 관련성에 대한

얻는데, 이는 투표된 의결안에 의해 표현된 집단적 소통 의도가 존재한다는 것이다. 유권자 각자가 차라리 다른 결의안에 투표했을 수 있다는 사실은 요점에서 벗어난다.

오랜 논쟁은 법 규범의 명제적 내용을 구성하는 것이 무엇인지에 관한 것이 아니다. 어떤 관련 문제가 해당 법 규범에 의해 과소 결정되거나 명시되지 않은 상태로 남아 있을 때 법을 해석하는, 즉 완성하는 방법에 대한 논쟁이다. 앞 절의 마무리 발언에서 말한 바와 같이 그 논쟁은 본 장에서 고려되는 사안들에 영향을 받지 않는 논의이다.[16]

여기에서 제안된 논지에 대한 관련 반론은 법률 규정의 진리치 평가가능한 내용을 구성하는 것이 무엇인지에 대한 질문에 관한 것이다. 일부 법철학자들은 법규범의 내용이 충분히 명료하더라도, 입법자가 전달하고자 의도하는 바가 명확하지 않다고 주장한다. 그들은 법의 내용이 입법자의 소통 의도에 의해 결정되지 않는다고 주장한다. 그러나 여기서 매우 다른, 거의 정반대인 두 가지 유형의 주장을 구별하는 것이 중요하다. 어떤 사람들은 법의 전반적인 내용이 권위 있는 언어 행위에서 비롯된 규범에 국한되지 않는다고 주장한다. 규범이나 요구 사항은 권위가 없더라도 법적으로 유효할 수 있으며 법률의 일부를 형성할 수 있다(드워킨이 옹호한 것으로 유명한 견해). 그러나 다른 사람들은 법이 항상 권위 있는 공표의 결과물이라고 인정하면서도 그러한 공표의 내용이 입법자들의 소통 의도에 의해 결정된다는 점은 부인한다. 이 두 견해가 모두 옳다면, 이 견해들은 내가 이 장의 2절과 3절에서 제안한 논지에 대해 몇 가지 문제를 제기할 것이다. 그래서 역순이지만 그 문제들을 다루어 보도록 하겠다.

텍스트주의의 견해에 따르면 법률의 내용은 입법자가 말하고자 하는 바가 아니라 법률이 말하는 바에 의해 결정된다. 5장에서 설명하겠지만, 주장적 내용이 그 규정을 공표한 당국의 소통 의도와 분리될 수 있다고 텍스트주의가 주장한다고 이해할 수 없다. 일반적으로 말해서 누군가가 말한 것을 이해하는 것은 정확히 보면 그가 소통하려고 의도한 것을 이해하려는 시도이다.

16 5장에서 이 문제들 중 일부를 다룰 것이다.

그러나 주장적 내용이 부분적으로는 대화 상황의 객관적인 특징에 의해 결정된다고 주장하는 텍스트주의자들이 상당히 옳을 수 있다. 발화에 의해 말해진 것은 관련 배경지식 등을 공유하는 이성적인 청자가 그 표현의 맥락에서 발화로부터 추론할 수 있는 내용이다. 그러나 텍스트주의의 주된 취지는 무엇이 주장적 내용을 구성하는지 또는 무엇이 법 규정을 참으로 만드는지에 대한 질문이 아니다. 텍스트주의의 요점은 관련 표현이 불완전하거나 일부 내용이 명시되지 않은 상태로 남아 있을 때 법적 내용을 (법관이) 타당하게 완성할 수 있는 방법에 관한 것이다. 앞서 말했듯이 이것은 5장에서 논의할 별도의 문제이다.

이제 이 논쟁의 다른 한쪽 끝에서 우리는 법이 사법 당국에 의해 공표된 규범과 규정에 국한된다는 점을 일반적인 법리적 이유로 부정하는 견해를 발견하게 된다. 예를 들어 드워킨에 따르면, 어떤 규범적 내용은 권위 있는 공표에서 나오지 않더라도 법의 일부를 형성할 수 있다. 말할 필요도 없지만 이곳은 법의 본질에 대한 드워킨의 매우 복잡한 견해를 제시하고 그것들을 면밀히 조사하는 자리가 아니다. 우리가 여기서 논의한 질문과 아무 관련 없는 이유들을 근거로 해서 규범이 그렇게 권위 있게 제정되지 않고서 법적 타당성을 얻을 수 있다고 주장하는 것은 타당하지 않다고 나는 다른 곳에서 주장해왔다. 권위 있는 결정만이 법을 만든다.[17] 그러나 현재 논의의 목적상 관련된 광범위한 법리적 쟁점과 관계없이 이 논쟁의 일부 측면을 조사하는 것은 가치 있는 일일 것이다. 다시 말해서 문제는 우리가 무엇을 해야 하는지에 대해 누군가의 의견이 표현되지 않는 권고적인 내용을 가질 수 있는지 여부이다. 명령권자가 없는 명령이 있는가?

대답이 긍정적이어야 한다고 생각하고 싶을 수도 있다. 결국 우리는 도덕적 규범이나 도덕적 요구 사항이 마땅히 해야 할 일에 대한 누군가의 바람을

17 이를테면, Dworkin(1986)과 그에 대한 Marmor(2010) ch.4에 있는 나의 답변을 참조하라.

표현하는 일종의 지시로 생각하지 않는다. 그리고 적어도 많은 철학자들은 이것이 맞는다고 생각하는데, 나는 이에 대해 어떤 주장도 하지 않는다. 하지만 여기에 그 어려움을 볼 수 있는 한 가지 방법이 있다. 가령, 다음의 특정 규범적 내용을 살펴보자.

(5) "A에게 상황 C에서 φ가 요구된다."

이것은 법적 요건이자 도덕적인 요건이기도 하다고 가정하자. 즉, 동일한 행위가 도덕적으로 요구되고, 또한 주어진 법체계에서 법적 권한에 의해 규정된다고 가정하자. 이들을 각각 (5M)과 (5L)이라고 부르자. 이 두 가지 지시, 즉 도덕적인 것과 법적인 것의 진리치 평가가능한 명제적 내용이 정확히 동일할 것이라고 기대해야 하지 않을까? 가설에 따르면, 결국 (5M)과 (5L)이 요구하는 행위가 동일하다.

대답은 부정적이어야 한다. 도덕적 지시와 법적 지시의 명제적 내용은 설령 두 지시가 정확히 같은 종류의 행위를 규정한다 하더라도 본질적으로 다르다. 도덕적 요구사항의 진리치는 요구사항을 표현하는 사람의 견해, 의도 또는 바람과는 무관하다고 본다.[18] A에게 φ가 요구되는(또는 행해져야만 하는) 경우, 일반적으로 A가 φ하는 이유를 가지고 있다는 사실을, 즉 A가 φ하는 것이 유리한 어떤 사실을 지적하고 있다. 그러나 법적 요구사항의 진리치 평가가능한 내용에 대해서는 그렇지 않다. 앞에서 언급한 바와 같이 권고의 표현은 암묵적이긴 하지만 항상 1인칭 대명사를 호출한다는 점에서 결정적으로 다르다. 즉, 화자가 누구인지가 중요하다. 법이 당신에게 무언가를 하라고 할

18 물론 일부 철학자들은 이것을 부정한다. 나는 여기서 표현주의에 반대하는 것이 아니라, 반대가 비표현주의자들로부터 나온다고 가정할 뿐이다. 표현주의 또는 도덕의 본질에 대한 유사한 견해는 내가 여기에서 옹호하는 견해에 아무런 이의를 제기하지 않을 것이다.

때마다 '법'이 그렇게 말하니까 당신이 그것을 해야 한다고 법은 말한다. 그리고 이것은 법적 지시가 권고 언어 행위의 전형적인 예라는 의미이다.

이에 대해 생각하는 또 다른 방법으로, 예를 들어 (5M)은 참이고, (5L)이 법률 시스템 S1에서는 상응하는 법적 규범이지만 다른 법률 시스템 S2에서는 그렇지 않다고 가정하다. 다른 경우가 무엇이든 간에 (5M)이 다음 두 경우 모두 참이라는 사실에도 불구하고, 어떤 의미에서 S1이 지배하는 경우 (5L)이 참이고 S2가 지배하는 경우 거짓인지 설명할 수 있어야 한다. 즉, (5M)을 참으로 만드는 것이 무엇이든 그것을 표현하는 화자와 아무 상관이 없지만, 누가 어떤 맥락에서 (5L)을 지시했는지 알지 못하면 (5L)이 참인지 아닌지 말할 수 없다.

당연한 말이지만 이곳은 진리 조건이나 도덕적 지시에 대한 분석을 제안하는 자리가 아니다. 여기서 나의 유일한 요점은 법 규범으로서 규범의 기원이나 성격을 고려하지 않고서는, 즉 특정 법률 시스템과 특정 시간과 장소에서는 규범적 내용이 참일 수 있지만 다른 시스템/시간/장소에서는 참이 아닐 수 있다는 점을 고려하지 않고서는, 법 규범에 대한 진리치 평가가능한 내용을 설명하는 것이 불가능하다는 것이다. (적절한 상황에서 적절한 대리인에 의해) '그렇게 말하는' 것이 '그렇게 만드는' 영역들 중 하나가 법이다. 다음 절에서는 법적 삼단논법의 구조적 측면과 관련해 이 현상의 또 다른 측면을 살펴보겠다.

4. 루이스의 오류

우선 소설 속의 참인 사실에서 가져온 비유로 시작하겠다. 셜록 홈즈는 아서 코난 도일의 추리소설에 나오는 인물로 런던에 있는 베이커가 221B에 살았다. 따라서 (6)이 참이라는 어떤 의미가 있다고 가정하자.

(6) 셜록 홈즈는 런던 베이커가 221B에 살았다.

루이스는 당시 런던의 베이커가 221B에 있는 건물이 은행이었다고 말한다.[19] 따라서 관련된 해당 시기에 (7)이 참이라고 가정하자.

(7) 런던의 베이커가 221B에 있는 건물은 은행이다.

(6)과 (7)로부터의 추론은 다음과 같다.

(8) 셜록 홈즈는 은행에서 살았다.

그러나 물론 (8)은 명백히 거짓이다. 여기서 무엇이 잘못되었는가? 루이스는 우리가 '문구가 추가된' 문맥에서 '문구가 추가되지 않은' 문맥으로 이동하는 실수를 저질렀다고 말한다. (6)은 "소설 F에서…"와 같은 연산자가 문구로 추가된 경우에만 참이다. 이와 반면에 (7)은 문구가 추가되지 않은 것으로 간주하는 경우에만 (소위 실세계에서) 참이다. 따라서 (7)에 "소설 F에서"라는 동일한 연산자가 문구로 추가되지 않는 한 당신은 (8)이 그 소설에서 참이라고 결론지을 수 없으며, (6)은 문구가 추가된 경우에만 참이기 때문에 (8)은 문구가 추가되지 않은 의미에서 참이라고 결론지을 수 없다. 분명 이것은 완전히 옳다(그리고 나는 이 문제를 루이스의 오류라고 부를 것이다).[20] 그러나 이제 법의

---

19 혹은 루이스가 말했듯이 그곳에 빌딩이 전혀 없었을 수도 있다. Lewis(1983: 262) 참조.

20 Lewis(1983: 262) 참조. 많은 출판물에서 루이스의 제안을 비판했지만, 이 특정한 요점에 대해서는 그렇지 않았다. 예를 들어, Byrne(1993) 참조. 일부 철학자들은 소설에 어떤 직접적인 명제적 내용이 있다는 사실을 부정하는 경향이 있다. 대안적 견해는[예: Walton(1993)] 소설 속의 텍스트를 말해진 것에 대해 청자가 믿는 척하도록 초대하는 것 또는 이와 유사한 것으로 간주한다. 나는 이러한 견해가 틀렸다고 주장하거나 가정하지 않는다. 소설 속의 명제적 내용으로 간주되는 것을 설명하려면 훨씬 더 복잡한 이야기를 해야 한다. 그러나 이것 중 어느 것도

예를 생각해 보자.

(6)* 자동차를 운전하는 동안 핸즈프리 없이 핸드폰을 사용하는 것은 벌금 100 달러가 부과될 수 있는 경범죄에 해당한다.

(7)* 존은 자동차를 운전하면서 핸즈프리 없이 핸드폰을 사용해 이야기했다.

(6)*과 (7)*로부터의 추론은 다음과 같다.

(8)* 존은 벌금 100달러가 부과될 수 있는 경범죄를 범했다.

이제, 물론 (6)*에서 사용된 법의 표현 "… φ하는 것은 경범죄에 해당한다"는 여기에서 권고로 해석되어야 하며, 실제로는 φ해서는 안 된다는 규정적 내용을 또는 이와 유사한 것을 표현한다. 그렇더라도 추론은 완전히 타당하게 보인다. 사실 그것은 수많은 법적 삼단논법의 특징인 일종의 추론이다. 그러나 표면적으로 우리는 문구가 추가된 문맥에서 문구가 추가되지 않은 문맥으로 이동하는 루이스 오류를 여기에서 범했다. (6)* 앞에는 "법률 체계 L에서…(시간 t, 위치 x 등에서)…"와 같은 연산자가 있어야 하지만, (7)*은 그런 연산자가 없는 것처럼 보인다. 후자는 세계에서 일어난 사건에 대한 직접적인 기술이다. 그렇다면 어떻게 (8)*을 올바르게 추론할 수 있는가? (8)* 자체를 "법률 체계 L에서…"의 문구가 추가된 것으로 해석하는 것은 아마도 그 결론을 해석하는 올바른 방법이지만 도움이 되지 않는다. 셜록 홈즈는 "소설 F에서…"라는 문구가 추가되든 안 되든 은행에서 살지 않았다. 따라서 홈즈의 숙소에 대한 추론이 타당하지 않다면, 그 결론이 추가 문구를 갖는 것으로 이해되는지 여

여기서 내 주장에 영향을 미치지 않는다. 나는 문구가 추가된 문맥의 예로서 소설에서 진리치만을 사용하고 있다.

부에 관계없이 (8)*과 같은 법적 결과에 대한 추론도 그래야 한다.[21]

(6)*이 추가 문구를 가져야 하는 이유는 무엇인가? 비록 이런 용어들로 표현되지는 않았지만, 법규범의 내용을 표현하는 문장이 어떤 관점에서, 즉 주어진 어떤 법률 체계의 관점에서 참인 어떤 것을 가리킨다는 생각은 적어도 켈젠Hans Kelsen이 이에 대해 우리의 주의를 환기시킨 이래로 법학에서 널리 받아들여지고 있다.[22] 다시 말해 (6)*과 같은 문장은 특정 법체계의 요건이나 규정이 되어야 하는 어떤 법적 요건이나 규정을 표현한다. 사람들이 "X가 법이다"라고 말할 때, X가 주어진 시간과 장소에서 이런 저런 법체계의 법이라고 말하는 것이다. 주어진 규범은 그것이 적용되는 시간과 장소에서 특정 법률 시스템의 일부를 형성하고 그 시스템의 일부로만 구성되는 경우에 법 규범이다. 따라서 특정 법적 요구 사항의 내용을 표현하는 모든 진술은 "시간 t에 시스템 S에서 법에 따라…"의 문구가 추가된 형식화를 따른다. 문구가 추가되지 않는 한 특정 법적 요건이나 법적 내용에 대해 이야기하는 것은 말이 되지 않는다. 물론, 루이스의 용어를 사용하지 않고 이 간단한 아이디어를 형식화하는 다른 많은 방법이 있다. 우리는 "시간 t에 시스템 S에서 … 참이다" 또는 "시간 t에 시스템 S에서 … 법이다" 또는 그와 동일한 생각, 즉 법적 규범의 내용에 대한 진리치는 반드시 어떤 시스템에 상대적인 것이라는 생각을

---

21 조건문 용어로 법적 추론을 형식화하면 여기서의 문제를 쉽게 피할 수 있다고 생각하기 쉽다. 우리는 (6)*을 "만약 X가 φ하면, X는 처벌받을 수 있다…"라고 다시 형식화할 수 있다. 그러면 (7)*은 조건부가 만족된다는 취지로 하나의 진술로 이해될 수 있고, 따라서 (8)*은 타당한 결론으로 나올 것이다. 문제는 (6)*이 예측 진술로 그리고 (8)*이 사실-예측 결론으로 해석되는 경우에만 이 추론이 문제를 피한다는 것이다. 그렇지 않으면 추가 문구가 있는 조건부를 추가 문구가 없는 조건부와 혼합하는 동일한 문제로 돌아간다. 우리가 보게 되겠지만 어느 쪽이든 조건부는 문구가 추가된 문맥에 포함되어야 한다.

22 물론 켈젠은 기본 규범을 전제할 필요성에 의해 이 생각을 표현했다. 관련해서 Kelsen (1967/1960) 참조. Raz(1979: 153~157) 또한 그가 주장한 개념 "statements from a legal point of view"를 통해 비슷한 견해를 보인다. 그리고 저자가 이에 대해 더 자세히 설명한 Marmoi (2010) ch.1 참조.

표현하는 다른 형식들로 말할 수 있다. 법적 진술은 반드시 문구가 추가되어야 한다고 제안하는 것이다.

이제 루이스 유형의 오류를 만드는 추가 문구와 그렇지 않은 추가 문구가 있다고 생각할 수 있다. 이런 생각은 옳다. 이를 각각 '닫힌' 추가 문구와 '열린' 추가 문구라고 부르겠다. 열린 추가 문구는 추가 문구가 없는 진술을 가지고 타당한 결론을 도출하는 타당한 논증에서 나타날 수 있다. "자연법칙에 따르면 … "이 하나의 예이다.[23] 루이스의 오류를 야기하는 닫힌 추가 문구는 어떤가? 한 가지 제안은 추가 문구의 의미를 살펴보는 것이다. "자연의 법칙에 따라 … "라는 과학적 추가 문구에 타당한 결론을 도출하는 추가 문구가 없는 진술을 포괄한다는 점이 아마도 분명하게 나타나 있지 않다. 이와 반면에 추가 문구로 구분된 세계, 즉 소설 F의 세계에 포함되어 있는 진술의 진리치를 결정하는 것은 "소설 F에 따르면 … "과 같은 추가 문구의 의미 일부이다. 이 점은 아마도 사실일 수도 있지만 충분하지 않을 수도 있다. 그럼에도 불구하고 추가 문구가 닫혀 있는 경우를 만드는 것이 무엇인지 당신은 궁금할 것이다. 적어도 중요한 몇몇 경우에서는 추가 문구란 그것이 부착된 진술의 진리치에 대해 '구성적 관계'를 지정하는 것이라고 나는 제안한다. 소설에서 진술이 참이라면 소설이 그렇게 진술하기 때문이다. 소설 속 텍스트가 "달은 녹색이다"라고 말한다면 '그 소설에서' 달은 녹색이며, '텍스트가 그렇게 말했기 때문에' 참인 것이다. 이와 유사하게 가령 "체스[의 규칙]에 따르면 p"와 같은 게임의 추가 문구에 의해 그 게임 내에서 p거나, p가 참이 된다. 물론 p가 참이 되는 것은 게임의 규칙에 의해 그 참이 구성되기 때문이다.

간단히 말해서 닫힌 추가 문구는 그 문구가 지정하는 세계/문맥의 어떤 본

23 일부 메타윤리학적 견해에 따르면 "도덕에 따라" 문구도 마찬가지이다. 그러나 물론 이것은 메타윤리학에서 상당히 논쟁의 여지가 있다. "필연적으로 … "와 같은 양상 연산자는 열린 추가 문구의 또 다른 예이다.

질적 특징과 그 세계/문맥에 대해 표현된 진술의 참 사이에서 구성적 관계가 적용되는 (이게 전부는 아니겠지만) 그런 것이다. 이제 법적 추가 문구도 닫혀 있다고 가정하는 것이 왜 이치에 맞는지 알 수 있기를 바란다. 주어진 법적 시스템 S에서 법이 그렇게 말하고 있기 때문에, 특정 법적 내용은 S에서 (t 시간 등에서) 참이다. 다시 말해서 법적 추가 문구는 문구 자체에 의해 지정된 세계에 문구가 부착된 진술의 진리치를 결부시키기 때문에 닫혀 있다. 이런 점에서 법은 소설이나 구조화된 게임과 매우 유사하다. 적절한 방식으로 그렇게 말하면 관련 문맥에서 그렇게 된다.

법적 사례에서 루이스의 오류에 대한 자연스러운 해결책은 (6)*에서 (8)*까지의 전체 추론이 추가 문구의 문맥 내에 포함되어 추론을 유효하게 만든다고 주장하는 것이다. 아이디어는 소전제 (7)*에도 추가 문구가 붙는다는 것이다. 다시 말해, (7)*이 연산자 "S에서 법에 따라 …"에 의해 추가된 것으로 이해되는 경우에만 (8)*이 타당한 결론으로 나온다. 존이 저지른 행동이 '법적인 관점에서 또는 법의 눈에서' "운전하는 동안 휴대폰을 사용하는 경우"에 해당하는 한에서 (8)*이 나온다.

이것을 더 자세히 설명하기 전에 잠시 셜록 홈즈로 돌아가 보겠다. 다음 추론을 생각해 보자.

(9) 셜록 홈즈는 런던에 살았다.
(10) 런던은 영국의 도시이다.
(11) 셜록 홈즈는 영국에 살았다.

앞의 예는 (6)~(8)에서와 동일한 구조를 가지고 있지만 결과는 매우 다르다. (9)는 "소설 F에서 … "라는 추가 문구가 분명히 있는 반면, (10)은 추가 문구가 없는 것처럼 보인다. 런던이 영국에 있다는 것은 현실 세계에서 사실이다.[24] 그러나 결론은 완전히 옳다. 코난 도일의 소설을 읽는 분별력 있는 독자라면 누구나 셜록 홈즈의 모험이 영국에서 일어난다고 가정했을 것이며, 당연히 그랬을 것이다. 그리고 결정적으로 영국이 소설 본문에서 명시적으로 언급된 적이 없다 하더라도 이는 사실일 것이다. 그렇다면 (6)~(8)의 추론과 달리 (9)~(11)의 추론을 타당하게 만드는 것은 무엇인가?

해결책은 다음과 같아야 한다. (10)은 추가 문구가 없는 명제처럼 보이지만 이 추론의 맥락에서는 그렇지 않다. (10)은 함축에 의해 소설에 포함된다. 여기서 세계에 대해 최소한 관련성이 있고 잠재적 독자들에게 잘 알려져 있다고 가정할 수 있는, 제한적이지만 무한한 수의 사실(또는 사실적 가정)을 소설이 함축적으로 포함한다고 가정한다. 셜록 홈즈 소설을 읽는 모든 이성적인 독자들은 런던이 영국의 도시라는 것을 알 것으로 예상할 수 있으며, 따라서 본문이 이를 명시적으로 언급하지 않더라도 (물론 본문에는 달리 제안할 것이 없다고 가정할 때) 함축적으로 이를 포함한 것이라고 볼 수 있다. 따라서 우리는 루이스의 오류를 피할 수 있다. (9)에서 (11)까지의 전체 추론은 추가 문구가 있는 문맥 내에 포함된 것으로 간주되어야 한다. 유사하게 소설이 셜록 홈즈의 코를 언급하지 않는다 할지라도 그가 남자라고 언급된 허구적 사실 덕분에 그가 (단 하나의) 코를 가졌다고 가정할 수 있다. 이러한 종류의 언급되지 않은 사실은 함축적으로 소설에 포함된다고 할 수 있으며, 따라서 추론을 위해 추가 문구가 있는 진술로 간주될 수 있다.

이제 다시 법적 사건으로 돌아가자. (7)*은 함축적으로 법적 맥락에 포함되고 따라서 전체적으로 추론이 추가 문구가 있는 맥락 안에 포함되기 때문에 (6)*에서 (8)*로의 추론이 타당하다고 비슷하게 말할 수 있는가? 이 해결책의

---

24 나는 런던이 영국에 있지 않은 또 다른 우주나 크립톤 행성 등에서 일어나는 홈즈 이야기에 대한 해석을 제공하는 것이 불가능하다고 제안하지 않는다. 그러나 나는 홈즈의 소설 속 사건이 영국에서 일어난다고 가정하는 사람들이 명백한 실수를 저지르지 않을 것이라고 제안한다. 그것이 지금 우리에게 필요한 전부이다. 이 예에 대해 의구심이 든다면 다른 사람들은 예를 들어 셜록 홈즈가 코나 뇌 등을 가졌다는 점에 대해 의심할 수 있다.

어려움은 세상의 모든 사실이 함축적으로 법률에 포함되고 추가 문구가 있는 맥락 안에 포함되어 있다고 가정해야 한다는 것이다. 세상의 어떤 사실이나 사건도 이런 저런 법적 추론에 관련될 수 있기 때문에 추가 문구가 있는 법 맥락 안에 포함되는 사실의 종류에는 제한이 있을 수 없다. 소설의 경우는 절대 그렇지 않다는 점에 유의해라. 셜록 홈즈에 대해 보증되지 않을 수많은 추론이 있다. 설령 그것이 사실에 근거하더라도 말이다(예를 들어 베이커가에 있는 은행에 대한 첫 번째 예를 생각해 보라). 소설의 경우 우리는 일반적인 지식, 현저성, 관련성, 반대 표시의 결여와 같은 특정 조건하에서만 허구 세계에 통합되는 몇 가지 사실적 가정들을 기꺼이 추가하려고 한다.[25] 그러나 법적인 경우에는 그러한 제약이 있을 여지가 없어 보인다. 이것은 다시 말해서 우리가 법이 세계의 모든 실제 사실을 함축적으로 포함한다고 가정해야 한다는 것을 시사하는 것처럼 보인다.

이제 그것이 사실이라는 것은 맞는 말이지만, 그것을 그럴듯하게 만들기 위해 우리는 중요한 제약에 주목해야 한다. 즉, 사실들은 이런 저런 규정들에 의해 법에 포함되어야 한다. 이런 취지로 명시적 진술에 의해 추가되기 위해, 모든 법적 추론이 자기가 의존하는 사실들을 포함해야 한다고 제안하는 것은 분명 아니다. 그것은 보통 관련 사실의 법적 분류가 논란이 될 때 일어난다. 그렇지 않으면 그 규정은 대부분 암묵적이거나 전제되어 있다.[26] 그러나 관련

25 물론 이러한 조건은 논란의 여지가 있다. 예를 들어, 홈즈의 이야기 중 하나인 "얼룩 끈의 비밀"에서 범인은 희생자를 죽이기 위해 밧줄을 타고 올라간 뱀인 러셀의 독사이다. 러셀의 독사는 먹이를 졸라 죽이는 뱀으로 밧줄을 타고 올라갈 수 없다. 그것이 그렇게 중요한가? 이것이 홈즈 소설 독자들이 알아야 할 그런 종류의 사실인가? 또한 언급되지 않은 사실이 함축에 의해 소설에 포함되는 정도는 부분적으로 장르에 따라 다르다. 사실주의 소설이나 탐정 이야기 등과 같은 일부 소설 장르는 명시되지 않은 사실을 암묵적으로 통합하는 경향이 있는 반면, 초현실적 소설과 같은 다른 장르는 그렇지 않을 수 있다.

26 변호사들은 종종 이 문제에 대해 "사실 발견"이라는 관점에서 이야기한다. 즉, 법적 추론은 사실의 법적 발견(즉, 관련 추론의 목적으로 법적으로 확립된 사실)에 의존해야 한다는 것을 인식하고 있다. 그러나 이러한 사실의 권위적 발견 개념은 실제로 어떤 일이 세상에 일어났다는

사실에 대한 법적 분류가 이의나 논란이 없는 경우에도 그러한 분류는 항상 '이의가 제기될 수 있다'는 점에 유의하라. 원칙적으로 관련 법률의 관점에서 E[세상에서의 행위나 사건]가 X[법률이 요구하는 사실]로 '계산되지' 않는다고 주장함으로써 주장된 사실을 법적 삼단논법에 포함시키는 것에 대해 언제나 이의를 제기할 수 있다. 어느 쪽이든 그 규정은 구성적이다. 다시 말해 우리가 다음의 형식에 대한 법적 논쟁이 있을 때마다 그렇다.

(a) 시스템 S(시간 t 등)의 법에 따라 { X[사실]이면, Y[법적 결과]다}.

(b) X.

(c) 시스템S의 법에 따라 {Y}.

소전제 (b)에도 추가 문구가 붙는다. 일반적으로 우리는 그렇게 가정한다. 우리는 일반적으로 관련 대화 맥락에서 그것을 당연하게 여긴다. 그러나 전제가 필수적이다. 즉, 여기에서 완전한 추론은 법적으로 볼 때 세상의 행위나 사건이 'X로 간주된다'라는 또 다른 전제를, 종종 숨겨진(예를 들어, 전제된) 전제를 가지고 있다. 따라서 완전한 추론은 다음과 같다.

(a) 시스템 S(시간 t 등)의 법에 따라 {X[사실] 이면, Y[법적 결과]다}.

(b1) E[세계에서 발생한 어떤 것].

(b2) 시스템 S의 법에 따라 E는 X로 간주되어, 그 결과 X다.

(c) 시스템S의 법에 따라 {Y}.

여기서 반론이 떠오른다. 존이 운전 중 휴대폰을 사용하는 경우를 생각해

발견과 그것이 관련 법적 범주화에 부합한다는 발견 사이에서 모호하다. 본문에서 내가 논의한 내용은 후자에 관한 것이다.

보자. (6)*의 법적 요건을 감안할 때 존이 경범죄를 저질렀다는 것이 권위 있는 결정인지 여부에 관계없이 경범죄를 저질렀다고 어떤 사람들은 말하고 싶은 유혹을 많이 받는다. 결국 우리는 그가 잡히지 않더라도 범죄를 저질렀고 법을 위반했다고 말하고 싶어 한다. 맞다. 하지만 내가 여기서 제안하는 그 어떤 것도 존이 비록 잡히지 않더라도 그가 범죄를 저질렀다고 주장하는 것을 막지 못한다. 우리가 유일하게 유념해야 할 점은 우리가 그러한 주장을 할 때 우리는 소전제가 법적 맥락에 포함되었다고 가정한다는 것이다. 즉, 법의 눈에서 또는 법의 관점에서 그가 운전 중에 휴대폰을 사용했다(따라서 범죄를 저질렀다)고 우리는 가정한다. 그러나 원칙적으로 전제는 항상 논쟁의 여지가 있음을 명심해야 한다. 존의 행위가 무엇이든 간에 법의 관점에서 X로 계산되지 않는다는 법적 주장이 제기될 가능성이 항상 있다.[27] 다시 말해 (6)*과 관련 사실로부터의 추론은 (7)*이 법적으로 규정된 경우에만, 즉 추가 문구가 있는 문맥에 포함된 경우에만 (8)*을 함의한다. 소설에서와 다르지 않게 법에서 그렇게 말하는 것이 실제 그렇게 만든다. 법적 지시가 일종의 권고라는 것을 감안할 때 이것은 그리 놀라운 일이 아니다.

27 예를 들어, 존이 휴대폰에 내장된 스피커를 사용해 통화를 해서 휴대폰을 귀에 가져가지 않았다고 가정하거나, 승객이 휴대폰을 존의 귀에 대고 있었다고 가정해 보자. 그는 분명히 자신의 행위가 법을 위반한 것으로 간주되지 않는다고 주장하면서 여기서 소전제의 규정에 이의를 제기할 수 있다. 그리고 법원에서 이에 대해 결정을 내려야 할지도 모른다.

4장

법과 모호성

Varieties of Vagueness in the Law

1장 결론에서 우리는 법률에서 주장된 내용의 상당 부분이 의미론적으로 (그리고 통사론적으로) 부호화된 내용임을 알게 되었다. 확정적 내용을 얼마나 많이 의미론적으로 부호화할 수 있는지에 가해지는 주요 제약 중 하나는 자연언어 표현의 도처에 있는 모호성에 기인한다. 그러나 법률의 모호성은 다른 곳에서와 마찬가지로 여러 형태로 나타난다. 이 중 일부는 피할 수 없는 것이지만, 어떤 경우들은 선택적이며 입법자들이 의도적으로 선택한다. 본 장의 주요 목적은 법적 맥락에서 서로 다른 유형의 모호성을 구별하고 그 근거를 설명하는 것이다. 논의는 두 단계로 진행된다. 첫 번째 부분은 분류학적으로, 주로 법적 언어에서 발견되는 모호성의 의미 그리고 이와 관련된 언어적 미결정성에 관한 것이다. 두 번째 부분은 법률에 나타나는 이러한 다양한 유형의 모호성을 하나씩 다루며, 법적 의사결정자가 모호한 언어를 가지고 추론하는 몇 가지 방법 그리고 관련된 모호성의 종류에 따라 적용되는 몇 가지 규범적 고찰을 제안한다.

1. 다양한 모호성

언어철학에서 "모호성"이라는 용어는 우리가 자연언어에서 사용하는 단어와 그 단어에 의해 선택되거나 지시된 대상 간 관계의 특정 측면을 가리키는 데 사용된다. 예를 들어, 사람에게 적용되는 "부유하다"와 같은 단어를 생각해 보자. 세상의 어떤 사람들은 분명히 부자이다. 의심할 여지없이 부자라는 이 조건을 만족하는 사람들의 집합을 우리는 그 단어의 '확정된 외연definite extension'이라고 부른다. 수많은 다른 사람들은 분명하고 의심할 여지없이 가난하고, 부자가 아니다. 우리는 이 집합을 그 단어의 '확정된 비외연definite non-extension'이라고 부른다. 그리고 그 경계선상의 많은 사례들이 있다. 모든 관련 사실을 알고도 이들에 대해 부자인지 아닌지 말할 수 없는 경우이다. 의미론적 관점에서 보면 "이 사람은 부자다"라고 말하는 것도 실수가 아니며, 그것을 부정하고 "이 사람은 정말 부자가 아니다"라고 말하는 것도 실수가 아닐 것이다. "부유하다"의 경계선상 경우는 단어의 외연 또는 비외연 내에 있는지에 대한 질문에 정답이 없다. 또는 일부 견해에 따르면 정답은 있지만 알 수 없다.[1]

이제 분명하고 의심할 여지없이 부자인 특정 사람을 생각해 보자. 그의 재산에서 1센트를 뺀다고 상상해 보라. 분명 그는 여전히 부자이다. 이제 또 1

1 모호성에 대한 인식론[주로 Williamson(1994)에서 개발됨]에 따르면, 경계선상의 경우처럼 보이는 것에 모호한 용어를 적용하는 문제가 있지만 그러한 사실은 알 수 없다. 모호성에 대한 인식론은 다소 논쟁의 여지가 있으며, 어쨌든 이 장에서 그 가능한 함의를 탐구하지 않을 것이다. 대부분의 경우 모호성에 대한 어떤 특정 이론을 다루는지는 법적 맥락에서 차이가 없을 것이다. 그러나 Soames(2012)는 법적 사례에서 모호성에 대해 생각하는 방식이 실제로 인식론에 반하는 이론들을 뒷받침할 수 있다고 주장한다.

센트를 빼면 그는 여전히 의심할 여지없이 부자이다. 그러나 이 빼기를 계속하면 어느 시점에서는 그 사람이 부자인지 의심해야 한다. 문제는 우리가 그 시점이 어디인지 말할 수 없다는 것이다. 경계선 사례가 정확히 어디에서 시작되고 어디에서 끝나는지 말할 수 없다. 경계선 사례의 이러한 불분명함은 그 유명한 더미 역설sorites paradox을 유발한다.[2] 가령 "1억 달러를 가진 사람은 누구나 부자이다"와 같은 참인 일반화로 시작해 보자. 우리는 "X가 부자라면 X에서 1센트를 빼도 부자다"라고 말하는 또 다른 참인 전제("귀납 단계"라고 함)를 추가한다. 이제 문제는 이 귀납 단계를 반복적으로 적용하면 거짓 결론이 나온다는 것이다. 귀납 단계를 수백만 번 반복한다면 결론은 돈이 거의 없거나 전혀 없는 사람이 부자라는 것이 되어야 할 것이며, 이는 분명히 거짓이다. 물론 문제는 어느 곳에서 귀납 단계를 중단해야 하는지 알 수 없다는 것이다. 이런 (소위) 더미 연속체sorites sequence에는 명확한 컷오프 지점이 없다. X가 여전히 부자이지만 X에서 1센트를 뺀 것이 더 이상 부자가 아니라고 말할 수 있는 특정 단계가 없다.[3]

입법자들은 '부유하다'(혹은 '키 크다' 혹은 '대머리다' 등)와 같이 명백하게 모호한 용어를 사용하지 않는 경향이 있다. 예를 들어, 의회가 부자들에게 더 많은 세금을 부과하고자 원한다면 달러 단위로 소득 수치를 사용해 훨씬 더 정확하게 규정을 정의할 것이다.[4] 그리고 물론 법은 다양한 목적을 위해 다른

2 내가 경계선 사례의 "불분명함"이라고 부르는 것은 경계선 사례가 어디에서 시작되고 어디에서 끝나는지에 대해 모호함을 의미하는 소위 "2차 모호성"이라고 불린다. 2차 모호성이 없이 1차 모호성이 없다는 것이 분명한 한, 용어는 문제가 되지 않는다. 그래도 나는 이것이 위계구조의 문제인지 의심스럽기 때문에 2차 모호성 개념을 피하는 것을 선호한다.

3 특히 모호성에 대한 인식론 (및 일부 다른 이론)은 귀납 단계의 참을 부정한다. 인식론과 문헌에서 제공되는 일부 다른 이론의 배후에 있는 주요 동기는 정확히 우리가 더미 역설을 피해야 하고, 그렇지 않으면 명제 논리에서 양가 원리와 중도 배제 규칙에 심각한 문제를 갖게 된다는 생각이다. 더미 역설이 얼마나 깊은지, 그리고 피할 수 있는지 여부에 대해 문헌에는 확실히 합의가 없다. 나는 복잡한 이 문제에 대해 어떠한 입장도 취하지 않을 생각이다.

4 물론 예외도 있다. 예를 들어, 미국의 양육법에서 대부분의 주에서 채택한 일부 연방 지침은

수치를 선택할 수 있다. 하지만 이것은 법이 정확한 대안을 가지고 있을 때 언어적 모호성을 피할 수 있다는 것을 의미하지 않는다. 법률이 부자에게 더 높은 수준의 소득세를 부과하고자 더 높은 세금 범위를 연간 소득의 정확한 달러 수치, 예를 들어 백만 달러로 정의한다고 가정해 보자. 이것은 매우 정확한 정의가 될 수 있지만, 그렇다면 우리는 무엇이 "소득"으로 간주되는지에 대한 경계선상의 사례들에 직면할 수 있다(예를 들어, 친척의 선물, 심지어 아주 작은 선물 등은?). "소득"이 관련 법령에 의해 정의되더라도, 그 정의는 경계선상 사례가 있을 수밖에 없는 다른 단어를 사용해야 한다. 간단히 말해서 자연언어에서 일반 용어의 일반적인 언어 모호성은 피할 수 없다. 다만 특정 문맥에서 그런 용어들의 규모를 축소할 수 있다.

"부유하다", "성숙하다" 또는 "대머리다"와 같은 단어는 분명하고 명백하게 모호하다. 다른 단어들은 정확히 이런 방식으로 모호성을 띄지만, 아마도 덜 모호할 수 있다. 예를 들어, 절도의 정의 일부를 형성하는, 건물에 "들어가는"과 같은 용어를 고려해 보자. 피고가 창문을 깨고 문제의 건물 경계를 통과해 팔을 뻗었다고 가정하자. 그가 건물에 들어갔는가? 그리고 만약 그의 손가락만 통과했다면? 아니면 그가 창문을 깨는 데 사용하고 있던 일부 도구만 통과했다면?[5] "부유하다" 혹은 "성숙하다"와 같이 분명하거나 명백하게 모호한 말이나 표현과 달리 이러한 경우를 '일반적인ordinary' 모호성이라고 부르겠다. 이제 분명함(또는 명백함)이 모호한 기준이라고 생각할 수 있다. 물론 맞는 말이지만, 법적인 경우에는 법이 일반적으로 이를 회피하려고 한다는 점에서 모호성의 명백함이 조금 중요하다. 우리는 "들어가는" 또는 "건물"과 같은 단어를 사용하는 법률이 셀 수 없이 많지만, "부유하다" 또는 "성숙하다"와 같은 단어를 사용하는 법률은 매우 드물다. 왜 그런가 하는 것은 흥미로운 질문이

"매우 높은 소득"을 가진 납부자에게 면제를 제공한다. 이 사건은 추후에 논의하겠다.

5 예를 들어, Commonwealth v. Cotto, 52 Mass.App.Ct 225, 752 N.E.2d 768(2001) 참조.

라고 생각한다. 아무튼 앞서 보았듯이 우리가 자연언어에서 사용하는 대부분의 일반적인 단어는 모호성을 겉으로 나타내지 않더라도 모호하다. 그렇다면 왜 법은 한쪽은 피하려고 노력하지만 다른 한쪽은 피하려 하지 않는가? 단순히 "성숙하다" 또는 "부유하다"와 같은 일부 단어가 다른 단어보다 모호하거나 너무 명백하게 모호하기 때문인가? 이것이 유일한 또는 주된 이유가 아니라고 의심하는 이유는 다음과 같다. 법은 "합리적인 배려", "적법 절차", "방치", "비양심적" 등과 같이 명백하게 매우 모호하고 심지어 과도하게 모호한 것 같은 단어들의 사용을 배제하지 않는다(엔디콧T. Endicott이 만든 용어를 빌렸다[6]). 그런데 왜 우리는 "부유하다"나 "성숙하다"와 같은 단어를 사용하는 법 규범을 거의 찾지 못하지만, "합리적인" 또는 "방치"와 같은 용어를 사용하는 수많은 법 규범들을 발견하는가?

그 대답은 '명백히transparently' 모호한 단어와 우리가 '과도하게extravagantly' 모호하다고 부르는 단어 사이의 매우 중요한 차이에 있다. 엄밀한 의미론적 의미에서 모호성의 본질적인 특징은 단어 W가 모호할 때 W의 확정된 외연과 확정된 비외연 사이의 공간에 있는 대상에, 즉 W가 적용되는지 여부에 대해 말할 수 없는 대상에 W를 적용하는 경계선상의 경우가 있을 수밖에 없다는 사실에 있다. 다시 말해, W가 모호한 경우 우리는 더미 연속체를 가질 수밖에 없다.[7] "부유하다", "성숙하다", "대머리다" 등과 같은 단어의 경우 분명히 그렇다. 그러나 엔디콧이 "과도한" 모호성이라고 부르는 종류의 경우, 그 주요 의미적 특징은 명백함도 아니고, 단어를 구체적인 사례에 적용하는 데 있어서의 더미 연속체도 아니다. 물론 두 특징들이 나타날 수도 있다.

6 Endicott(2011: 24~25) 참조.

7 이것이 우리가 어떤 의미에서 모호하다고 부를 수 있는 단어의 유일한 의미론적 특징이거나 모호성이 실제로 무엇인지에 대해 철학 문헌에서 합의가 있다고 제안하는 것이 아니다. 그것은 적어도 모호성에 대한 하나의 표준적인 의미이고, 이것이 내가 여기서 그 용어를 사용하는 방법이다.

이를 확인하기 위해 엔디콧이 사용한 예, 즉 "건강에 불필요한 고통이나 부상을 초래할 수 있는 방식으로 '소홀히' " 아동을 방치하는 것을 범죄로 규정하고 있는 영국 법령을 다루어 보자. 방치라는 단어는 참으로 과도하게 모호하다. 그러나 말하자면 "부유하다" 또는 "성숙하다"보다 모호하지 않은 것 같다. 이 경우에 단어의 확정된 외연에 비해 경계선상의 사례가 더 많은 것은 아니다. 과도하게 모호한 용어의 주요 특징은 그 용어가 (적어도 일부) '비교할 수 없는' 구성 요소들을 가진 '다차원적' 평가를 가리킨다는 점에 있다. 아이를 방치한다는 것은 매우 복잡한 평가 용어이다. 많은 잠재적 요소들이 특정 사례가 방치에 해당하는지 여부를 결정한다. 그리고 결정적으로는 다양한 구성 요소들을 단일 평가 척도상에서 정량적으로 비교하는 것을 허용해 주는 어떤 공통분모도 없을 것이다. 예를 들어, 아이를 5시간 동안 방치하는 것이 같은 아이를 2시간 동안 방치하는 것보다 더 나쁘다고 말할 수도 있다. 또는 같은 시간 동안 여섯 살 아이를 방치하는 것보다 두 살배기를 한 시간 동안 방치하는 것이 더 나쁘다고 말할 수도 있다. 그러나 이 두 가지 간단한 요소(나이와 시간)조차도 비교할 수 없다. 여섯 살짜리 아이를 두 시간 동안 방치하는 것보다 두 살짜리 아이를 10분 동안 방치하는 것이 더 나쁘다고 말할 수 있는가? 그리고 물론, 아이가 방치되는 정확한 조건, 관련 환경, 아이의 성숙도 등과 같은 더 많은 요소를 그림에 추가하면 비교 불가능성 문제가 분명해진다.[8] 굳이 말할 필요도 없이 이것은 우리가 경계선상 사례에 직면할 가능성이 낮다는 것을 의미하지는 않는다. 과도하게 모호한 용어는 모호성의 일반적인 의미에서도 모호하다. 그러나 그러한 용어가 특히 문제가 되고 특히 정확성이 떨어지는 것은 그러한 용어의 다차원성 때문이다.

---

8 관련 평가 차원에 따라 한 항목이 다른 항목보다 더 낫거나 나쁘다는 것은 사실이 아니며, 또한 그것들이 서로 동등하다는 것도 사실이 아니라는 점에서, 나는 여기에서 비교 불가능성을 두 가지(또는 그 이상) 항목 사이의 관계라고 가정한다.

명백하든 그렇지 않든 일반적인 모호성과 과도한 모호성의 차이는 정도의 문제일 수 있다. "대머리다" 또는 "성숙하다"와 같은 가장 단순한 모호한 용어조차도 일차원적이지 않다. 예를 들어, 대머리는 사람의 두피에 있는 모발의 수와 분포의 문제일 수 있다. 그러나 가장 큰 차이점은 모호성의 표준 사례에서 관련 술어를 구성하는 다양한 요소들이 피할 수 없을 정도로 비교불가능하지는 않다는 것이다. 또는 그중 일부가 해당되는 경우 대상 또는 사물이 단어의 확정된 외연에 속하는지 여부를 결정하는 데 있어 비교 불가능성이 실제로 심각한 문제를 일으키지 않는다. 그리고 이것은 법에서 발생하는 차이를 설명하는 중요한 결과를 지닌다. 즉, 더미 연속체를 갖는 일반적인 모호한 용어가 있는 경우 연속체에서 특정 컷오프 지점을 설정하는 것이 일반적으로 가능하다. 이러한 컷오프 지점은 어느 정도 자의적일 수밖에 없지만, 법이 임의로 선택한 컷오프 지점을 결정하는 것은 자의적인 결정이 아니다. 익숙한 경우를 생각해 보라. 예를 들어 선거에서 투표하는 것과 같은 특정 권리를 행사하려면 일정 수준의 성숙함이 필요하다는 것을 우리는 알고 있다. 성숙도는 모호한 용어이며 분명히 더미 연속체에 민감하다. 그러나 법률은 투표를 할 수 있는 18세와 같이 상당히 정확한 컷오프 지점을 설정하는 경향이 있다. 말할 필요도 없이 18세라는 정확한 수치는 자의적이며 목적에 따라 다소 대략적이다.[9] 그러나 이러한 컷오프 지점을 갖는 것은 자의적이지 않다. 공정성과 효율성에 대한 여러 가지 분명한 이유들로 해서 이는 매우 타당하다.[10] 더욱이 그러한 경우의 정확성 비용은 매우 분명하다. 즉, 법이 선택하는 합리적인 컷오프 지점은 어느 정도 초과되고 어느 정도는 미달된 포괄성을 가질 수밖에 없다. 18세 이상의 어떤 사람들은 투표를 할 만큼 성숙하지 못하고, 18

9 이렇게 대략적이라는 것은 나이가 성숙도를 결정하는 유일한 차원이 아니지만 주도적인 차원이며, 이 단일 기준에 의해 결정되는 컷오프 지점을 만드는 것이 비록 부정확하고 지나치게 단순하기는 하지만 확실히 명백한 실수나 심각한 오해는 아니라는 것을 의미한다.

10 Endicott(2011)에서 이러한 고찰에 대해 우아한 설명을 자세히 제시한다.

세 이하의 어떤 사람들은 실제로 투표를 할 만큼 성숙하다. 초과 및 미달 포괄성은 항상 그러한 정확성과 관련된 비용이다. 그리고 우리는 이 비용을 일반적으로 정확한 컷오프 지점을 갖는 이점과 비교한다. 그러나 이제 과도하게 모호한 용어에 대해 생각해 보라. 여기서 주요 문제는 더미 연속체가 아니다. 이 경우의 주요 문제는 다차원 평가를 구성하는 다양한 요소들의 비교 불가능성이다. 그리고 주된 문제는 더미 연속체가 아니기 때문에, 그러한 경우는 임의의 컷오프 지점 설정을 거부한다. 예를 들어, 나이에 따라 변수를 만든다고 해도 n시간 동안 아이를 돌보지 않는 것이 방치에 해당한다고 규정할 수는 없다. 무수히 많은 다른 요소들이 작용하고 있으며, 방치 시간, 아동의 나이 등을 기준으로 합리적으로 정확하게 평가할 수 없다. 그렇기 때문에 법이 과도하게 모호한 용어들을 어떤 규정된 정밀한 묘사로 대체할 수 없는 것이다.

지금까지 논의된 모호성의 종류는 '의미적 모호성semantic vagueness'인데, 이는 단어의 의미와 단어가 적용되는 대상 간의 관계에 관한 것이다. 그러나 모호성은 언어 사용의 의미적 측면에만 국한되지 않는다. 표현은 의미상 모호한 용어를 사용하든 사용하지 않든 대화 문맥과 관련하여 제공하는 정보면에서 모호할 수 있다. 예를 들어, 선거 운동 중에 후보자 M이 "나는 X로부터 기부금을 받지 않았으며, 1달러도 받지 않았다!"라고 선언했다고 가정해 보자. 이 진술은 특히 모호하지 않은 것 같다. 그러나 X가 M을 지지하는 것으로 알려진 여러 단체에 자금을 지원하면서 후보자의 금고에 간접적으로 자금을 흘렸다는 의혹이 있는 상황이라고 가정해 보자. '이러한 맥락'과 관련해서 M의 진술은 다소 모호할 수 있다. 아니면 내가 어젯밤에 본 영화에 대한 내 친구의 질문에 대한 대답으로 나는 어떤 배우에 대해 칭찬을 하고, 계속해서 그녀가 얼마나 연기를 잘했는지에 대해 이야기한다고 가정해 보라. 만약 내 친구가 영화 보러 가야 하는지에 대한 내 의견에 관심이 있었다면 내 대답은 아마도 너무 모호했을 것이다.

내가 그러한 경우에 이름 붙이는 '대화상의 모호성conversational vagueness'은 의도적으로 회피할 필요가 없다. 화자가 의도적으로 회피하든 그렇지 않든 여러 가지 잠재적인 이유로 인해 표현들은 대화 문맥에 비추어 모호할 수 있다. 여기서 본질적인 요점은 의미적으로 모호하지 않은 표현이 대화에 기여하는 정보와 관련해 특정 대화에 비추어 모호할 수 있다는 것이다. 대화에 대한 기여가 다소 관련이 있을 수 있다. 어떤 기여는 분명히 관련이 있어 대화의 공통된 목적을 진전시키지만, 다른 기여는 (당혹스럽거나 눈에 띄게 회피하는 등) 분명히 무관하다. 그리고 그 사이에 경계선상의 사례가 있다. 간단히 말해서 대화상의 모호성은 일반적으로 해당 대화에 화자가 가하는 기여의 관련성 함수이다. 관련성은 항상 특정 대화, 대화의 정확한 맥락, 규범적 틀, 대화 당사자들이 당연시 여기는 다양한 전제 등과 관련하여 발화의 화용론적 측면이다. 관련성에 대한 경계선상의 경우는 기본적으로 내가 대화상의 모호성이라고 부르는 것이다.[11]

대화상의 모호성은 의미적 모호성과는 상당히 독립적이라는 점을 주의해야 한다. 어떤 표현이 모호한 용어를 사용하지 않고 주어진 문맥에서 대화상 모호할 수 있는 것처럼, 어떤 표현은 경계선 사례에 적용되는 모호한 용어를 사용하더라도 정확할 수 있다. 예를 들어, 아내의 질문에 대답할 때 "나는 파란색 재킷을 입었어"라고 말한다고 가정해 보자. 비록 내 재킷의 색이 사실 파란색(매우 어두운 남색과 검은색 사이)의 경계선이라고 할지라도, 이 말은 내 아내에게 그녀가 원하는 모든 정보를 줄 수 있을 것이다. 만약 내가 그런 재킷을 하나만 가지고 있다면, (예를 들어, 내가 가진 유일한 다른 것은 연한 갈색이다) "파란색 재킷"이라고 말함으로써 내 표현은 나와 내 아내가 서로 알고 있는 대화 문맥에 비추어 하나의 대상을 골라낸다. 마찬가지로 대화에서 누군

11 양의 격률과 같은 다른 대화 격률들도 유사한 방식으로 대화상의 모호성을 만들어 낼 수 있는 경계선 사례가 있을 수 있다.

가를 “키 큰 녀석”이라고 지칭할 때, 예를 들어 특정 상황에서 언급될 수 있었을 다른 한 사람이 특히 키가 작을 때 그리고 대화 참여자들이 이를 알고 있을 때, 화자는 언급된 사람이 특별히 키가 크지 않더라도 그 특정인을 가리키는 데 성공할 수 있다.[12]

2. 법 문맥에서 모호성

법률 언어에서 모호성은 입법이나 기관 규정, 헌법 문서, 사법 결정, 사적 계약 및 유언 등 다양한 맥락에서 발생할 수 있다. 단순하게 나는 법률 해석의 맥락에 초점을 맞출 것이다. 따라서 내가 여기서 고려할 표준적인 사례는 앞에서 정의한 의미 중 하나에서 모호한 어떤 관련된 표현을 포함하는 입법 행위일 것이다. 특정 사건에 대한 법의 적용은 법에 명시된 바에 따라 결정적으로 달라지기 때문에, 관련 법령에서 사용되는 일반 용어의 경계선상 사례에 법적 지시를 적용하는 것은 법의 모호성 문제를 보여 주는 전형적인 사례일 수 있다.[13]

2.1 일반적인 모호성

하트의 유명한 예를 (약간 수정해서) 사용하여 일반적인 모호성의 경우부터 시작하자.[14] 시 조례에는 “공원 내 자동차 통행금지”로 규정되어 있다. 우리

---

12 본문의 예시가 한정 기술의 지시적 용법과 부가적 용법 간의 차이와 관련이 있다는 것은 여기서의 내 요점에 꼭 필요한 것은 아니다. 다른 종류의 예들은 나중에 사용될 것이다.

13 6장에서는 헌법 문서에서 나타나는 일반적인 (그리고 매우 모호한) 개념의 역할에 대해 논의하겠다.

14 Hart(1958) 참조.

는 자동차가 무엇인지 안다. 그것의 확정된 외연은 아주 분명하다. 그러나 소형 전기 엔진으로 구동되는 자전거가 이 조례의 목적상 "자동차"로도 간주되어 공원에 진입하는 것이 금지되는지에 대한 질문이 제기된다고 가정해 보자. 우리는 전기 자전거가 자동차인지 아닌지를 말할 수 있는가? 의미론적 관점에서 보면 대답은 어느 쪽으로든 맞을 수 있을 것 같다. 그렇다고 해도 틀린 말은 아닌 것 같고, 그렇지 않다고 해도 틀린 말은 아니다.[15]

우리는 이전에 의미적으로 모호한 표현이 특정 대화 환경에서 전달하는 정보에 대해 반드시 모호하지 않다는 것을 보았다. 화자는 모호한 용어를 사용해 의미상 경계선상의 사례에 적용해도 대화의 특정 맥락에서 충분히 정확한 정보를 전달할 수 있다. 우리가 여기서 논의하는 종류의 사건에 적용하면, 법원이 모호한 용어의 경계선상 사례의 분류에 관한 결정에 직면했을 때, 분류의 의미적 미결정이 반드시 법이 그것에 대해 아무 말도 하지 않는다는 것을 함의하지는 않는다. 입법의 맥락, 그 명백한 목적 그리고 이와 유사한 화용론적인 요소가 일부 구체적인 경우들에서 답변을 결정할 수 있다. 예를 들어, 우리의 경우 공원의 소음과 공해에 대한 주민들의 항의에 부응해 시 조례가 제정되었다고 가정하자. 그러한 맥락에서 조례는 시끄럽지 않거나 공해가 없는 차량의 사용을 금지하고자 하는 것이 아니므로, 전기 자전거를 금지하는 것이 아님을 분명히 하는 것이라고 주장할 수 있다.

1장과 2장에서 나는 일상적인 대화 상황에 대한 분석으로부터 법적인 발화로 너무 빨리 넘어가지 않도록 주의했다. 일상적인 대화에서 주장된 내용이 화자가 발화한 단어/문장의 의미와 다소 다른 경우에도, 일반적으로 문맥은

15 또한 여기에서 더미 연속체를 얻는 방법을 쉽게 알 수 있다. 전기 자전거는 자동차가 아니라고 가정하자. 그렇다면 전기 엔진으로 구동되는 작은 골프 카트는 어떤가? 일반 엔진으로 구동되는 골프 카트는? 작은 스쿠터는? 등. 그러나 다음 텍스트에서 설명하는 것처럼 사용된 단어의 의미론적 특징에서 비롯된 더미 연속체는 특히 인과-예측 유형의 미끄러운 경사길 논증과 혼동되어서는 안 된다.

화자가 전달한 내용을 청자가 이해할 수 있을 만큼 충분히 풍부하다. 그러나 법적 사례에서 맥락은 종종 그러한 추론을 매우 확실하게 정당화할 만큼 풍부하지 않다. 아마도 공원의 차량에 관한 조례는 처음에는 소음과 공해에 대한 이웃의 항의에서 비롯된 것 같다. 아마도 그러한 요구에 부응해 제정되었을 것이다. 그러나 이것은 반드시 소음과 공해를 줄이는 것이 조례의 유일한 목적이라는 것을 의미하지는 않는다. 입법부는 종종 특정 사회 정치적 맥락을 사용해 입법 행위에 동기를 부여하지만, 더 큰 목적을 가지고 입법화해 주변의 다른 문제도 해결하는 것을 목표로 한다. 솔직히 말해서 일반화하기가 매우 어렵다. 특정 사건이 의미적으로 경계선상에 있더라도 그 주장적 내용에 대한 결론을 보장할 수 있을 정도로 입법 활동의 맥락이 명확한 경우가 종종 있다. 좋은 예는 Garner v. Burr의 사건이다. 1930년 영국 '도로 교통법 British Road Traffic Act'에서 공공 고속도로를 주행하는 모든 "차량"에 공기 타이어를 장착해야 한다고 규정했다. 버Burr씨는 닭장에 철제 바퀴를 달고서 고속도로를 따라 그것을 트랙터로 끌어 이동했다. 항소 법원은 공기압 타이어를 의무화하는 법의 명백한 목적은 단순히 아스팔트 도로의 손상을 방지하기 위한 것이기 때문에, 바퀴가 장착된 가금류 축사가 완전한 차량이 아니더라도 법의 목적상 차량으로 간주한다는 꽤 합리적인 이유를 들었다.[16]

그러나 종종 문맥은 그러한 결론을 정당화할 만큼 충분히 명확하거나 결정적이지 않다. 그리고 물론 의미적으로 경계선상의 사례는 말하자면 진정한 경계선상의 사례로 남아 있으며, 법원은 관련 모든 규범적 고찰들이 주어지면 경계선상 사례를 분류하는 방법에 대해 합리적인 결정을 내려야 할 것이다. 그러한 결정은 법을 적용하는 경우가 아니라 법을 확대하거나 축소하는 것, 즉 법이 실제로 주장하는 것 이상의 정확성을 추가하는 경우가 될 것이

16 Garner v. Burr(1951), 1KB 31. 이 사건은 Endicot(2002)의 도입부에서, 그리고 Carston(2013: 20~21)에서 논의되었다.

다. 그리고 물론 법원은 종종 그렇게 한다.

적어도 형사 사건에서는 관용의 규칙이 문제를 해결할 수 있다고 누군가는 생각할지도 모른다. 즉, 형사 범죄에 대한 정의가 범죄의 관련 정의의 경계선상 사례일 때 분명히 그런 것처럼 문제의 행위에 대해 정의의 특정 부분을 적용 시에 의심이 들면, 그 의심은 피고인에게 유리하게 해결되어야 한다. 그러나 그것은 환상이다. 관용의 규칙은 중의적인 경우에 요령을 발휘할 수 있지만 일반적으로 말해서 모호한 경우에는 그렇지 않다. 모호성이 의미적으로 문제가 되는 것은 모호한 용어의 적용에 대한 경계선상의 사례가 있다는 사실뿐만 아니라 이러한 경계선의 사례가 어디에서 시작되고 어디에서 끝나는지에 대해 많은 불명확함이 있다는 사실이다. 예를 들어, 앞에서 언급한 강도 사건을 생각해 보라. 창문을 깨고 도구를 문제의 건물 경계로 통과시킨 사람을 건물에 침입하는 경계선상의 경우로 간주해 관용의 규칙에 따라 무죄로 결정한다고 가정하자. 이제 또 다른 피고인이 건물에 손가락을 통과시킨 경우 당신은 여기에도 관용의 규칙을 적용하고 무죄를 선고한다. 그리고 다음 사람은 팔 전체를 창문에 통과시킨 경우이고, 다음 사람은 몸의 절반을 창문으로 통과시킨 경우 등 계속된다. 당신은 관용 규칙의 적용을 정확히 어디에서 중단할 것인가? 간단히 말해서 경계선상의 사례가 어디에서 시작되고 어디에서 끝나는지에 대한 명확한 경계가 없다는 것이 모호성의 본질적인 측면이다. 관용의 규칙은 아무리 넓게 해석해도 그런 문제를 해결할 수 없다. 그 적용이 의심스러운 경우 그 자체의 적용을 결정할 수 없다. 관용의 규칙은 언어적 미결정성이 모호성 때문이 아니라 중의성 때문일 때 적용할 수 있고 도움이 된다. 형사 범죄의 정의가 어휘적으로나 구문적으로나 그럴듯하게 중의적이면, 피고인에게 유리하게 중의성 해소를 요구하면서 관용의 규칙이 적용될 수 있다.[17]

17 중의성은 5장에서 논의할 것이다.

경계선상의 사례에서 법원이 어떻게 그러한 정확성을 유지해야 하는지에 대한 일반적인 지침을 제안하는 것은 거의 불가능하다고 생각한다. 특정한 경우에 대한 고려사항이 매우 다양하기 때문이다. 그러나 어떤 종류의 추론을 법원이 피해야 하는지 말하기는 쉽다. 법원은 (일종의) 미끄러운 경사길 논증 slippery-slope argument을 만드는 방법인 더미 역설에 의존하는 것을 피해야 한다.

더미의 미끄러운 경사길 논증은 경계선상의 사례를 모호한 표현에 포함시키는 것에 반대하는 논거로 다음과 같은 우려사항을 제시한다. 즉, 관련 표현 W의 확정된 외연이 O_n이라고 하고, 법원은 O_{n+1}이 W인지 여부를 결정하도록 요청받는다고 가정하자. 이제 법원에서 O_{n+1}이 O_n과 매우 유사하기 때문에 W로 추론한다고 가정하자. 조금 부족하긴 하지만 O_{n+1}은 O를 W로 만드는 거의 모든 자질들을 가지고 있다고 볼 수 있다. 이제 우리는 O_{n+1}이 W에 포함되어야 한다는 판결을 내리게 될 것이다. 그러면 다음 경우가 있을 수 있는데 O_{n+1}과 매우 유사한 O_{n+1+1}은 그것을 W로 만드는 거의 모든, 단지 조금 적은 관련 자질들을 가지고 있다. 따라서 O_{n+1+1}도 W라는 결정에 도달할 수 있다. 그러면 분명히 그렇지는 않은데도 O_{n+m}도 W라는 결론에 도달할 수밖에 없을 때까지 다음의 경우들이 계속 발생한다. 그러므로 이 논증은 첫걸음을 내딛는 것이 실수라는 결론을 내리게 된다. 처음부터 O_{n+1}이 W라고 결정하지 않는 것이 좋다.[18]

이것이 왜 잘못된 주장인가? 그것은 모호한 용어의 어떤 경계선상 사례에도 동등하게 적용될 수 있기 때문이다. 앞에서 보았듯이 우리는 더미 연속체가 있을 때마다 역설적인 결과를 얻는다. 역설에 근거한 논증은 결코 좋은 논증이 아니다. 다시 말해 더미 연속체의 요점은 의미적으로 결정된 컷오프 지

18 예를 들어, 'California Unruh Civil Rights Act' 법령의 목적을 위해서 미국 보이스카우트(the Boy Scouts of America)를 "상업단체"로 간주해야 하는가의 질문에 관계하는 사건 Randall v. Orange County Council, 17 Cal.4th 736, 952 P.2d 261 참조.

점이 없다는 것이므로, 우리는 더미 연속체가 있을 때마다 미끄러운 논증 유형을 쉽게 구성할 수 있다. 즉, 연속체를 중단할 필요가 있고 더 이상 진행할 수 없다고 말할 수 있는 특정 지점이 없다. 따라서 여기에 일종의 더미의 미끄러운 경사길이 있음을 지적하는 것은 모호성의 의미적 특징을 나타내는 것일 뿐이다. 이로부터 어떤 결론도 도출되어서는 안 된다. 경계선상 사례의 분류는 언어적 관점에서 임의적일 것이다. 관련 질문은 임의의 컷오프 지점을 설정하는 데 합당한 이유가 있는지 여부이며, 만약 있다면 법이 이를 어디에 설정해야 하는지에 대한 질문에는 어떤 이유가 관련할 수 있을까?

확실히 더미의 미끄러운 경사길이 항상 나쁜 논증이라고 시사하는 것이 미끄러운 경사길 논증의 어떤 그럴듯한 견해도 이러한 경우에 적용될 수 없다는 것을 의미하지는 않는다. 미끄러운 경사길 논증의 '인과 예측' 견해가 관련할 수 있다. 인과적 해석의 우려는 법원의 결정에 의해 설정된 컷오프 지점이 확정된 외연에서 제거되어 실제 현실적 요인으로 인해 법적 결론이 바람직하지 않은 결과로 나타날 수 있다는 것이다. 그러한 논증의 본질은 경험적이며 예측적이라는 점에 유의하자. 즉, 법원이 주어진 경계선상 사례를 모호한 용어하에 포함하면 기관, 하급 법원 또는 미래의 사례를 담당하는 심지어 동일한 법원 등의 미래 의사결정권자들이 앞으로 더 나아가려는 유혹을 뿌리치기 어려워져서 부당한 결과에 도달할 수 있다는 우려가 있다. 이것은 예측의 문제이며, 그러한 논증은 다소 사변적인 경향이 있다. 그 우려는 사실의 문제들에서 본질적으로 경험적일지라도, 모호성의 본질과 관련이 없는 것은 아니다. 인과관계의 미끄러운 경사길 논증에 동기부여하는 우려는 경계선상에 있는 사건의 불명확함으로부터, 즉 법적 근거를 정당화한 원래의 이유에서 너무 멀어지는 길을 경고할 수 있는 명백하거나 현저한 컷오프 지점이 없다는 사실로부터 힘을 얻는다.

인과관계의 미끄러운 경사길 논증의 사변적 속성을 감안할 때 그 논증은 항상 각별히 주의해서 다루어야 한다. 입증 책임은 높아야 한다. 단지 미래의 결정이 우리를 잘못된 길로 이끌 수 있다는 두려움 때문에 당면한 사례의 장점에 대한 올바른 결정이 될 수 있는 무언가를 하지 말라고 조언하는 것이 미끄러운 경사길 논증의 본질이기 때문이다. 따라서 적어도 그 주장은 미래에 발생할 가능성이 있는 오류를 피하기 어려울 것이라는 충분한 증거를 제공해야 한다. 이러한 경우 대부분 우리가 발견하는 직감 및 추측으로는 충분하지 않다.

2.2 명백한 모호성

"키 크다", "성숙하다", "부유하다" 등과 같이 명백히 모호한 용어는 법 언어에서 거의 찾아볼 수 없다. 그러나 그런 용어들이 완전히 없는 것은 아니다. 전형적인 매우 정밀한 일련의 규정들 외에 어떤 경우들에서 우리는 법이 명백히 모호한 용어를 규제 체계의 일부로 포함하고 있음을 알게 된다. 특정 영역에서 규제 도식에 그러한 모호한 용어를 추가하는 목적은 종종 선제적이다. 즉, 입법부는 해당 영역을 통제한다고 보는 정밀한 규칙들의 집합 틈바구니로 일부 예측 불가능하지만 명백히 잘못된(또는 관련이 있는) 행위가 빠져나가지 않기를 원한다. 무한하고 다양한 순열이 있다. 그 모든 것을 예측할 수는 없다.[19]

그렇지만 앞에서 논의한 경우든 다른 경우든 간에 명백히 모호한 규범을 입법화하는 가장 분명한 측면은 입법부가 보다 구체적인 규범을 만드는 방법에 대한 결정을 사실상 법원이나 행정기관에 위임한다는 것이다. 모호한 입법 언어를 사용하는 것은 실제로 입법부가 자신이 하는 일을 명시적으로 말

19 교통 법규에는 종종 도로 조건에 합당한 주의를 기울여 운전해야 하는 일종의 요구사항이 있다. 미국 조세법에도 그러한 예가 수없이 많다. 예를 들어, 섹션 541은 "사업의 합리적인 필요를 위해" 유보된 금액을 초과하는 법인 보유 이익에 대해 누계 소득세를 부과한다. 섹션 535(c): 비과세 합병은 일반적으로 기업의 "비즈니스 목적"이 있는 거래를 조건으로 한다 등.

하지 않은 채 법원에 권력을 위임하는 주요 기법이다. 따라서 명백히 모호한 규정을 선택하는 데에는 크게 두 가지 유형이 있다. 모호한 언어는 때때로 단지 법안을 제정하는 입법자들 간 타협의 결과이다. 입법자들은 종종 그들이 제정하고자 하는 법안과 관련해 상충되는 목적이나 의도를 가진다. 어느 쪽도 자신의 입장을 위해 필요한 과반수를 확보할 수 없는 경우, 반대하는 측은 문제의 행위를 해석하는 관련 법원이나 기관의 향후 결정에서 각 정당이 자신들의 특정 목적이 승리할 수 있다는 희망을 가질 수 있도록 충분히 모호한 문구에 안주할 수 있다. (혹은 때때로 그러한 희망은 없고, 포기했다는 것을 지지층에게 숨기려는 시도만 있을 뿐이다.)

타협은 본질적으로 정당에게 차선책으로 간주된다. 그러나 법에서 모호성을 사용하는 것은 그러한 차선책에 국한되지 않는다. 때로는 판결을 법원에 위임하는 수단으로 입법 행위에서 모호한 용어를 선택하는 데 합당한 이유가 있는데, 주로 그런 경우에 초점을 맞추고 싶다. 그러나 진행하기 전에 여기에서 이의에 답변하겠다.

일부 저자들은 일부 영역에서 모호하게 표현된 규정이 관련 결정을 법원이 아니라 법의 주체, 즉 법이 규제하는 행동을 하는 사람들에게 위임할 필요가 있기 때문에 정당화된다고 제안한다. 어떤 경우에는 사람들에게 해야 할 일(또는 하지 말아야 할 일)이 정확히 무엇인지 알려 주는 대신, 모호한 기준을 설정하고 사람들이 스스로 재량권을 행사하고 그들이 하는 선택에 책임을 지도록 내버려 두는 것이 더 낫다. 그러므로 법이 운전자에게 어떤 일이 있어도 조심해서 운전해야 한다고 할 때, 법은 그 상황에서 조심 운전이 무엇인지 결정할 책임을 운전자 자신에게 부여한다. 그 상황에서 무엇이 옳고 합리적인지를 결정하는 것은 당신의 책임이며, 당신 자신의 선택에 따른 결과를 감수해야 한다고 법은 사람들에게 말한다. 그리고 몇몇 저자들은 이것이 때때로 아주 좋은 생각이라고 주장하는데, 그것은 당연하다.[20]

모호한 규정에 대한 이러한 근거의 매력적인 특징은 사람들의 자율성을 존중하거나, 최소한 사람들이 자신의 결정에 대해 책임을 지도록 강요한다는 것이다. 이러한 생각을 좋아하는 저자들은 경우에 따라 냉각 효과에 대한 우려가 있을 수 있음을 인정하지만, 나는 그들이 여기에서 규범적인 문제를 과소평가한다고 생각한다. 다음 예를 생각해 보자. 10대인 내 딸이 토요일 밤에 외출을 하려고 한다. 나는 그녀가 합리적인 시간에 집에 돌아올 수 있도록 하기 위해 여기에서 선택을 해야 한다. 나는 그녀에게 "늦어도 새벽 2시까지는 집에 들어오도록 하라"라고 말하거나, 아니면 "너무 늦게 들어오지 않도록 하라!"라고 더 모호하게 말할 수 있다. 이제 모호한 지시가 딸의 자율성을 더 존중한다고 생각할 수 있다. 그것은 어떤 의미에서도 더 교육적인데, 그것은 그녀를 자신의 행동에 대해 더 책임감 있게 만들기 때문이며 일반적으로 양육에 좋은 태도이다. 아직까진 좋지만 이제 여기에 제재가 있다고 가정해 보자. 즉, 내 딸이 집에 들어오기에는 "너무 늦었다"라고 판단할 수 있는 사람이 나라는 것을 알고 있고, 너무 늦게 들어왔다고 판단하면 벌칙을 부과할 수 있다. 그리고 그녀가 확신할 수 없다고 가정해 보자. 사실 그녀는 어떤 상황에서 내가 "너무 늦었다"라고 생각하는 것에 대해 모호한 감각을 가지고 있을 뿐이다. 내가 "너무 늦었다"라고 말할 때 내 딸이 내가 무엇을 염두에 두고 있는지 정확히 알고 있다면, 내 지시가 더 이상 모호하지 않다는 점에 유의하자. (더 정확하게 말하면 내 지시는 물론 의미론적으로는 여전히 모호하지만 대화상으로는 화용론적으로 정확하다.) 이제 우리는 모호한 지시가 그녀의 자율성에 더 도움이 되거나 그녀의 존엄성을 더 존중하는지 의심하기 시작할 수 있다. 아마도 그것은 냉각 효과가 있을 수 있다. 제재가 사소하지 않은 경우 그녀는 안전에 만전을 기하여 행동할 필요가 있고, 제재가 위협적일수록 그녀는 더 큰 안전의 여지를 마련할 필요가 있을 것이다.

물론 법적 예시는 사례의 후반부와 일맥상통한다. 법이 모호한 기준으로

---

20 Waldron(2011); Endicott(2011) 참조.

행위를 규제할 때, 법은 위반행위에 대한 제재 여부를 법원에 맡긴다. 그리고 그 기준을 위반했는지 여부를 사후에 판단하는 것은 법원이다. 따라서 이러한 모호한 규제의 실질적인 효과는 사람들의 자율성이나 도덕적 기능을 존중하는 종류의 결정이 아니라 법원이 어떤 결정을 내릴지 예측해야 하는 부담을 사람들에게 전가하는 것이다. 그리고 사람들이 그것에 대해 더 적은 정보를 갖고 있거나 위반 비용이 더 클수록 더 많은 주의를 기울여야 한다. 아마도 어떤 경우에는 이 입법 전략이 효율적이거나 정당화될 수도 있지만, 도덕적으로 볼 때 이 전략이 사람들의 도덕적 존엄성이나 자율성을 얼마나 존중하는지 잘 모르겠다.[21]

이 중 어느 것도 모호한 기준의 정확성에 대한 결정을 법원에 위임할 정당한 이유가 있는 경우가 없음을 시사하는 것은 아니다. 오히려 이와 반대로 그런 경우가 많다. 그러나 권력 위임의 근거는 법원이나 기타 의사결정 기관에 대해 입법부가 갖는 상대적인 능력이 관련된 고찰들에서 도출되어야 한다.[22] 이것은 기관들의 자치권에 대한 문제가 아니라 여기에서 현실적인 선택이다. 또한 입법부가 명백히 모호한 용어를 사용하는 경우보다 과도하게 모호한 용어의 명세화에 대한 결정을 입법부가 법원에 위임하는 훨씬 더 강력한 경우가 있다고 나는 주장할 것이다. 어느 경우든 여기에는 다양한 이유가 있다.

입법부가 모호한 기준의 정밀화를 법원에 위임하는 수단으로 명백히 모호한 용어를 사용하는 이유는 무엇인가? 이러한 경우 주요 문제는 더미 연속체에서 컷오프 지점을 설정하는 것임을 기억하라. 법원이 그 일을 더 잘 할 것

21 공정성에 대한 심각한 우려가 나타나기 때문에 사실 문제는 종종 더 심각하다. 법적인 규제가 여기서 논의되는 의미에서 모호하면 할수록 잠재적 소송 당사자들이 법원의 결정을 예측할 수 있는 정보를 갖는 것이 더욱 중요하며, 이는 일반 시민보다 주로 대기업에 상당한 이점을 준다.

22 이러한 맥락에서 말하자면 현장에서 결정을 내려야 하는 법 집행 기관에 대해 생각하는 것이 중요하다. 예를 들어 교통 규제와 같은 다양한 상황에서 법 집행 요원이 그 자리에서 결정을 내려야 하며, 법 집행 요원에게 법 위반 여부를 판단하는 데 너무 많은 재량권을 주는 것은 좋은 생각이 아니다.

이라고 생각할 이유가 있는가? 일반적으로 말해서 아마도 그렇지 않을 것이다. 법률에서 명백히 모호한 용어를 비교적 드물게 사용한다는 것은 일반적으로 입법부가 법원에 비해 그러한 결정을 내리는 데 더 적합하다는 것이 인정된다는 점을 시사한다. 또한 판결된 특정 사건에 기초한 법원의 결정은 필연적으로 소급 효과가 있음을 명심할 필요가 있다. 사전에 발표된 입법 행위나 지침과 달리, 법원의 결정은 이미 발생한 행위에 적용되고 사후에 사건의 해결을 결정한다. 그래서 입법적 결정과는 달리 사법적 소급행위는 항상 약간의 비용이 수반된다.[23]

나는 더미 연속체에서 특정 컷오프 지점을 확정하는 결정을 법원에 위임하는 것은 다음 두 조건이 충족될 때 많은 의미가 있다고 제안하고 싶다. 첫째, 컷오프 지점이 상황에 크게 영향을 받고, 둘째, 관련 당사자들이 자신에게 적용되는 정확한 규제 내용을 사전에 알 만한 정당한 이유가 없는 행위 영역인 경우이다. 예를 들어, 앞서 각주 4에서 언급한 "매우 높은 소득"을 근거로 자녀 양육비에 관한 연방 지침의 면제를 허용하는 법을 생각해 보자. 왜 입법부가 특정 소득 수치를 컷오프 지점으로 설정하지 않는가? 답은 두 가지이다. 첫째, 관련 고려사항이 상황에 매우 민감하다. 면제의 근거는 아이들의 요구가 무한하지 않고, 자녀들이나 양육권자인 부모들에게 사치스러운 생활방식을 허용해야 할 이유가 없다는 사실과 관련이 있다. 그러나 물론 이것들은 특정 상황에 따라 상당히 달라지는 경향이 있다. 편안함과 화려함의 차이는 자신이 사는 환경과, 주변에 있는 다른 사람이 이용할 수 있는 기회의 종류 등에 따라 크게 좌우된다. 그러므로 일반적으로 규정된 컷오프 지점을 피하고 법원이 사안별로 정하도록 하는 것이 매우 타당하다.

23 일부 영역에서는 정밀화를 위해 전문 지식이 많이 필요한데, 입법부에서는 일반적으로 부족하다. 그러나 이러한 경우 입법부는 법원이 아닌 행정기관에 결정을 위임하는 경향이 있다. 그리고 행정기관은 사례별 결정이 아닌 세부적인 일반 지침을 발행하는 경향이 있다.

둘째, 법의 적용 대상이 법이 요구하는 바를 사전에 아는 것이 중요한 규제들과, 정확한 법적 규제에 대한 사전 지식이 그다지 중요하지 않은 경우 사이에는 차이가 있다. 대부분의 경우 주어진 영역에서 우리의 행동을 계획할 때, 법이 요구하거나 허용하는 것이 무엇인지 아는 것이 매우 중요하다. 그러나 모든 경우에 그런 것은 아니다. 자녀 양육은 후자에 속한다. 부모는 지불해야 할 자녀 양육비의 정확한 금액에 대한 숙고에 근거해 배우자와의 별거 또는 이혼을 계획하지 않는다(그리고 분명히 그렇게 해서는 안 된다). 물론 그러한 문제에 대한 사후 결정은 그 결정이 나름의 이유가 있는 경우 합법적인 기대를 좌절시키지 않는다.[24] 그러므로 법원이 사례별로 (보통 소급적인 사후 요소를 가질 수 있는) 더미 연속체의 정확한 컷오프 지점을 결정하는 것은 규범적으로 문제가 되지 않는다. 그런 경우에 그러나 명백하게 모호한 조건을 선택하는 근거가 관련 요인의 특정 문맥 민감도에 있는 경우 법원이 사안별로 내린 결정은 매우 제한적인 우선순위 효과를 가져야 한다는 점에 유의해야 한다. 법원으로 하여금 이러한 문제를 결정하게 하는 핵심이 사전 일반화에 수반되는 본질적인 어려움에서 비롯된다면, 법원의 결정에 너무 많은 선례적 효력을 부여하는 것은 법원에 권한을 위임하는 근거를 무효화시킬 수 있다.

2.3 과도한 모호성

관련 개념이 과도하게 모호할 때 입법부가 법원에 결정을 위임할 훨씬 더 강력한 이유를 가지고 있다는 것은 역설적으로 보일 수 있다. 그러나 그것은 실제로 사실이며, 입법에서 그러한 용어들이 폭넓게 나타난다는 점이 그 사

24 이 생각은 대부분의 미국 주에서 자녀 양육 계약이 혼전 합의의 일부를 구성하는 것을 허용하지 않는다는 사실에 의해 뒷받침된다. 앞서 언급했듯이 미국 세법 역시 명백히 모호한 용어로 가득 차 있다. 미국 연방 세법에서 일반적으로 소급 적용이 주요 관심사로 간주되지 않는다는 사실을 고려할 때 그리 놀라운 일은 아니다.

실을 증명할 수 있다. 왜 그런지 설명하겠다. 과도하게 모호한 용어의 주요 특징은 그것이 수반하는 더미 연속체가 아니라 다차원적 측면에 있다는 것을 기억하라. 따라서 다차원적이고 비교할 수 없는 요소가 관련된 경우에 선택이나 결정을 내리는 방식에 주의를 집중하는 것이 도움이 될 수 있다. 예를 들어, 동료 중 한 명이 다른 도시에 있는 다른 직장으로 옮기는 제안을 받았고 수락 여부를 결정해야 한다고 가정하자. 다음 사항들이 그녀가 알고 있는 것이라고 가정해 보자. 즉, 새 직장은 더 나은 급여를 받지만 더 많은 강의 시수를 요구한다. 그녀는 통근 시간이 조금 더 길어지지만 더 나은 주택을 마련할 수 있을 것이다. 그리고 새 직장의 교수진은 아마도 현재 학과보다 더 실력 있지만, 대학원생의 질은 그렇게 높지 않다. 그리고 그녀가 작은 대학 도시에서 대도시로 이사해야 한다는 점이 있는데, 그로 인해 많은 것들이 바뀌게 된다. 이런 식으로 계속 생각해 볼 수 있을 것이다.

요점은 동료가 고려해야 할 다양한 요소들이 그녀에게 비교 불가능한 문제를 제시한다는 것이다. 통근 시간을 추가한 것에 비해 주택이 얼마나 더 나은지 합리적인 근거로 결정하는 것은 매우 어렵고, 가령 더 나은 주택과 더 많은 강의시수나 학생들의 더 낮은 질을 어떻게 비교할 것인지 생각하는 것은 훨씬 더 어려운 일이다. 그렇다면 이러한 경우에 어떻게 합리적인 결정을 내릴 수 있는가? 여기에는 두 가지 주요 가능성이 있을 것이다. 어떤 경우에는 특정 요소가 다소 결정적인 것으로 두드러진다. 예를 들어, 당신의 동료는 그녀의 주거 환경을 개선하는 것이 다른 고려사항보다 그녀에게 훨씬 더 중요하다고 생각할 수 있으며, 그러면 그녀는 숙고함에 있어서 이 문제에 훨씬 더 큰 비중을 할당할 것이다. 그리고 이것은 당연히 특정한 결정에 유리한 방향으로 기울어지게 된다. 그러나 그러한 결정적인 요인이 작용하지 않는 경우 그녀의 유일한 선택은 여기에서 모든 것을 고려한 총체적인 판단을 내리는 것이다. 즉, 그녀는 선택과 관련이 있다고 생각하는 모든 것을 고려하고, 두 패키지 사이에서 말하자면 총체적인 방식으로 결정해야 한다. 그녀는 모든 것을 살펴보고 어느 것이 전반적으로 더 매력적으로 보이는지 자문한다. 물론 그러한 총체적인 방법이 선택지들 중 하나를 합리적으로 선호할 것이라는 보장은 없다. 그러면 그녀는 동전을 던질 수도 있다.

이제 우리가 이전에 사용한 "어린이 방치"와 같은 과도하게 모호한 법적 규범의 예를 생각해 보자. 방치하는 것처럼 보일 수 있는 사례의 특정 사실들이 제시되었다고 가정해 보자. 일자리 제안 예에서와 같이 사례의 특정 사실들이 어느 정도 결정적일 가능성이 있다. 보호자가 물이 가득 찬 욕조에 아기를 30분 동안 방치했다는 소식을 들으면 더 이상 들을 필요가 없을 수도 있다. 그러나 물론 그렇지 않은 경우가 많다. 많은 실제 사례에서 결정적으로 방치로 간주되는 특별한 행위는 없지만 시간이 지남에 따라 다양한 상황에서 보호자의 전반적인 행동이 형사상 방치에 해당될 수 있다. 그리고 당신은 말하자면 전체 패키지를 보고서 이러한 종류의 판단을 총체적으로 할 수 있다. 그리고 다시 말하지만 전체 패키지가 당신에게 결정적인 답을 주지 않을 수도 있다. 경계선상의 사례들도 배제될 수 없다.[25]

그러한 문제를 해결하는 방법에 대해 사전에 명세화하는 것을 피하려는 이유를 우리가 알 수 있기를 바란다. 정해지지 않은 미래에 받을 수 있는 일자리 제의에 어떻게 반응할지 미리 결정하거나 당신이 그것을 받아들이기 위해 그러한 제안이 충족해야 하는 특정 조건들의 목록을 스스로 작성하려고 노력하는 것이 거의 의미가 없는 것처럼, 아동을 방치하는 것으로 간주되는 것을 법이 아주 자세하게 입법화하려고 시도하는 것은 거의 의미가 없다. 결정적인 것으로 눈에 띄는 몇 가지 요소를 미리 생각할 수 있다고 해도 그러한 결

25 미국의 일부 드문 경우에 아동의 "복지" 또는 아동의 "방치"에 대한 모호한 법적 언급이 위헌적으로 모호하다고 삭제되었다. 예를 들어, Roe v. Conn, 417 F. Supp. 769(1976)의 사건을 보라. Roe v. Conn의 사례처럼 이러한 사건의 대부분은 집행 차원에서 인종 차별과 인종 편견의 문제와 얽혀 있으며, 이러한 문제는 거의 항상 명확성 원칙의 헌법적 사례의 배경에 숨어 있다고 전문가들은 말한다.

정적인 요소가 종종 작용하지 않으며, 모든 것을 고려한 총체적인 판단만 있을 뿐이다. 그리고 물론 이러한 종류의 결정을 사전에 내릴 수 없는 경우, 입법부는 사안별로 결정을 법원에 위임할 수밖에 없다. 그리고 여기에서도 앞서 언급한 이유로 특정 사건에 대한 법원의 결정에 큰 우선 가치를 부여하는 것은 실수일 수 있다. 그러한 결정을 법원에 위임하는 요점은 법원이 해당 사건의 특정한 자질들에 기초해 사후에 결정을 내려야 한다는 것이다.

법률에서 과도하게 모호한 용어의 더 친숙한 일부 예들은 부분적으로 정의되는 경향이 있어서 그보다 약간 더 복잡하다. 예를 들어, 뇌물죄 법률의 맥락에서 "부패"라는 단어의 사용을 고려해 보라. '연방법(18 USC 201)'에 따른 뇌물의 정의는 뇌물을 "공직자나 후보자에게 '부패하게' 어떤 것을 주거나 제공하거나 약속해 어떤 공적 행위에 영향을 미치도록 하는 것"으로 규정한다. "부패"라는 단어는 의심할 여지없이 과도하게 모호하다. 대부분의 경우 주어진 일련의 상황들이 부패에 해당되는지 아닌지에 대한 결정은 "방치"와 매우 유사하며, 문맥적으로 그리고 총체적으로 이루어져야 한다. 그러나 법은 그것을 그대로 두지 않는다. 부패는 부분적으로 보상 요소를 요구하는 것과 같은 규칙과 비슷한 다양한 결정들에 의해서 규정되며, 단순히 공무원들에게 접근하는 것만으로는 부패로 간주되지 않는다. 그래서 우리는 여기에서 두 가지 종류의 추론 사이에 긴장감을 갖는다. 한편으로는 법원이 당면한 특정 사건에 대해 모든 것을 고려한 총체적인 판단을 내리도록 허용하는 것을 목표로 하는 과도하게 모호한 용어가 있다. 다른 한편, 우리는 그러한 결정을 형성하고 관련 행위가 부패한 것으로 간주되기 위해 충족해야 하는 '몇몇 조건들'을 사전에 결정하는 것을 목표로 하는 몇 가지 특정 규칙을 가지고 있다. 부패와 같이 명백하게 모호한 용어의 부분적 정의에서 구체화된 다양한 유형의 법적 규정들 간의 이러한 타협은 법이 사전에 상당히 구체적인 지침을 설정해야 한다는 사실을 반영하지만, 그러한 지침이 얼마나 구체적이어야 하는지에 한계가 있다. 그러나 그 한계는 인식론적이지 않다. 즉, 그것은 지식의 부족이나 제한된 선견지명에서 비롯된 것이 아니다. 그것은 부패의 개념을 구성하는 평가 요소들의 다차원성에서 비롯된다. 물론 부패는 하나의 예에 불과하다. "적법 절차", "형평성"에 대한 고려, "프라이버시" 보호 등과 같은 법적 개념에도 유사한 고찰이 적용된다. 법에 나타나는 가장 과도하게 모호한 용어는 부분적으로 정의되어 있다고 나는 감히 추측해 본다.

2.4 대화상의 모호성

나는 반대되는 유형의 사례를 가지고 이 논의를 마무리하고 싶다. 이 유형에는 적용의 특정 대상이나 사례와 관련해 의미적으로 정밀하지만 그 발화의 맥락에서는 대화상 모호한 그런 법률적 형식이 있다. 내가 여기서 말하고 싶은 (매우 제한된) 요점을 설명하기 위해서 FDA v. Brown & Williamson Tobacco Corp 사건을 생각해 보자.[26] 이 사건의 질문은 FDA가 담배 제품을 규제할 권한을 부여받았는지 여부이다. FDA의 의약품 규제 권한을 정의하는 법령의 관련 부분에는 FDA가 "신체의 구조 또는 기능에 영향을 미치도록 의도된 (식료품 이외의) 물품"을 규제할 권한이 있다고 명시되어 있다. 이제 의미적 관점에서 생각해 보면 담배와 기타 담배 제품이 바로 그런 역할을 한다고, 즉 "신체의 … 기능에 영향을 미치"고, 따라서 그것들은 확실히 관련 표현의 '확정된 외연' 내에 있다고 당신은 분명 생각할 것이다. 그렇다면 이 규정이 문맥에서 대화상 모호한 이유는 무엇인가? 이 유명한 소송을 일으킨 그 대답은 두 가지 추가 사실들의 결합에 있다. 첫째, 담배가 FDA의 관할에 속할 경우 FDA가 담배의 판매를 금지해야 한다는 것을 법률의 다른 부분들이 분명히 밝히고 있다. 둘째, 1965년 법 제정과 2000년 법원의 결정 시점 사이에 의

26 529 U.S. 120(2000). 이것이 이 복잡한 사건에 중심적인 단 하나의 이슈라고, 그리고 이것이 또한 바람직한 결과에 관여한다고 제안하는 것은 분명 아니다.

회는 담배 제품의 판매, 광고 등을 규제하는 6개의 개별 법안을 제정해 담배 제품의 일반 판매가 완전히 합법적이라고 가정했다. 따라서 여기의 다른 입법 부분들 간의 충돌 그리고 그에 수반되는 전제들로 인해 담배 제품이 FDA에 부여된 권한의 범위에 속하는지 의심스럽다. 담배 규제의 전체적인 맥락에서 보면, 관련 법적 표현은 의미적으로 경계선상 경우의 예가 아니더라도 대화상으로 모호하다.[27]

여기에 흥미로운 교훈이 있다고 생각한다. 즉, 미결정적이거나 모호한 주장된 내용을 결정하는 데 문맥 지식이 도움이 되는 것으로 종종 간주되는 경우가 있다. 그러나 때로는 그 반대의 경우도 있다. 즉, 특별히 모호하거나 불확실하지 않은 표현이 대화의 특정 문맥으로 인해 그 표현이 일반적인 의미적 외연에 적용되는지 의심스러워서 화용론적으로 또는 대화상으로 모호하게 된다. 법률 규정의 복잡한 문맥적 배경을 고려할 때, 법률에서 대화상의 모호성은 생각보다 훨씬 더 흔하다고 생각한다. 때때로 문맥은 사물을 더 명확하게 만들기보다는 덜 명확하게 만든다.

---

27 한 가지 분명한 의미에서 이것은 지나치게 단순화된 것이다. 내가 다른 입법들 사이의 시간 순서의 법적 중요성을 무시하기 때문이다. 그러나 본문에서 나의 요점은 사례를 분석하는 것이 아니라 일반적인 요점을 설명하는 것이다.

5장

문맥과 텍스트주의

Textualism in Context

텍스트주의는 법률의 언어적 분석에 토대를 두고 있는 것으로 주장되기 때문에 법률의 언어적 분석에서 주목할 만하다. 법 해석 이론으로서 텍스트주의는 입법 의도나 입법 목적에 의존하지 않고, 입법부가 법률에서 실제로 전달하는 내용에 따라 법을 해석할 것을 법관에게 촉구한다. 의도주의와 목적주의를 비판하고 그것들을 대체하는 것을 목표로 하는 방식에 주의를 기울이지 않고서는, 텍스트주의가 무엇인지에 대한 감을 갖기 어렵다는 매닝John Manning의 의견에 나는 동의한다. 매닝은 텍스트주의자이고 나는 그렇지 않다.[1] 이 장에서 나의 목적은 왜 아무도 텍스트주의자가 되어서는 안 되는지를 보여 주는 것이다. 이는 텍스트주의가 법령 해석에 대한 논쟁에 몇 가지 중요한 통찰력을 주는 것을 부정하는 것이 아니다. 그것은 확실한 사실이며, 그중

1 Manning(2006) 참조.

일부는 진지하게 받아들일 필요가 있다. 그러나 그러한 건전한 통찰은 텍스트주의자들이 주장하는 결론으로 이어지지 않으며, 텍스트주의는 전반적으로 그 지지자들이 주장하는 것처럼 법 해석 이론에 거의 도움이 되지 않는다.

법 해석 이론은 법관이 마주치게 되는 법률에 대한 해석상의 문제를 해결하기 위해 어떻게 해야 하는지에 대한 질문에 대답하는 것을 목적으로 한다. 하지만 물론 여기서 대다수는 해석의 개념이 어떻게 이해되는가에 대한 질문에 달려 있다. 많은 법철학자들은 해석의 일부 과정이 구체적인 실제 상황이나 구체적인 법적 결과에 대한 법적 지시의 '어떤' 적용을 중재한다고 주장(또는 가정)해 왔다. 해석주의라고 불리는 이 견해에 따르면, 주어진 상황에서 법이 요구하는 것을 빈틈없이 이해한다는 것은 이런 저런 해석의 결과이다. 나는 오랫동안 이 관점을 거부해 왔고, 해석을 법이 말하는 것에 대한 표준적이고 일반적인 이해에 대한 예외로 봐야 한다고 주장해 왔다. 해석의 필요성은 무언가 명확하지 않을 때, 즉 법이 요구하는 것을 이해하는 방법에 대한 그럴듯한 질문이 있을 때 나타난다.

나는 다른 곳에서 해석주의에 대한 반대를 상세히 주장했기 때문에 여기서 그러한 주장을 반복할 필요는 없다.[2] 그러나 나는 여기서 논의하는 맥락에서 해석의 좁은 의미를 주장하는 동기를 설명하도록 하겠다. 주요 요점은 법적 지시의 주장적 내용에 대해 합리적인 의심이 들지 않을 때, 청자는 주장된 내용을 파악하는 데 해석에 의존하지 않는다는 것이다. 우리가 1장에서 본 것처럼 주장적 내용이 종종 관련 표현의 의미적 내용을 넘어서 화용적으로 강화된 내용인 것은 사실이다. 화용적으로 강화된 내용을 파악할 수 있는 청자의 능력은 사용된 표현의 의미적 내용, 화자와 청자 간의 공통 지식인 문맥상 배경, 문제의 대화를 지배하는 관련 규범적 틀 등으로부터 이루어지는 '취소 가능한' 추론에 관련한다. 물론, 우리가 원하면 이 추론적 과정을 '해석'이라

2 Marmor(2005); Marmor(2010) 참조.

고 부를 수 있다. 그리고 일상적인 대화 대부분의 경우 말해진 것을 파악하기 위해 청자는 그 표현의 맥락에서 그 발화를 해석할 필요가 있다고 말할 수 있다. 그러나 만약 당신이 그것을 이 이름으로 부르고 싶다면 이 해석 과정은 보통 진정한 해석 경우와 관련된 어떠한 평가적 고찰도 수반하지 않는다. "진정한" 경우란 해석 대상에 대한 다른 그럴듯한 해석에 비해 더 잘 이해할 수 있는 것, 더 적합한 것 또는 더 그럴듯한 것에 대한 평가적 고찰이 필요한 경우를 의미한다. X에 대한 하나의 타당한 해석이 있다면, X에 대한 정당한 것으로 인정되거나 타당한 또 다른 해석도 있을 수 있다는 것이 해석에 대한 생각의 특징 중 하나이다. 다시 말해 어떤 표현 또는 어떤 의미를 지닌 다른 대상에 대한 주어진 이해가 어느 정도 의심스러울 때 그리고 다른 것에 비해 다른 하나의 이해를 선호하는 경우가 만들어 질 수 있는 경우에 해석이 요구된다.

따라서 여기서 나는 법적 해석의 진정한 경우가 두 가지 주요 유형의 경우들로 나타난다고 가정하겠다. ① 입법부가 실제로 언급하거나 함축한 것에 대해 그럴듯한 의심이 있을 때, ② 법적 지시의 소통 의도가 충분히 명확하지만, 지시의 내용이 해결해야 하는 특정 질문이나 문제와 어떻게 관련되는지에 대한 그럴듯한 의심이 있을 때이다. 이제 이 두 가지 유형의 경우가 예외일 뿐이라고 의심한다면, 법정에 서지 못하는 수많은 실제 대부분의 법적 분쟁에 대해 생각해 보라. 그리고 하급 법원에서 판결된 법률 사건들은 종종 사실 여부와 관련된 분쟁이라는 것을 명심하라. 항소 법원에 올라오는 사건 중 준거법에 대해 상당한 이견이 있는 사건의 비율은 매우 적다. 법률은 충분히 명확하고 어느 누구도 희망 없는 소송에 값비싼 자원을 낭비하고 싶어 하지 않기 때문에, 대부분의 법적 분쟁은 항소 법원에 올라오지 않는다.

법이 말하는 것에 대해 또는 법이 말하는 것이 당면한 사건을 어떻게 해결할 것인지에 대해 그럴듯한 의심이 있을 때 법 해석이 요구된다. 따라서 상황이 완성 및 수정을 요구할 때 법률을 만들고 수정하는 각 해당 기관의 역할에 있어서, 입법부와 비교해 사법부 역할에 대한 견해에 의해서 법 해석이 지도

되어야 한다. 스칼리아Scalia 대법관은 "입법자가 공표한 것이 아니라 의도한 것에 의해서 결정되는 법의 의미를 갖는 것은 민주주의 정부와 양립할 수 없으며, 심지어 공정한 정부와도 양립할 수 없다"라고 말함으로써 이 점을 명확히 했다.[3] 이 진술에는 두 가지 생각이 제시되어 있다. 매우 건전한 첫 번째 생각은 법 해석 이론의 출발점이 규범적이라는 것이다. 즉, 민주적 체제 또는 일반적으로 공정한 체제에서 입법부와 사법부 사이의 적절한 권한 배분에 관해 규범적이다. 그러나 여기에는 두 번째 제안도 있다. 즉, 입법자가 무엇을 의미하는지 알아내거나 입법자가 공포한 것을 준수하거나 두 가지 옵션 중에서 선택해야 한다는 것이다. 이것은 잘못된 선택이라고 나는 주장할 것이다. 대부분의 경우, 그리고 확실히 중요한 대부분의 경우 그러한 해석적 선택은 할 수 없다.

이 장의 논증은 세 단계로 진행된다. 먼저, 목적주의와 의도주의에 대한 비판에 비추어 텍스트주의가 무엇인지 간략하게 설명하겠다. 둘째, 나는 텍스트주의가 본질적으로 실제로 법이 말하는 것에 대해 매우 합리적인 견해를 가정하고 있다고 주장하면서 텍스트주의를 이해하는 데 필요한 언어와 소통의 관점을 설명하려고 노력할 것이다. 그러나 세 번째 부분에서 나는 언어적 소통에 대한 동일한 생각에 의하면 왜 텍스트주의가 법 해석 이론으로서 오히려 도움이 되지 않는지 보여 주려고 시도하겠다.

3 Scalia(1997: 17) 참조.

1. 무엇에 대한 반대로서 텍스트주의인가?

1.1 의도주의

텍스트주의가 대체하려고 애쓰는, 미국 연방 법원에서 널리 퍼져 있는 두 가지 주요 법 해석 이론, 즉 의도주의와 목적주의에 대한 간략한 개요로 시작하는 것이 도움이 될 수 있다. 의도주의에 따르면, 법관은 법률에 대해 해석적 질문에 직면할 때 무엇보다도 당면한 문제와 관련된 입법부의 실제 의도를 확인하기 위해 노력해야 하고, 만약 그 의도가 무엇인지 가까스로 알아내면 그것에 따라 사건을 결정해야 한다. 예를 들어, 직장에서 다양한 법적 결과를 수반하는 특정 형태의 차별 행위를 불법으로 규정한다고 가정하자. 이 법령이 목적상 "부당한 차별"로 간주되는 것에 대한 부분적인 정의를 제시하고 있지만, 해당 행위자가 차별할 의도가 없더라도 해당 행위가 차별적이거나, 부당한 것으로 의도된 경우에만 해당 행위가 부당한 차별로 간주되는지 여부가 불분명하다고 가정하자. 이제 법안을 제정한 의원들이 이 문제에 대해 어떤 견해를 가지고 있었을지 다양한 시나리오를 상상하는 것은 어렵지 않다. 아마도 그들은 대체로 고의적인 경우에만 차별이 부당하다고, 혹은 반대로 고의적일 필요가 없다고 가정했을 것이다. 그리고 법률의 입법 이력에 대한 이용 가능한 정보에 따르면, 이러한 옵션 중 하나로 입법자들 대부분의 의도를 반영하거나 또는 아마도 법안 초안을 작성하고 제정에 중요한 역할을 한 그런 입법자의 의도를 반영하고, 다른 입법자들은 관련된 관념을 묵인하고 따라간다는 시나리오를 상상하는 것은 어렵지 않다. 의도주의는 법관들이 이런 입법 이력을 매우 진지하게 받아들여야 한다고 촉구한다. 그리고 법관은 관련 법안을 이끌어온 실제 의도와 목적을 파악하고, 이러한 의도와 목적으로부터 직면한 질문에 대한 답변을 추론하기 위해 노력할 것을 촉구한다.

진지한 의도주의자는 (당연히 법률 조항에 의해 주장되는 법적 내용을 제정하려는 소통 의도를 넘어서) 관련된 입법 의도가 항상 있을 것이라고 주장하지 않을 것이다. 때때로 의심할 여지없이 모든 관련 입법 이력을 알고 있을 때, 유일하게 그럴듯한 결론은 입법부가 어느 쪽이든 해석 문제와 관련된 의도나 목적이나 그 밖의 어떠한 생각도 가지고 있지 않았다는 것이다. (우리는 이에 대한 가능한 시나리오를 4장에서 논의했다.) 그러나 의도주의자들이 주장하는 요점은 특정 입법 의도가 합리적인 정도로 확인될 수 있을 때 법관은 이를 준수해야 한다는 것이다. 즉, 관련 입법 의도를 발효시키는 방식으로 사건을 결정해야 한다.

의도주의에 대한 잘 알려진 주요 반대가 세 가지 있으며, 텍스트주의자들이 그런 우려들을 일깨우는 경향이 있다. 첫째, 아마도 가장 중요한 것은 입법 의도가 도대체 왜 중요해야 하는지에 대한 규범적 질문일 것이다. 입법부가 법을 제정할 때 X를 달성하거나 Y를 홍보하려는 의도가 법에 명시되어 있지 않은 경우 왜 법적으로 관련이 있는가? ('원칙적 반대'라고 부른다.) 둘째, 많은 사람들은 법관이 입법 의도가 실제로 무엇인지 파악할 수 있는지 의심한다. 사실 관련 자료들은 다수를 형성한 의원들의 견해보다 자신들의 입법 의제를 지나치게 강조하는 전략적 책략을 사용하는 법률 지지자들에게 유리한 것이어서, 법원이 입법 의도를 조사하는 데 사용할 수 있는 도구는 그 관련 자료가 왜곡되고 편향된 결과를 갖도록 하는 그런 것이라고 일부 사람들은 주장한다.[4] ('신뢰성 반대'라고 부른다.) 마지막으로 입법부와 같이 크고 다양한 집단의 사람들에게 의도를 귀속시키는 개념적 가능성에 대해 우려를 제기하는 사람들이 있다. (이를 '개념적 반대'라고 부른다.)

이곳은 이러한 우려에 대해 자세히 설명하고 타당성을 평가하는 자리가 아니다. 나는 여기서 몇 마디만 할 것이다. 첫째, 개념적 반대를 너무 많이 제기하는 것은 텍스트주의자에게는 경솔한 것일 수 있다. 일부 집단적 의도를 입

4 예를 들어, Vermeule(2006); Rodriguez and Weingast(2003) 참조.

법부 전체에 귀속시키는 것이 가능한지 의심한다면, 법관은 법이 전달하는 바를 법이 달성하고자 하는 바와는 반대인 것으로 매우 진지하게 간주해야 한다고 당신이 주장할 경우 당신은 문제에 부딪히게 될 것이다. 1장에서 본 바와 같이 입법에 의한 소통은 언어 행위이며 다른 복잡한 행위와 마찬가지로 의도적으로 행해진다. 입법부가 집단적 의도로 행동할 수 없다면 입법도 언어 행위가 될 수 없다. 다시 말해 텍스트주의가 분명히 하는 것처럼 입법의 소통적 측면을 진지하게 받아들인다면, 단순히 이러한 관점에서 입법이 집단적 언어 행위의 한 형태로 간주되어야 하기 때문에 당신은 집단적 의도의 가능성을 허용해야 한다.

사실 나는 이 점이 텍스트주의자들의 관심에서 완전히 벗어났다고 생각하지 않는다. 법 해석의 교리로서 의도주의에 대해 그들이 제기하는 대부분의 회의론은 원칙적 반대와 신뢰성 반대에 관한 것이다. 우선, 의도주의에 대한 반대는 규범적인 것이다. 텍스트주의자들은 입법 의도가 법적 해석에 대한 정당한 지도인지 의심한다. 의도나 목적 등은 입법자들이 투표하는 대상이 아니라는 것이 주요 주장이다. 법안의 최종 통과에서 입법자들에 의해 투표되는 것이 법이라고 그들은 주장한다. 따라서 민주적으로 제정된 내용은 그 이면에 깔린 다양한 의도, 기대, 동기가 아니라 가결된 법안에 의해 표현된 내용이다.[5]

이 논증에는 부인할 수 없는 진실이 있지만, 그것으로부터 텍스트주의가 이끌어내려고 하는 결론을 도출하는지는 의심스럽다. 민주적인 입법 의회에서 제정된 법은 투표로 통과된 법이라는 것은 부인할 수 없는 사실이다. 다수의 지지를 얻고 모든 관련 절차상의 장애물을 통과하는 것은 텍스트이다. 그러나 법 해석에 대한 진정한 의문이 제기될 때 일반적으로 법이 말하는 것에 대한 질문이 아니라, 법이 말하는 것이 명확하지 않거나, 법이 말하는 내용이

5 예를 들어, Waldron(1999) ch.6 참조.

당면한 분쟁을 어떻게 해결하는지가 명확하지 않은 경우 어떻게 법률을 완성하거나 수정할지에 대한 질문이다. 법률의 내용이 투표된 텍스트 내용이라는 점을 지적하는 것은 해당 내용이 더 이상 특정 법적 결과를 결정할 만큼 충분히 명확하지 않을 때 법관이 무엇을 해야 하는지에 대한 질문과 관련되지 않는다. 입법 의도가 법의 내용과 상충되지 않는 한, 입법자의 의도에 따라 법률을 해석하는 것은 민주주의 원칙에 어긋나지 않는 것으로 보인다. 설령 그런 의도가 다수결 투표에 부쳐지지는 않았다 하더라도 말이다.

그럼에도 불구하고 의도주의의 공정성 그리고 의도주의가 갖는 민주적 입법 원칙과의 양립가능성 등에 대한 텍스트주의의 거리낌에는 일말의 진실이 있다. 그러나 여기서의 주장은 신뢰성 반대와 분리될 수 없다. 입법 의도에 대한 존중에 대해 비민주적인 것처럼 보이는 것은 입법 의도의 고유한 비신뢰성과 밀접하게 관련되어 있다. 대부분의 경우 법률 제정은 교섭과 타협의 결과이다. 서로 다른 선거구와 이익을 대표하는 입법자들은 그들이 노력해서 제정한 법으로서 서로 다른 것을 달성하고 싶어 할 수 있다. 일반적으로 투표된 최종 텍스트는 타협의 결과이며, 게다가 일반적으로 상당히 정교하다. 입법 과정의 다양한 단계에서 표현된 의도와 목적은 다수의 입법자 또는 법안을 지지한 다수가 반드시 동의했을 어떤 것을 반드시 반영하는 것은 아니다. 게다가 적어도 미국 의회에서 입법자들은 법원이 입법 의도를 따르는 경향이 있다는 것을 알고 있기 때문에, 그들 의도의 대중적 표현을 전략적으로 사용하여 투표된 법안의 일부로서 다수의 지지를 얻지 못할 것으로 알고 있는 의도와 목적을 입법 이력에 덧붙이려고 시도한다. 법원은 입법 의도를 알아내기 위해 입법 이력에 의존함으로써 그러한 조작 행위에 힘을 실어 준다. 법원은 특정 입법자들이 다수 지지를 얻었을 내용을 넘어서 법적 결과에 영향을 미칠 수 있도록 허용해 준다. 따라서 입법 의도에 대한 존중에 비민주적인 무언가가 있다는 생각이 전적으로 장점이 없는 것은 아니다. 그러나 다시 말하지만 원칙적 반대는 신뢰성 문제에서 분리될 수 없다. 입법부 전체의 의도가 충분히 명확하고 입법부가 스스로 제정하는 것으로 간주되는 내용의 일부를 구성하는 문맥이 있다면, 관련 의도를 존중하는 법원에 대하여 원칙적이고 민주주의에 근거한 반대를 찾기는 어렵다. 그러나 그러한 경우가 많다는 점을 의심하는 텍스트주의자들이 아마도 정확할지 모른다.[6]

1.2 목적주의

텍스트주의자들이 반대하는 법 해석의 두 번째 주요 교리는 목적주의이다. 이것은 실제로 하나의 교리가 아니라 여러 견해들의 한 그룹인데, (일부는 하트와 색스Hart and Sacks의 법적 절차 견해에 의해, 다른 일부는 드워킨에 의해 큰 영향력을 갖게 되었다.) 법 해석의 업무는 먼저 법을 만드는 입법의 업무와 지속되거나 적어도 일관되는 것으로 봐야 한다고 주장한다.[7] 그 생각은 대략 다음과 같다. 법령에 대한 해석상의 질문에 직면했을 때, 법관은 법의 관련 목적이 무엇이며, 특정 해석상의 질문을 어떤 식으로든 해결함으로써 어떻게 일반적인 목적을 가장 잘 달성할 수 있는지 등을 자문해야 한다. 그리고 법의 관련 목적이 무엇인지 어떻게 알 수 있을까? 입법자의 실제 의도를 파악하려고 하는 것이 아니라 합리적인 입법부가 법을 제정함으로써 합리적으로 달성하기를 원하는 것이 무엇인지 묻는 것이다. 다시 말해서 모든 목적주의는 입법부에 대해 그리고 그 제정의 목적에 대해 우리가 생각하는 이상적인 조건들을 규정하도록 약속해 준다. 우리는 법률을 제정하게 되는 상황에 관련된 사실

6 대부분의 입법이 정부에 의해 도입되고 종종 거의 수정 없이 통과되는 의회 시스템과 관련해 신뢰성 반대가 덜 강제적일 가능성이 있다. Ekins(2012) 참조. 이러한 고려사항은 다양한 법률 시스템과 민주주의 문화에 따라 다르다. 본문에서 내 주장은 주로 미국 의회 시스템에 관한 것인데, 여기서 입법은 행정부에 의해 도입되지 않고, 심지어 도입될 때에도 어떤 면에서는 초안이 협상, 타협 및 결탁 대신 매우 중요한 수정을 거치는 경향이 있다.

7 이를테면, Hart and Sacks(1994/1958: 1374~1981), Fuller(1964); Dworkin(1986) 참조.

들, 고치고자 하는 피해들, 그리고 결정적으로는 합리적이거나 도덕적으로 이상적인 입법부가 그러한 조건하에서 달성하고자 하는 것에 대한 규범적 가정들로부터 그 법률의 추정적 목적을 도출한다.

말할 필요도 없이 입법부를 합리적으로 만들고 그 목적을 도덕적으로 정당하게 만드는 것 그리고 그러한 문제를 어떻게 결정하는가에 대해 견해가 다를 수 있다. 하트와 색스의 견해는 상식 그리고 합리적으로 계발된 또는 계몽되고 진보적일 수도 있는 세계관이면 보통 충분할 것이라고 가정한다고 나는 생각한다. 드워킨은 이 문제에 대해 훨씬 더 정교하고, 그가 제공하는 구성적 해석 모델의 기초가 되는 자유주의적이고 도덕적인 정치 철학을 훨씬 더 명확하게 표현한다. 그러나 목적과 의도를 입법부에 귀속시킬 때 법관들이 발견하려고 노력해야 하는 것은 입법자들의 실제 목적이 아니라, 이상적이며 부분적으로는 규범적으로 구성된 입법부의 목적이나 의도라고 모든 목적론자들은 강조한다.

지지자들의 마음을 끄는 목적주의의 생각이 텍스트주의자들에게는 목적주의가 못미더운 이유가 된다. 여기서 두 가지 주요 고찰이 논쟁적이다. 첫째, 텍스트주의자들은 법원에 의한 법 해석이 법 제정 과정과 계속 이어지는 것으로 간주되어야 한다는 바로 그 생각에 반대한다. 법 제정은 민주적 절차이지만 법의 사법적 해석은 그렇지 않다. 법 제정은 어떤 정책 목표를 달성하는 것을 목표로 하지만, 법에 대한 사법적 해석은 새로운 정책을 제정하는 것이 법관의 역할이 아니므로 그러한 목적이 없어야 한다. 이 밖에도 이와 비슷한 이유가 있을 수 있다. 둘째, 텍스트주의자들은 이상적인 입법 목적에 관한 객관화의 가능성에 대해 매우 회의적인 것 같다. 스칼리아를 다시 인용하자면 "입법부가 의미하는 바를 파악하는 최선의 방법은 현명하고 지적인 사람이 무엇을 의미해야 '했는지' 자문해 보는 것이다. 그러면 법이 의미해야 '한다ought'라고 당신이 생각하는 바를 의미한다는 결론에 도달하게 될 것이다".[8] 그러나 강조점은 스칼리아가 제시하고 드워킨이 예를 들어 기꺼이 남겨두는 "당위ought"

에 있지 않다. 강조점은 사건을 판결하게 되는 법관을 의미하는 "당신이 생각하는" 표현에 있다. 다시 말해서 텍스트주의에 따르면, 목적주의는 법이 그렇게 만들어졌어야 한다고 '법관들이' 생각하는 정도로 입법자들로 하여금 생각하는 대로 법을 적절하게 만들도록 유혹하는 것에 다름 아니다. 그리고 텍스트주의자들에 따르면 그것은 민주 정권에서 사법부의 정당한 역할이 아니다.

말할 필요도 없이 이 두 가지 우려는 모두 심각하며 둘 다 진지한 답변을 들을 자격이 있다. 그러나 나는 여기서 이러한 규범적 문제에 관여하려고 시도하지 않을 것이지만, 나는 마지막 절에서 텍스트주의가 동일한 도전에 직면하고 있으며 목적주의나 다른 법 해석 이론만큼 규범상 논쟁적이라는 것을 보여 줄 것이다. 그러나 먼저 우리는 텍스트주의가 무엇을 제공하고 어떻게 작동되는 것으로 가정하는지를 살펴볼 필요가 있다. 입법자의 실제 의도나 법률의 추정상 합리적인 목적이 법 해석의 지침이 되지 않는다면, 법관이 고려해야 할 사항은 무엇인가? 텍스트주의적 답변은 법관이 무엇보다도 관련 법률 조항이 실제로 말하는 (그리고 함축하는) 것에 의존해야 한다는 생각에 있다. 그리고 법이 말하거나 주장하는 것은 관련 맥락과 관련 법적 배경을 알고 있는, 이성적으로 상황을 잘 이해하고 있는 사람이 그 표현의 맥락에서 법률이 표현한 단어로부터 추론할 수 있는 것에 의해 결정된다. 즉, 입법의 법적 조건 및 기타 배경 조건을 알고 있는 이성적인 청자가 그 의미를 파악할 수 있을 것이기 때문에 우리는 법적 텍스트의 표현 맥락에서 그 의미를 파악하려고 한다.[9]

텍스트주의의 출발점은 대체로 1장에서 제시한 주요 논제에 있다. 입법이란 법안에 투표함으로써 어떤 법적 내용을 전달하는 행위, 즉 언어 행위이고, 그 법적 내용이 법률의 내용이라는 생각을 텍스트주의는 공유한다. 그리고

8 Scalia(1997: 18) 참조.

9 Scalia and Garner(2012: 33); Manning(2006: 79~85) 참조.

이것은 두 가지 질문을 제기한다. 전달되는 내용의 결정 요인은 무엇이며, 법원이 결정해야 하는 해석 문제를 해결하는 데 이러한 결정 요인이 얼마나 도움이 되는가? 1장과 2장에서 우리는 이 질문들 중 첫 번째 질문에 답하려고 했으며, 따라서 여기서 다루어야 할 주요 질문은 두 번째 질문이다.

그러나 두 번째 질문으로 넘어가기 전에 1장에서 접했던 논쟁들 중 하나를 반복하겠다. 그것은 텍스트주의의 일관성/정합성과 특별히 관련 있기 때문이다. 의심할 여지없이 텍스트주의자들이 발화의 맥락에서 표현의 의미를 살펴보라고 조언할 때, 그들이 염두에 두고 있는 것은 우리가 그 표현의 '주장적' 내용이라고 부르는 것이다. 그것은 말의 특정 맥락에서 그 표현을 발화함으로써 화자가 실제로 말하는 것이다. 그러나 이 맥락에서 닐이 명확히 표현한 바와 같이, 그라이스의 관점에 따르면 화자가 주장한 내용은 자신이 특정 맥락에서 발화를 표현함으로써 청자에게 '전달하려는' 내용이다.[10] 닐이 올바르게 관찰한 바와 같이 주장적 내용에 대한 주관적인 개념에 따르면, 텍스트주의는 비정합적인 것으로 (일관성이 없는 것으로) 판명된다. 표현의 맥락이 화자가 실제로 말하거나 주장한 것을 부분적으로 결정한다는 것을 인정하면, (텍스트주의가 그러하듯이) 청자가 화자의 관련 의사소통 의도를 파악하는 데 맥락이 도움이 되기 때문에 맥락이 중요하다는 점을 인정해야 한다. 그 밖에 맥락이 왜 중요할까? 텍스트주의는 법이 실제로 말하는 것이 입법자들이 말하려고 의도했던 것임을 더 이상 부정할 수 없다. 오히려 법이 말하는 바를 확인하려고 함으로써 법을 제정한 사람들의 소통 의도를 우리는 필연적으로 파악하려 한다.

그러나 텍스트주의는 주장적 내용에 대한 이러한 주관적인 생각을 타당한 이유로 명백히 거부한다. 내가 1장에서 주장한 바와 같이 우리가 주장적 내용을 어떻게 특징짓는지에 대한 그럴듯한 생각은 화자가 발화를 통해 전달하

10 Neale, "Textualism with Intent" 참조.

려는 모든 것을 전달하는 데 반드시 성공하지 못할 가능성을 고려해야 한다. 사람들은 단지 그들이 말하고 싶은 것을 정확히 말하지 못할 수 있다. 따라서 주장적 내용에 대한 그럴듯한 생각은 성공에 대한 객관적인 기준을 포함해야 한다. 발화의 주장적 내용은 적절한 대화 배경과 문맥을 알고 있는 '이성적인 청자'가, 그러한 맥락에서 내뱉은 단어나 문장으로부터 화자의 소통 의도에 대해 추론하는 것에 의해 결정된다. 관련 맥락적 배경을 공유하는 이성적인 청자가 그 표현의 맥락에서 발화의 의도된 내용에 대해 추론하는 것을 참조하여 주어진 맥락에서 발언의 주장적 내용을 정의하는 것은 완전히 일리가 있다. 더욱이 관련된 이성적인 청자는 법 해석의 맥락에서 보면 적절하게 정보를 가진 법 관련 청자라고, 말하자면 법률 전문 용어의 모든 법적 배경과 세부사항들에 대해 잘 알고 있는 사람이라고 텍스트주의자들이 가정하는 것은 상당히 옳다고 나는 생각한다.[11]

이것은 그라이스 비판을 어떤 상황에 남겨 두는가? 어느 정도까지는 닐의 말이 맞는다고 생각한다. 텍스트주의가 강조하고자 하는, 법이 말하는 것과 입법자가 의미하거나 의도한 것 사이의 그런 대조에 상당한 과장이 있음을 그가 지적하는 것이 옳다. 텍스트주의는 법이 말하는 것을 알아내려고 할 때 관련 표현의 의미적 내용에 만족할 수 없으며, 관련 법 조항의 주장적 내용을 결정하는 데 다양한 화용적인 요소에 의해 인도되어야 한다는 점을 인정하기 때문에, 텍스트주의는 입법자들의 소통 의도가 우리가 확인하고자 하는 것이라는 것을 이미 인정했다. 화자가 말하는 것을 파악하고자 하는 청자는 화자가 전달하고자 하는 바를 파악하는 것을 목표로 한다. 법적 발언이 일종의 놀라운 예외가 될 수 없다. 그러나 나는 텍스트주의가 이 점을 부정할 필요가 없다고 생각한다. 이에 대한 답변으로서, 우리가 주장적 내용의 순전히 주관적인 이해에 의존하는지 아니면 객관적인 이해에 의존하는지 여부가 여기에

11 각주 9 참조.

서 주요 문제라는 것을 말할 필요가 있다. 텍스트주의가 객관적인 견해를 지지하는 한, 법이 말하는 것은 제정자가 말하고자 하는 바에 의해 완전히 결정되지 않는다는 결론에 도달할 만하다. 다시 말해서 관련 소통 의도가 객관적으로, 즉 이성적인 청자가 이해할 수 있는 대로 이해되는 한, 법적 해석이 입법부의 소통 의도를 확인하는 것을 목표로 한다는 생각을 텍스트주의는 인정할 수 있다.

2. 텍스트주의는 얼마나 도움이 되는가?

지금까지는 그런대로 좋다. 텍스트주의는 제정법의 본질이 법이 말하는 것, 실제로 주장하는 것에 있다고 말한다. 그리고 적어도 내 생각에 텍스트주의는 주장적 내용, 즉 객관적 내용이 무엇인지에 대한 매우 그럴듯한 생각에 의존하는 것 같다. 그러나 이제 주요 질문은 이 모든 것이 법 해석 이론으로서 얼마나 도움이 되는가 하는 것이다. 관련 법률 표현의 주장적 내용에 대한 그럴듯한 문제 제기로 인해 법률 해석의 문제가 발생하는 경우가 많지 않기 때문에 그것이 그다지 도움이 되지는 않는다고 나는 주장할 것이다. 법 해석의 대부분 경우, 문제는 법이 말하는 것에 대해 확신이 없다는 것이 아니다. 법이 말하는 것이 법원이 직면한 특정 딜레마를 해결하는 방법을 결정하기에 충분하지 않기 때문에 문제가 발생한다.

이제 여기에서 확실한 단계는 제정법의 미결정성을 야기하는 경우들을 살펴보고, 텍스트주의가 제공하는 도구가 그러한 경우를 해결할 수 있는 방법과 관련이 있는지 여부를 확인하는 것이다. 즉, 어떤 문제가 제정법 해석의 필요성을 야기하는지 살펴봐야 한다. 주요 문제는 물론 모호성, 법률 충돌, 중의성(및 다의성), 그리고 함축된 내용이다. 내가 보여 주려고 하는 바와 같이 텍스트주의는 이러한 형태의 해석상 문제를 다룰 도구가 없다. 우리는 이미 앞 장에서 모호성에 대해 자세히 논의했으며, 제정법에서 다수의 미결정성이 다양한 형태의 모호성에서 비롯되고, 일부는 입법부가 의도적으로 선택하고 일부는 우발적이거나 불가피한 경우라는 것을 알았다. 법원이 법률에서 모호한 용어의 경계선상 경우에 직면할 때, 언어는 법원이 요구하는 정밀화에 도움이 되지 않는다는 점이 4장의 논의에서 분명해지기를 바란다. 그런 경우에 법이 말하는 것에 더 주의를 기울이는 것은 지갑을 들여다보면서 더 큰 부자가 되기를 바라는 것과 같다. 다른 유형의 경우들에 대해 자세히 살펴보겠다.

2.1 모순되는 규정들

법은 여러 가지 방식으로 충돌할 수 있다. 가장 단순한 형태의 충돌은 상이한 법률들이 주어진 상황에서 서로 다른 상호 배타적인 일을 수행하도록 행위자에게 요구하는 경우와 관련된다. 예를 들어, 다음 두 가지 규정을 생각해 보자.

L1: "F인 모든 X는 상황 C에서 φ해야 한다."
L2: "G인 모든 X는 상황 C에서 ψ해야 한다."

이제 두 가지 사실을 추가적으로 가정해 보자. 첫째, 동일한 상황에서 φ와 ψ를 모두 수행하는 것이 실제로 불가능하다고 가정한다. 둘째, F와 G 모두인 Xa가 있다고 가정한다. L1에 의해 Xa는 φ하도록 요구되는 반면에, L2에 의해 Xa는 ψ하도록 요구된다. C에서 φ와 ψ 둘 다 할 수 없다고 가정하면 두 규정은 충돌한다. 즉, 두 규정은 행위자에게 동일한 상황에서 어떤 일을 하고 또한 하지 않기를 요구한다. 때로는 이러한 상충되는 규정들 중 어느 것이 그러한 충돌의 경우에 우선하는지를 결정하는 제3의 규정이 있다. 그러나 항상 그런 것은 아니며, 갈등을 해결하는 방법에 대한 추가적인 규정이 없는 경우 일반적으로 법원이 풀어야 하는 진정한 충돌이 일어난다. 두말할 나위도 없이 법원이 서로 다른 규정들 간의 그러한 진정한 실제 충돌을 해결하는 데 도움이 될 수 있는 문맥상 표현의 의미에 대해서는 거의 찾아볼 수 없다. 두 규정이 말하는 것은 가능한 한 명확하지만, 문제는 관련 행위자가 두 가지 모두를 준수할 수 없다는 것이다. 그러면 법원은 상충되는 규정들 중 어느 것을 준수하는 것이 관련 상황에서 더 중요한지 결정해야 할 것이다.

그러나 이보다 더 미묘한 방식으로 법이 충돌할 수 있다. TVA 댐 소송과 관련해서 2장에서 논의한 예는 법이 각각의 전제에서 충돌할 수 있음을 보여 준다. 의회는 예산안에서 댐 건설에 예산을 배정함으로써 이 사업이 합법적으로 승인된 것으로 간주한다는 전제를 분명히 전달했다. 그러나 의회는 멸종 위기에 처한 종 법을 제정함으로써 특정 환경에 영향을 미치는 건설 프로젝트에 대한 결정을 내릴 권한이 환경 보호청EPA 또는 FWS에 있으며, 더 이상 의회가 갖고 있지 않다는 메시지를 전달했다. 2장에서 보았듯이 이 두 메시지는 TVA 사건에서 충돌하게 되었다. 마찬가지로 4장의 끝부분에서 논의한 FDA v. Brown & Williamson의 예 또한 어떻게 의회 행위의 서로 다른 전제가 충돌할 수 있는지를 보여 준다. 먼저 의회는 식품의약청FDA에 "신체의 기능에 영향을 미치도록" 의도된 모든 물질을 규제하는 매우 광범위한 권한을 주었다. 다른 한편으로 의회는 담배 및 기타 담배 제품의 광고와 판매를 규제하는 여러 법안을 제정해 이를 생산 및 판매하는 것이 합법임을 분명히 전제했다. 그러나 우리가 이 사건을 논의하면서 언급했듯이 FDA를 규제하는 법령의 관련 부분은 담배 판매가 FDA 관할권에 속하는 경우 FDA가 담배 판매를 금지하도록 의무화했다. 따라서 한편으로 담배 제품의 판매가 합법임을 분명히 전제로 하는 일련의 법률이 있다. 다른 한편, 담배의 판매를 금지하는 의무적인 필요조건을 수반하는 사법 규정이 있다. 다시 말하지만 텍스트주의가 어떻게 그러한 경우를 다룰 수 있는 도구를 가지고 있는지 알기는 어렵다.

그중 어느 것도 우리가 법이 말하는 것을 어떻게 이해하는가 또는 법이 함축하는 것을 어떻게 해석하는가에 달려 있지 않다. 정확히는 여기에 관련된 함축이 서로 상충되기 때문이다.[12]

2.2 중의성과 다의성

우리가 제정법에서 찾을 수 있는 모든 다양한 유형의 언어적 미결정성 중에서 중의성은 텍스트주의적 방법에 적합한 종류의 경우처럼 보일 것이다. 중의성은 하나의 표현이 관련 없는 두 가지 가능한 의미를 갖는 경우를 말한다. 일반적으로 중의적 표현에 직면했을 때 화자가 두 가지 가능한 의미 중 하나를 사용하고자 '의도하는' 것으로 가정한다. 중의성 해소는 문맥이든 또는 다른 화용적 요인에 의해서든 발화의 특정 맥락에서 화자의 소통 의도를 파악하는 것을 목표로 한다. 자연언어에는 두 가지 주요 유형의 중의성, 즉 구문의 중의성과 어휘의 중의성이 있다.[13] 구문 중의성의 예로서 "나는 벼룩이 있는 개를 키우는 남자를 알고 있다"라는 문장을 생각해 보라. 이 문장은 두 가지 방법으로 읽을 수 있다. 즉, 남자에게 벼룩이 있거나 개에게 벼룩이

12 스칼리아가 FDA 사건에서 침묵을 지켰다는 점은 흥미롭다. 그는 그 결정이 법의 언어와 어떻게 일치하는지에 대해서는 한 마디도 하지 않고 담배 산업에 찬성하는 다수 의견에 합류했다.

13 실제, 특히 한정기술의 사용(및 고유명사의 어떤 경우)과 관련해서 세 번째 화용론적 유형의 중의성이 있다. Kripke(1977)와 다른 사람들이 주장한 바와 같이 한정기술의 지시적 사용과 부가적 사용 간의 Donnellan(1966)의 유명한 중의성은 의미론이 아니라 화자의 의미/의도에 관한 화용론적 중의성일 가능성이 높다. 한정기술의 사용에서 그러한 화용론적 중의성이 잠재적으로는 법에도 존재할 수 있다. 그러나 실제로는 매우 드물다. 법령에서 한정기술을 사용하는 경우(예: "캘리포니아 주지사"), 이는 러셀식 설명 내에서 명백히 부가적 사용이다. 제정법에서 한정기술의 지시적 용법은 매우 드물다. 내 생각에 우리는 구문적으로 복잡한 표현에 포함된 불완전한 한정기술(예: "표" 또는 "세금" 등)의 맥락에서만 그 용법을 발견할 것이며, 그러면 그것은 문장의 다른 부분에 의해 선택된 어떤 대상을 가리키는, 본질적으로 하나의 명제일 것이다. (예: "X$의 소득에 대한 소득세는 Y%이고 세금은…에 추가되어야 한다." 규정에서 불완전한 한정기술 "세금"은 그 문구에서 앞서 언급한 소득세를 가리킨다.)

있다. 문장 그 자체로는 이 선택들 사이에서 결정되지 않는다. 어휘적 중의성은 주어진 하나의 단어가 해당 자연언어에서 연관성 없는 분리된 두 개의 의미들을 갖는 경우와 관련이 있다. 가령, 영어 단어 "bank"는 하나의 의미로는 강의 한쪽을, 다른 의미로는 금융기관을 의미한다. 1장에서 언급한 바와 같이 어휘적 중의성을 해소하는 데 필요한 문맥 지식은 종종 일반적이고 널리 공유된다. 특정 대화에 대해 특정적일 필요는 없다. 우리는 단순히 강둑에는 영업시간이 없지만 상업 기관에는 있다는 것을 알기 때문에 "bank"의 영업시간을 규제하는 지침이 강둑이 아닌 금융 기관을 지칭하는 것을 안다. 다른 경우에 중의성 해소는 특정 대화에 특정한 문맥 지식을 요구할 수 있다.

그러나 어휘적으로 중의적이지 않더라도 관용적으로나 구어적으로 중의적인 표현을 포함하도록 의미적 중의성의 개념을 확장하는 것은 가능하다. 예를 들어 누군가가 나에게 약물drug을 사용하는지 묻는다고 가정해 보자. 그것은 내가 대답하는 것에 달려 있다. "약물"이 환각 물질을 의미한다면 대답은 '아니오'이다. 그러나 "약물"이 약품을 포함하는 것을 의미한다면 나는 정기적으로 처방약을 사용하기에 대답은 예이다. "drug"라는 단어는 두 가지 의미가 밀접하게 관련되어 있기 때문에 어휘적으로 중의적이지 않지만("bank" 처럼), 실제로는 중의적인 방식으로 영어에서 관용적으로 사용된다. 그리고 내 생각에 이 현상이 어디까지 확장되는지는 완전히 명확하지 않지만 꽤 흔하다.

그렇더라도 텍스트주의가 제정법에서 중의성을 처리하는 방법에 대해 말할 것이 있다는 것을 아는 것은 어렵지 않다. 중의적 표현에 직면했을 때 우리는 문제 표현의 가능한 두 가지 의미들 중 어느 것이 그 표현의 구체적인 맥락에서 실제로 전달되는 것인지 자문해 봐야 한다. 그리고 일반적으로 정답을 추측하는 것은 그리 어렵지 않다. 표준적인 어휘적 중의성은 법에서 거의 문제가 되지 않는다. 어휘적 중의성의 표준 사례는 그 의미들이 서로 관련 없는 그런 단어에 관한 것이기 때문에, 법률의 맥락이 일반적으로 두 가지 의미들 중 어느 것이 입법부에 의해 의도되었는지 결정할 만큼 충분히 명확하다. 구문 중의성은 좀 더 널리 퍼져 있으며 일반적으로 우발적이다. 입법부는 구문 중의성을 피하기 위해 노력한다. 물론 때로는 실패하기도 하는데, 이는 불행한 일이다. 구문 중의성이 유용한 목적을 제공하지 않기 때문이다.[14]

그러나 훨씬 더 널리 퍼진 의미의 측면은 '다의성'이다. 예를 들어, 다음 두 세트의 발화를 생각해 보자.

(1a) "I broke the window" (창문의 유리)

(1b) "I opened the window" (유리를 포함한 창문의 내부 틀)

(1c) "I entered through the window" (창문의 외부 틀)

(2a) "John struggled to pull the cart out of the mud" (물리적 노력)

(2b) "John struggled to finish his dissertation in time" (지적 노력)

이 예에서 알 수 있듯이 단어가 자신의 명확한 외연 내에서 [(1)의 "창문" 및 (2)의 "노력"] 선택하는 대상이나 특질은 상황과 표현의 맥락에 따라 달라질 수 있다. 의미론의 어떤 견해에 따르면, 다의어는 예외가 아니라 규칙이다. 단어의 의미, 즉 단어가 부호화하는 정보는 매우 미미하며, 청자는 진행해 가면서 거의 항상 대화의 맥락에서 적절한 의미를 알아낸다. 1장에서 언급한 바와 같이 나는 이 최소주의(또는 때때로 문맥주의라고 불리는) 의미론적 관점이 아주 옳다고 생각하지 않지만, 어느 쪽으로든 주장하는 것이 나의 목적은 아니다. 단어는 종종 화자의 의도 그리고 단어가 사용되는 대화의 특정 문맥에 따라 그 의미 범위 중 특정 하위 집합을 지정한다고 말하는 것으로 충분하다. 어떤

14 적어도 미국에서는 판사와 변호사가 중의성과 모호성의 구분에 대해 완전히 혼동하는 것 같다. 그들은 모든 언어적 미결정성을 중의성이라고 부르는 경향이 있다. 그들은 법적 표현을 한 가지 이상의 방식으로 이해할 수 있는 경우에 대해 중의성이라고 본다.

경우에 다의성은 모호성의 반대이다. 우리는 단어의 적용을 핵심적인 명확한 외연 이상으로 확장할 필요가 있을 때 더미 연쇄에 직면한다. 이와 반면에 화자가 한정 기술의 특정 부분집합만을 가리킬 때 다의성이 종종 발생한다. (그러나 이것이 항상 사실은 아니다. 때때로 다의성과 단어의 비유적 또는 은유적 사용 사이의 구분이 명확하지 않다.)[15]

Smith v. United States[16]의 유명한 사건을 생각해 보자. 관련 법령은 피고가 마약 관련 행위 중에 "총기를 사용"했다면 마약 관련 범죄에 대해 훨씬 더 가혹한 처벌을 부과한다. 스미스 사건에서 피고는 마약을 교환하는 대가로 물물교환 거래에서 총기를 사용했다. 따라서 질문은 총기를 무기가 아니라 값있는 대상으로 사용하는 것이 마약 거래와 관련해서 "총기를 사용"한 것으로 간주되는지 여부였다. 대다수가 긍정적으로 결정했지만, 유명한 반대 의견에서 스칼리아는 이 경우에 언어적 미결정성이 전혀 없다고 주장했다. 즉, 물건을 사용하는 것은 일반적으로 어떤 용도로만 사용하는 것이 아니라 의도된 목적이나 기능을 위해 물건을 사용하는 것으로 이해된다. 따라서 그는 "총기 사용"이라는 표현은 총기를 무기로 사용하는 경우에만 적용되며 물물교환 거래의 값있는 대상은 아니라고 주장했다. 그의 주요 주장은 "총기 사용"이 단순히 중의적이지 않다는 논지에 근거를 두고 있었다. 그리고 그가 의도한

15 예를 들어, "John finally behaved like a man(존이 마침내 남자처럼 행동했다)."(전형으로서 man); "Marriage is a contract between a man and a woman(결혼은 남자와 여자 사이의 계약이다)."(성인 남성으로서 man); "Socrates is a man and therefore mortal(소크라테스는 인간이므로 죽는다)."(호모 사피엔스의 일원으로서 man). 이러한 종류의 예는 종종 다의어의 예로 제시되며, 확실히 다의어인 그런 의미가 있다. 그러나 전형을 나타내는 'man'의 사용이 단어의 의미의 명확한 외연을 넘어서는 준비유적 용법으로도 분석될 수 있다. 따라서 나는 두 가지 유형의 다의어가 있다고 생각하게 된다. 즉, 단어의 명확한 외연 내에서 의도된 확장과 관련된 좁은 유형과, 단어의 수사법적 사용 그리고 표준적 의미를 넘어서 그 단어의 외연을 확장하는 기타 다양한 형태를 포함하는 넓은 유형이다.

16 508 U.S. 223(1993). 스미스 사건에서 스칼리아의 반대 의견은 법 해석의 텍스트주의에 대한 교과서적 예시들 중의 하나이며, 이 문맥에서 거의 항상 제시된다.

것과는 다른 의미이지만 어떤 의미에서는 스칼리아가 옳다. 이 경우는 중의성이 아니라 다의성에 관한 것이다.

다음의 문장 쌍을 다시 한 번 생각해 보자.

(a) "John struggled to pull the cart out of the mud."

(b) "John struggled to finish his dissertation in time."

여기서 두 가지 점을 주목할 가치가 있다. (a)의 "struggle"이라는 단어는 (b)의 "struggle"과 다른 것을 나타낸다. 그러나 "struggle"이라는 단어는 다의어이며 중의적이지 않다. 문맥에서 두 가지 의미는 그 단어의 의미 범위 내에서 밀접하게 관련되어 있다. 그런 면에서 '총기 사용' 표현과 관련해 중의성이 없다는 점에 대해 스칼리아의 말이 상당히 옳다고 생각한다. 사실 "x를 사용해"라는 표현에 대해 유사한 문장 쌍을 쉽게 구성할 수 있다.

(a*) "Jane uses a laptop."

(b*) "Jane uses a laptop to keep the door open."

우리는 (a*)가 노트북을 컴퓨터로 사용하는 것을 가리킨다고 가정할 수 있으며, (b*)에서 노트북이 도어스톱으로 사용된다는 것을 확실하게 추론할 수 있다. 요컨대 'x를 사용해'라는 표현이 의미상 중의적이지 않은 것이 맞다. 스미스 사건에서 문제는 다의성에 관한 것이다. "사용"이라는 단어는 매우 넓은 의미 범위를 가지고 있다. "x를 사용해"와 같은 표현을 사용할 때 그 단어의 확정된 외연의 특정 하위 집합을 가리킬 수 있다. 그리고 대부분의 경우 이것은 세계의 관련 측면에 대한 배경지식과 결합해 관련 문장의 의미로부터 충분히 명확하다.

그렇긴 하지만 일반적으로 "사용"의 비대용어적 사용이 보통 그 단어의 넓은 의미 범위 내에서 제한된 외연으로 이해되는 경우라면 스칼리아의 결론이 정확할 수 있다. "A가 x를 사용한다"라는 형식의 표현이 무표적으로 x의 전형적인 목적이나 기능에 x를 사용한다는 제한된 의미로 이해된다는 것이 일반적으로 사실이라면 스칼리아가 옳다. 그리고 그것은 꽤 그럴듯해 보인다. 엄밀히 말하면 이것은 아마도 2장에서 논의한, 그라이스가 "일반 대화 함축"이라고 부른 예일 것이다. "A가 x를 사용한다"라는 비대용적 표현은 일반적으로 A가 x의 전형적인 기능이나 목적을 위해 x를 사용한다는 것을 함축한다.

그러나 나는 이것이 일반적으로 다의성의 유사한 예들도 그러한 경우인지 의심스럽다. 그것은 "struggle"과 같은 단어에는 작동하지 않는다. "A struggle to φ"라는 표현은 우리가 φ의 속성을 알지 못하면 "struggle"이 어떤 종류의 노력을 가리키는지 나타내지 않는다. 또는 스미스 사건과 병행해 종종 언급되는 Muscarello v. U.S 사건[17]을 생각해 보자. 질문은 마약 거래와 관련해 "총기를 휴대하는 것이" 피고의 차 트렁크에 총기를 휴대하는 것에도 적용되는지 여부이다. 스칼리아는 다시 한 번 동일한 논거를 사용해 그렇지 않다고 결론 내렸다. 하지만 여기서 나는 그가 착각했다고 생각한다. "carrying x"라는 비대용적 표현은 기본적으로 몸에 지니고 다니는 것을 말하는 것이 아니라고 생각한다. 우연히 타이어에 펑크가 난 운전자에게 "Are you carrying a spare tire?(스페어타이어를 가지고 있습니까?)"라고 묻는다면 그는 "예, 제 차 트렁크에 있습니다"라고 매우 현명하게 대답할 것이다. 또는 "The accident victim was carried to the hospital(사고 피해자가 병원으로 이송되었다)"라는 문장은 그가 누군가의 몸에 의존해 옮겨졌다는 것을 함축하지는 않을 것이다. 내가 아내에게 현금을 가지고 다니느냐고 물으면, 나는 당연히 차 트렁크가 아니라 지갑에 넣고 다니는 것을 가리킬 것이다. 그러나 그것은 사람들이 일반적으로 지갑이나 가방에 현금을 휴대한다는 것을 알고 있기 때문에 그렇다.

17 524 U.S. 125 (1998).

다시 말해 다의성은 단어의 의미 범위 내에서 개체의 특정 하위 집합을 지정하는 문맥에서 사용되는 단어에 적용된다. 관련 문맥은 일반적으로 세상이 어떻게 돌아가는지에 대한 일반적인 배경지식에 의해 주어진다. 문맥이 문제의 특정 대화에 구체적일 필요는 없다. 그러나 스칼리아가 가정하는 것처럼 일반적으로 그러한 단어의 비대용어적 표현이 보통 제한적이고 좁은 의미로 이해되는 것은 아니다. 그 모두는 그 단어가 서술하는 대상이나 사례의 성격 그리고 세계의 관련 측면에 대해 우리가 일반적으로 알고 있는 것 등에 달려 있다. 결론적으로 의미론적 관점에서 볼 때 스칼리아의 추론은 아마도 스미스 사건에서는 옳았지만 머스카렐로 사건에서는 옳지 않을 수 있다. 그리고 나는 다의성의 대부분 경우가 후자와 같다고 생각한다.

어느 쪽이든 발화된 표현과 관련된 하위 집합의 확장 중 하나를 결정할 때 우리는 화자의 소통 의도를 파악하고자 한다. (은유나 반어 없이 축자적으로 말하는) 화자는 일반적으로 자신이 사용하는 단어의 의미 범위 내에서 특정 부분 집합을 지정하는 다의어를 자유롭게 사용하고, 청자가 그 의도된 외연을 파악할 수 있을 때 의사소통이 성공한다. 따라서 의회가 상이한 외연들을 갖는 단어들을 사용해 법을 제정하고, 법원이 해당 특정 법률의 맥락에서 그 단어의 관련 외연을 파악하는 업무를 맡았을 때 그러한 결정이 어떻게 입법자들의 의도를 파악하려는 시도를 피할 수 있을지는 알 수 없다. 나는 법원이 입법 의도에 대한 외부 증거에 의존할 필요가 있다고 말하는 것이 아니다. 그와 반대로 내가 앞에서 제안한 바와 같이 화용적 결정 요인들은 종종 표면에 나타나며, 널리 공유되는 일반적인 맥락 지식에서 보면 분명하다. 그러나 그러한 추론의 결과는 필연적으로 의사소통의 의도에 관한 것이다. 법이 의미하는 것과 입법자들이 의미한 것 사이에 존재한다고 텍스트주의가 주장하는 차이는 이러한 대부분의 경우에서 비논리적이다. 의도된 외연의 의미에서 법이 의미하는 것은 입법자들이 의도한 것이다. 스미스와 머스카렐로 사건에서 가능했지만 입법자들이 그런 의도가 없었다면 법이 무엇을 의미하는지의 질문에는 답이 없다. 이는 선택들 중 하나를 의미할 수 있으며, 관련 규범적 고찰을 기반으로 선택이 이루어져야 한다. 다의성의 경우 의미론적 의미에 더 주의를 기울이는 것은 다시 말하지만 지갑에서 더 많은 돈을 찾기 위해 지갑을 바라보는 것과 같다. 그러한 단어가 "일반적으로 의미하는 것"을 자세히 살펴보는 것은 도움이 되지 않는다.

2.3 법적 함축

법이 말하거나 주장하는 것 외에도 실제로 말하는 것을 넘어서 어떤 내용을 함축할 수 있음을 텍스트주의자들은 오래 전부터 주목해 왔다. 입법 맥락에서 함축된 내용의 잠재적 역할을 강조하는 것이 텍스트주의의 트레이드마크 중 하나가 되었으며, 이는 법 해석의 사례들을 해결하는 데 있어 텍스트주의가 제안하는 핵심 도구가 되었다. 이 도구의 매력은 쉽게 알아볼 수 있다. 이 도구는 한편으로 텍스트주의가 법이 명시적으로 말하는 것을 넘어서도록 허용하여 법이 실제로 당면한 사건과 관련된 어떤 것을 말하지 않더라도 함축했을 수 있음을 보여 준다. 다른 한편 그러한 함축은 법이 실제로 전달하는 것의 일부이기 때문에 관련이 있다고 텍스트주의는 주장할 수 있다. 결국 함축과 발화 전제는 발화의 맥락에서 표현에 의해 전달되는 내용이다. 따라서 우리는 전달된 내용의 범위 안에 머물 수 있지만 법이 실제로 주장하는 것보다 더 많은 것을 전달하는 것을 종종 발견할 수 있다는 생각이다. 이러한 관점에서 함축 및 발화 전제는 "법이 공포하는" 것, 즉 전달된 내용의 중요한 부분을 형성한다.

스칼리아와 가너Scalia and Garner는 책 『법해석Reading Law』에서 미국 법에 적용된다고 주장하는 57개의 구문 규정을 나열했다. 언어학자들이 지적했듯이 이러한 규정들 중 일부는 일반적인 그라이스 대화 격률이거나 그와 가까운 것들이다.[18] 예를 들어, 자주 인용되는 구문 규정 "expressio unius est exlusio alterius(어떤 것의 표현은 다른 것의 배제를 암시한다)"를 생각해 보자. 스칼리아가 설명한 바와 같이 "자동차 딜러가 '신용이 좋은 구매자'에게 저금리의 할부 구매를 약속할 때, 신용이 낮은 구매자에게는 이 금리가 적용되지 않는다는 것"은 매우 분명하다.[19] 화려한 라틴어 표현에도 불구하고 이것은 너무 적게 말하지 말라는 그라이스의 양의 격률에 불과하다. 따라서 법은 확립된 구문 규범을 통해서 대화 함축의 그라이스식 메커니즘을 이미 통합하여, 주장된 내용을 넘어 입법의 함축된 내용을 법원으로 하여금 추론할 수 있게 해 준다는 생각이다.

확실히 스칼리아가 그의 책에서 나열한 구문 규범들은 대화 격률뿐만 아니다. 사실 그것은 극히 일부이다. 일부는 남성형 형식의 문구가 여성형을 포함한다는 규칙과 같이 특별하고 널리 인정되는 입법 초안 규칙들이다. 그러나 그들이 나열한 대부분의 다른 규범들은 실질적인 법리이다(예를 들어, "주권면제의 포기에 대한 추정" 또는 mens rea 규범 등). 나는 스칼리아가 구문 규범이라 부르는, 실질적인 법리의 긴 목록에 대해 할 말이 없으며, 왜 수많은 다른 법리들을 규범 형식에 포함시켜서 수백 가지의 목록을 제공하지 않는가라는 뻔한 질문을 던지지 않을 것이다. 우리의 목적을 위해서 중요한 점은 법령의 법적 내용이 법에 의해 실제로 주장되는 종류의 내용뿐만 아니라 법에 의해 함축되는 내용도 포함한다는 것을 텍스트주의가 견지하는 것 같다는 것이다. 더욱이 여기서 함축된 내용으로의 일반적인 추론과 구문 규범들에 의존함으로써 법관은 합리주의와 의도주의를 괴롭히는 규범적이고 잠재적으로 논란의 여지가 있는 형태의 추론을 피할 수 있다고 텍스트주의는 명시적으로 가정한다. 하지만 이 두 가지 생각 모두 의심스럽다.

여기서 텍스트주의의 주요 문제는 우리가 2장에서 배운 교훈에서 분명히

18 예를 들어, Carston(2013) 참조.

19 Scalia and Garner(2012: 107) 참조.

드러날 것이다. 우리는 입법 담화가 본질적으로 전략적이며, 따라서 협력적 대화에 대한 일반적인 그라이스 격률들이 입법 발화에 적용된다고 단순히 가정할 수 없다는 것을 보았다. 내가 2장에서 주장한 바와 같이 법에서 함축된 내용에 대한 추론은 대화 참여자들이 진실된 정보 교환을 목표로 하는 일반적인 유형의 대화에서 함축된 내용에 대한 추론보다 훨씬 덜 견고하다.

그러나 텍스트주의는 법원과 입법부 사이의 대화의 성격이 완전히 협력적이거나 최소한 그렇게 가정되어야 한다고 왜 주장할 수 없었는가? 여기서 대화의 전략적 성격을 가정하는 것이 텍스트주의의 근거, 즉 존재 이유의 본질적인 부분이라는 것에 그 대답이 있다. 결국, 텍스트주의는 입법자들이 전달하기를 원했을 수도 있는 것과 실제 성공적으로 전달한 것 사이의 구분을 반복적으로 강조하고, 법적 효력을 후자에게만 부여한다. 우리가 입법부와 법원 사이에 완전히 협력적인 유형의 대화를 가정했다면 의도주의가 (그리고 어느 정도 합리주의가) 승리했을 것이며, 입법부가 말한 것에 집중하기보다는 입법부가 달성하고자 하는 것이 무엇인지 확인하기 위해 노력하는 것이 훨씬 더 합리적일 것이다. 결국, 당사자들이 완전하게 협력하는 일상적인 대화에서 대화 당사자가 주로 파악하려고 하는 것은 말하거나 주장하는 내용뿐만 아니라 정확히 바로 서로의 의도이다. 더욱이 입법 과정에서 입법자들 사이의 대화가 갖는 전략적 성격은 의도주의에 반대하는 신뢰성 논증의 필수적인 부분을 형성한다. 입법자들이 전달하고 싶었던 것을 확인하려는 내재적 어려움, 그리고 그러한 시도의 불가피한 비신뢰성을 지적하는 것은 입법 과정의 전략적 성격에 크게 의존한다. 즉, 텍스트주의의 호소력의 본질적인 부분은 입법 담화의 전략적 성격 그리고 법원과 입법부 사이의 대화가 친구 사이의 일상적인 대화를 모델로 삼을 수 없다는 생각에 결정적으로 달려 있다.

물론 문제는 대화가 완전히 협력적이기보다는 전략적이라고 가정하면 대화를 지배하는 규범이 다소 의심스러워지고, 여하튼 무엇이 주어진 발화에 의해 함축되는 내용으로 간주될 것인가에 대한 결정이 매우 불확실해진다.

이제, 텍스트주의는 입법적 발화에 의해 함축된다고 추정되지만 완전히 주장되지는 않는 내용에 대해 훨씬 더 회의적이어야 한다는 것을 수반하는 것으로 보인다. 그러나 그러한 회의론은 법관이 직면하는 다양한 법적 해석 문제를 처리하는 데 있어 텍스트주의가 가진 빈약한 자원을 더욱 고갈시키기 때문에 높은 대가를 치르게 된다. 우리는 이미 텍스트주의가 모호성과 다의성에서 비롯된 해석의 문제를 처리할 자원이 없다는 것, 특히 각각의 주장된 내용이 심각한 의심의 여지가 없을 때 상이한 법률들 간의 충돌을 처리할 자원이 없다는 것을 주목했다. 그리고 이것이 내가 여기서 다루지 않은 문제이지만, 법이 실제로 말하는 것이 터무니없는 결과를 낳는 경우를 다루는 텍스트주의의 전력은 기껏해야 조금 낫다.[20] 간단히 말해서 텍스트주의는 단순히 법관이 법적 해석에서 직면하는 대부분의 실제 문제를 해결하는 데 도움이 되지 않을 최소한의 해석 도구인 것으로 판명된다.

우리가 처음부터 분명히 했어야 할 무언가를 지적하기 위해 먼 길을 왔다고 의심할 수도 있다. 즉, 텍스트주의는 입법부가 말하고 싶었던 것 또는 법의 합리적인 목적이 무엇인지에 대한 추측보다는 법이 실제로 말하거나 주장하는 것에 초점을 맞추라고 법관에게 말한다. 그러나 소송 당사자는 스스로 쉽게 알아낼 수 있는 것을 듣고자 소송에 시간과 돈을 낭비하지 않을 것이다. 법 해석을 다루는 사건이 법원(특히 항소 법원)에 접수된다면, 법률이 말하는 것이 상황에 따라 충분히 명확하지 않거나, 법률이 말하는 것이 충분히 명확

20 스칼리아가 이 문제에 대해 쓴 글에서 취한 입장과 그의 실제 사법 결정 사이에 현저한 불협화음이 있다. 스칼리아는 저술에서 입법 언어의 의도하지 않고 예상치 못한 결과가 모순된 결과를 초래했을 때 입법부의 실수를 바로잡는 것이 판사들의 일이 아니라고 분명하게 제시했다. 그러나 스칼리아는 자신의 판결 중 일부에서 그것을, 즉 모순을 피하기 위해 입법 표현을 수정했다. 예를 들어, Green v. Bock Laundry Co.(1989), FDA v. Brown & Williamson(2000)을 참조하라. 이스터브룩(Easterbrook) 판사는 모순된 결과가 명확한 입법 언어에 반하는 것이 아니라는 그의 견해와 훨씬 일치한다. Marshall v. U.S.(1990) 미국 제7항소 법원에서 그의 다수 의견을 확인하라.

하지만 발생하는 해석 문제의 결과를 판단하기에 충분하지 않기 때문이다. 신중하게 말하자면 관련 법령 문구가 그 발화의 맥락에서 단순히 말하거나 주장하는 것을 파악하는 것에 의존하는 경우는 그리 많지 않다.[21]

따라서 텍스트주의는 법이 말하는 것의 결정 요인을 명확히 하는 좁은 범위 내에서 그럴듯하지만 법 해석의 일반 이론으로서는 도움이 되지 않고 공허해 보인다. 그러나 이것은 우연이 아니다. 다양한 법 해석 이론들 사이의 논쟁은 언어와 해석에 관한 것만큼이나 정치적 도덕성에 관한 것이다. 그리고 그 논쟁은 주로 입법부와 법원 사이에 실행되어야 하는 협력의 수준에 관한 것이다. 목적주의와 의도주의는 강력한 협력 원칙에 의해 이끌어진다고 주장하는데, 이에 따르면 법을 해석하는 법원의 역할은 입법부가 달성하려고 노력한 정책 목표에 영향을 주는 것을 목표로 하며, 입법 과정과 연속적인 것으로 간주된다. 텍스트주의는 도덕적·정치적 근거에서 이런 강력한 협력 원칙을 거부하고, 법원이 거리를 두고서 입법부를 대하기를 원한다. 이러한 관점에서 법관의 역할은 입법부가 시작한 프로젝트를 완료하는 것이 아니라, 말하자면 입법부를 이끄는 정책 목표에 관계없이 입법부가 명령한 것을 실행하는 것이다. 다시 말해서 텍스트주의는 적어도 절대적으로 필요한 것 이상으로 도움이 되길 원하지 않기 때문에, 법 해석 이론으로서 적어도 부분적으로 도움이 되지 않는다. 나는 여기서 텍스트주의가 필연적으로 잘못된 (또는 옳은) 도덕적·정치적 입장이라고 주장하려는 것이 아니라, 다른 경쟁 이론들과 마찬가지로 정치적이며 그리고 규범상 논쟁적이라는 점을 강조하고자 한다. 민주주의에 대한 서로 다른 도덕적·정치적 이해와 민주적 입법에 내재된 가치는 민주주의 체제에서 사법부의 적절한 역할에 대해 서로 다른 견해를

---

21 텍스트주의에 대한 거의 모든 논의는 지난 수십 년 동안의 실제 대법원 판례 몇 개에 한정되는데, Smith v. U.S. 사건과 그 외 3~4개 사건들이 항상 포함된다. 텍스트주의가 실제로 적용되는 예는 풍부하지 않다.

제시한다. 텍스트주의는 다른 시각들만큼 정치적으로 논쟁적인, 민주주의에 대한 특정 시각에 의존하기 때문에, 의도주의적 법 해석에서 불가피해 보이는 논쟁적인 규범적 고찰을 회피하는 것으로 나타날 수 있다. 도덕과 정치는 그것에 대한 어떠한 그럴듯한 시각에서도 법 해석의 필수적인 부분을 형성한다. 양자의 차이는 도덕성 그리고 법관이 지지하는 정치에 있다.

6장

헌법 해석에서 의미와 믿음

Meaning and Belief in Constitutional Interpretation

하나의 '개념concept'과 이에 대한 상이한 '관념들conceptions' 사이의 구별은 헌법 해석에 관한 논쟁에서 중요한 역할을 한다. 동시대적인 이해에 따라 헌법 개념들의 해석을 지지하는, 헌법에 대한 역동적인 해석의 지지자들은 헌법이 특정한 '관념'을 권위적으로 선호하지 않고, 특히 관련 개념에 대해 헌법 제정자들이 염두에 두었을 수도 있는 특정한 관념을 선호하지 않으며, 헌법이 전개하는 일반적인 '개념'만을 확고히 한다는 생각에 일반적으로 의존한다. 이와는 반대로 헌법에 충실하기 위해서는 추상적 개념들에 대해 우리가 지금 선호하는 것이 아니라 제정 당시 만연한 특정한 관념에 따라 헌법 조항을 이해하는 것이 필요하다고 근원주의자들은 주장한다.

개념 대 관념 간 구별은 우리가 법률 언어에서 발견하는 모호성 및 다의성이라는 다른 종류와 밀접하게 관련되어 있다. 이 장에서 나의 주된 목적은 이러한 헌법적 맥락에서 제시된 언어적 고찰이 양쪽 입장을 지지하는 사람들이 가정하는 것보다 훨씬 더 문제가 있다고 주장하면서, 그러한 고찰에 약간의 압력을 가하는 것이다. 나는 여기서 논쟁이 실제로 도덕적·정치적 논쟁이라는 것, 즉 주로 헌법 체제의 주요 근거와 그 합법성의 조건들에 관한 것이라는 것을 보여 주려고 노력할 것이다. 그것은 주로 헌법이 무엇을 위한 것이며, 무엇이 헌법을 합법화하는지에 대한 논쟁이다. 그러나 나는 이 장의 끝부분에서 이 도덕적 문제에 대해서 다룰 것이다. 이 장의 주요 부분에서는 이 토론에 사용된 의미론적 고찰이 결정적이지 않다는 것을 보여 주기 위해 노력할 것이다. 주어진 맥락에서 개념들이 사용되는 방식은 다양한 화용적 결정 요인에 따라 달라지고, 그 결정 요인은 결국 해당 대화의 성격에 따라 달라진다. 헌법 제도가 확정한다고 간주되는 대화의 종류에 관해서 궁극적으로 도덕적 불일치가 존재한다.

1. 스칼리아 대 드워킨 논쟁

스칼리아와 드워킨 사이의 헌법 해석에 대한 논쟁은 우리 토론에 좋은 출발점을 제공한다. 스칼리아는 법령 해석에 관한 텍스트주의자이자 헌법 해석에 관한 (일종의) 근원주의자이다. 많은 사람들이 겉보기에는 모순되는 것처럼 보이는 이 조합에 의아해 한다. 5장에서 본 바와 같이 텍스트주의는 입법자들이 말하고자 '의도한' 것이 아니라 법 조항이 '말하는' 것에 집중할 것을 법관들에게 권고한다. 텍스트주의는 고려 중인 법령의 입법 이력을 참조해 알게 된 것으로 추정되는, 입법자들이 말하려고 의도했을 수도 있는 내용을 법적으로 관련이 없는 것으로 간주하고, 이는 제정법의 적절한 해석과 관련되어서는 안 된다고 본다. 그러나 헌법 해석과 관련해 반대 견해를 갖는 것으로 보인다. 근원주의는 헌법 제정자와 동시대 청중이 헌법 조항을 이해했을 때와 같이 이해해야 한다는 견해이다. 실제로 헌법 문제에 대한 스칼리아의 결정과 의견을 볼 때, 헌법 조항이 제정된 당시 이해된 방식에 대한 몇 가지 견해를 추출하기 위해 역사적 단서를 해석적으로 검토하는, 법 이력에 관한 그의 글을 종종 보게 된다. 그럼 입법 이력이 법령 해석과 무관해야 한다면, 왜 그것이 헌법 해석과 관련이 있고, 실제로 핵심적인가?

문제의 진실은 여기에 눈에 보이는 것보다 모순이 더 적다는 것이다. 텍스트주의에 따르면 법령 해석에서 주요 작용 요소는 법이 실제로 말하거나 주장하는 것이다. 5장에서 설명한 바와 같이 텍스트주의는 발화의 주장적 내용에 대한 객관적인 관념을 명시적으로 지지한다. 법이 말하는 것은 모든 관련 배경을 알고 있는 이성적인 청자가 법이 말하는 것으로부터 추론하는 것에 의해 적어도 부분적으로 결정된다. 다시 말해서 텍스트주의는 관련 소통 의도가 객관적으로 이해된다는 것을 인정하는 한, 법령 해석이 입법부의 소통 의도를 확인하는 것을 목표로 한다는 생각을 인정할 수 있다. 이제 여기에 입법 시점으로 추정되는 관련 기간을 추가하면, 입법 이력이 헌법 해석과 또는 실제로 상대적으로 오래된 입법 부분과 어떻게 관련될 수 있는지 알 수 있다. 역사적 해석의 목적은 법률 제정 당시의 이성적인 청자가 헌법 조항이 무엇을 말하는 것인지 추론했을 것을 알아내는 것이다. 따라서 스칼리아는 법령 해석과 헌법 해석 모두에서 법이 말하는 것과 실제로 주장하는 것을 확실히 하기 위해 노력한다는 점에서 동일하다고 어느 정도 그럴듯하게 주장할 수 있다. 두 경우 모두 주장적 내용은 발화의 맥락에서 모든 관련 배경을 알고 있는 이성적인 청자가 파악할 수 있기 때문에 객관적으로 이해된다. 유일한 차이점은 오래된 법률은 관련 맥락과 입법 배경이 덜 명확하다는 점이다. 언어 자체는 시간이 지남에 따라 변화했을지도 모른다. 그러므로 오래된 법이나 헌법 조항이 제정 당시 이성적인 청자에게 의미했을 것을 파악하기 위해서는 약간의 역사적 맥락이 필요하다.[1]

1 확실히 나는 스칼리아가 그의 사법적 견해에서 실제로 이 근거를 따른다고 주장하지 않는다.

그러나 드워킨은 여기서의 입장이 텍스트주의의 두 가지 가능한 형태 사이의 중의성을 이용하기 때문에 실제로 일관성이 있는지 의심을 품는다.[2] 페리는 최근에 매우 유사한 주장을 제안했으며, 다음에서 나는 그의 용어를 사용할 것이다. 페리는 이 두 가지 견해를 각각 "의미 텍스트주의meaning-textualism"와 "관념 텍스트주의conception-textualism"라고 부른다.[3] 이러한 견해들 간의 차이점은 일반적 평가 개념을 채택하는 법적 규정의 주장적 내용이 입법자가 그 개념과 관련시킨 특정 관념도 포함하는지 여부에 관한 질문과 관련 있다.

페리는 미래 고용 정책에서 "철학적 인재"를 주요 고려사항으로 삼기로 한 부서의 결정 사례를 제시한다. 이제 이 결의안에 투표한 대부분의, 아니 모든 구성원들이 철학적 재능의 본질은 분석적 엄격함, 논리적 기술력, 높은 수준의 기술적 정교함 등에 있다는 점을 당연한 것으로 간주했다고 가정해 보자. 페리가 선호하는 견해인 의미 텍스트주의에 따르면, 철학적 재능의 본질이 무엇인지에 관한 이러한 특정 관념 중 어느 것도 그 결의안의 일부를 이루고 있지 않다. 따라서 예를 들어 몇 년 동안 부서의 성격이 변하고 논리적이고 분석적인 엄격함에 대해 회의적이 된다면, 미래의 부서 구성원들은 철학적 재능이 무엇인지에 대한 그들 자신의 진실한 견해를 이행하는 것에 정당성을 인정받을 것이며, 그들의 새로운 정책이 "철학적 재능"이 초점인 결의안을 충실히 이행한 것으로 당연히 간주할 것이다. 반면에 관념 텍스트주의는 "철학적 재능"이 초점인 결의안에도 철학적 재능의 본질이 무엇에 있는지에 대한 입법자들의 특정한 관념이 포함되어 있다고 주장할 것이다. 페리에 따르면 이 견해는 말이 안 된다.[4]

그의 의견 중 많은 부분은 입법자의 추가 의도, 동기 또는 목적 등에 대한 증거로만 간주될 수 있는 역사적 증거를 참조한다.

2 Scalia(1997: 119) 참조. Dworkin(1996) ch.1에서도 비슷한 주장을 찾을 수 있다.

3 Perry(2011) 참조.

4 Perry(2011: 109) 참조.

페리가 여기에서 행한 구별은 드워킨이 수정헌법 14조와 학교 내 차별에 관한 헌법적 문제로 예를 든 것과 정확히 동일하다. 우리는 수정헌법 14조의 평등 보호 조항을 제정한 (원하면 매우 광범위하게 해석되는) 사람들이 학교에서의 인종 차별이 이를 위반하지 않는다고 생각했다는 것을 매우 확실히 알고 있다. 우리는 평등 보호에 대한 그들의 관념이 "차별하되 평등하다"는 교리가 헌법상 타당한 것으로 유지되도록 허용했을 것이라고 알고 있다. 그러므로 만일 우리가 관념 텍스트주의의 생각을 따른다면, 우리는 Brown v. Board of Education 사건이 잘못 결정되었다는 결론을 내려야 할 것이다. 그리고 나는 아무도 그렇게 말하고 싶어 하지 않을 것이라고 생각한다.[5] 드워킨과 페리는 일관되고 그럴듯한 텍스트주의가 우리로 하여금 추상적인 형식으로 제시된 헌법 조항을 입법자들이 또는 그 당시 일반 대중이 공유했을 수 있는 특정한 관념이 아닌, 일반적인 개념만을 제정하는 것으로 이해하게 할 것이라는 견해를 공유한다. 다른 예를 들자면, 수정헌법 제8조의 주장된 내용(이 수정안이 "잔인하고 비정상적인" 처벌을 금지함으로써 말하는 것)은 드워킨에 따르면 "법률을 제정하던 당시에 잔혹하고 비정상적인 것으로 널리 간주되는 형벌"이 아니라 실제로 잔혹한 어떤 형벌도 위헌이라는 것이다.[6]

이 모든 것이 매우 합리적인 것 같다. 그러나 드워킨과 페리가 그들이 제안하는 것처럼 상식적인 언어학적 고려에 의해 논쟁에서 이겼다고 결론짓는 것은 실수일 것이다. 의심할 여지없이 그들이 (법령 해석에서) 텍스트주의와 (헌법 해석에서) 근원주의가 서로 어울리지 못하는 상이한 것이라고 지적하는 것은 옳다. 그러나 "의미 텍스트주의"는 "관념 텍스트주의"보다 실행 가능하지 않거나 언어적으로도 설득력이 없다.

5 일부 강의와 대화에서 스칼리아는 Brown v. Board of Education 사건이 헌법 해석에 대한 그의 견해에 심각한 도전을 제기한다는 점을 인정했다고 들었다.

6 Scalia(1997: 120)에 제시된 Dworkin 참조.

개념과 그 관념 간의 구별은 현상학적 수준에서 상당히 설득력 있는 것처럼 보인다. 일반적인 평가 용어에 대해 매우 다르고 심지어 상호 배타적인 관념을 가질 수 있다고 말하는 것은 확실히 옳은 것처럼 느껴진다. 사람들은 가령 "정의"와 같이 어떤 동일한 것에 대해 이야기할 수 있지만, 정의가 무엇인지, 정의가 무엇을 요구하는지 등에 대해서는 완전히 의견이 다르다.[7] 게다가 우리는 종종 그러한 의견 불일치가 합리적이라는 분명한 의식을 가지고 있다. 우리는 개념 대 관념 간 구별과 연관시키는 특정한 '개념적 관용'이 있는데, 이에 따르면 이성적인 사람들은 주어진 평가적 개념에 대해 그들이 선호하는 관념에 관해 합리적인 이견을 가질 수 있다고 가정한다. 당신은 어떤 의미에서 정의는 사람들이 누릴 자격이 있는 것에 대한 전부라고 생각할 수 있는 반면에, 나는 누릴 만한 자격이란 혼란스러운 생각이고 정의는 그것과 아무 관련이 없다고 생각할 수 있다. 그러나 우리는 우리가 반드시 다른 얘기를 하는 것이 아니라는 느낌을 갖는다. 우리는 정의에 대해 서로 다르고 양립할 수 없는 관념을 가지고 있다는 사실에도 불구하고, 하나의 동일한 개념에 대한 적절한 관념에 대해 동의하지 않는다는 느낌을 갖는다.

그러나 이러한 형태의 개념 대 관념 구분은 우리가 가지고 있는 거의 모든 일반적인 개념에는 적용되지 않는다는 점에 유의하자. 우리가 "의자"에 대해 서로 다른 양립할 수 없는 관념을 가질 수 있다거나, "빨간" 또는 "빨간색"에 대해 서로 양립할 수 없는 관념을 가질 수 있다고 말하는 것은 이상할 것이다. 그러나 개념 대 관념의 구별이 대부분 가장 손쉬워 보이는 일반적인 평가 개념어의 경우에도 그 구별은 다음과 같은 질문을 제기한다. 가령 정의에 관해 동일한 것을 여전히 이야기하면서 정의가 무엇인지에 대해서는 어떻게 상충되는 견해를 가질 수 있는가? 우리가 그것을 매우 다르게 이해한다면 우리

7 내가 말할 수 있는 한, (실제로 정의에 대한) 개념과 관념 간의 구별은 Rawls(1971)에서 소개하지는 않았지만 처음 사용되었다.

가 이야기하는 '그것'은 무엇인가? 간단히 말해서 "X"가 지시하거나 의미하는 것에 대해, 즉 X의 외연에 대해 크게 동의하지 않을 때 "X의 개념을 공유한다"라는 것은 무엇을 의미하는가?

나는 이에 대해 두 가지 주요 답변이 있다고 제안할 것이다. 하나는 퍼트넘의 자연종 술어의 이론을 모델로 한 '외부주의자externalist' 접근법이고, 다른 하나는 본질적으로 논쟁적인 개념들에 대한 갤리W. B. Gallie의 아이디어를 모델로 한, 관념에 대한 '내재주의internalism'라고 부를 수 있는 것이다. 다음 두 절에서는 이러한 모형들과 이 모형들이 현재 맥락에서 야기하는 문제들 중 일부를 설명하는 데 전념한다.

2. 외부주의자 모형: 자연종

개념을 공유하는 것은 해당 자연언어에서 그 단어가 무엇을 의미하는지 아는 것과 같다고 여기에서 가정하겠다. 그것은 당신이 원할 때 단어를 올바르게 사용하는 능력이다. 일부 철학자들은 X의 개념이 X를 가리키는 단어의 의미와 다소 다르다고 가정하는 경향이 있다. 즉, X의 개념이 X 또는 X에 대한 사고가 무엇인지에 대한 정신적 표상 또는 일종의 정신적 이미지라고 본다. 이것이 개념에 대해 이야기하는 데 도움이 될지 의심스럽지만, 여기서는 이 문제를 언급하지는 않겠다.[8] 그러나 사람들이 자연언어에서 관련 단어가 무엇을 의미하는지 알 때 개념을 공유한다고 나는 가정할 것이다. X에 대한 개념을 갖는 것은 "X"가 무엇을 의미하는지 아는 것이고, 원한다면 최소한 알아야 한다. 그러나 의미는 언어 사용에 대한 공공의 자질이다. 단어는 화자와 청중 간에 그리고 그 단어가 나타나는 다른 문장들 간에 거의 같은 방식으로

8 Marmor(2013a) 참조.

사용할 수 있는 능력 덕분에 의미를 갖는다.

따라서 우리는 단어의 의미, 즉 그 외연에 대한 믿음을 다른 화자들과 공유하는 경우에만 자연언어로 된 단어를 사용할 수 있다. 단어의 의미 또는 올바르게 사용하는 방법을 알기 위해서는 대체로 다른 화자들이 해당 단어의 외연에 대해 무엇을 믿는지 화자가 알아야 한다. 사실 일반적으로 말해서 단어가 나타내는 것, 단어가 뜻하는 것에 대해 집단적으로 주장된 믿음이 단어의 의미를 '구성'한다. 물론 개별 화자들은 단어의 외연에 대해 알아야 할 모든 것을 모른 채 일상 대화에서 많은 단어들을 사용할 수 있으며, 종종 외연의 성격을 아주 자세하게 또는 매우 정확하게 알 필요가 없다. 그러나 일반적인 범주나 종류를 사용하는 것을 포함해 대부분의 경우 단어의 의미는 단어의 외연(또는 적어도 한정된 외연)을, 정확하게 사용될 경우 해당 단어가 명확하게 적용되는 사물 또는 대상의 종류를 고정하는 것으로 추정된다. 그러므로 만약 당신이 단어의 의미를 안다면, 당신은 그 단어가 무엇을 의미하는지, 그 외연이 무엇인지 알고 있다. 그것은 일반적으로 그렇다. 그러나 1970년대에 퍼트넘과 크립키Saul Kripke에 의해 확인된 특정한 종류의 단어들이 있는데, 여기서는 의미와 외연 사이의 관계는 반대 방향으로 진행된다. 즉, '자연종natural kinds'의 경우이다.[9]

자연종 단어에 관한 퍼트넘의 이론은 그 실제 속성이 무엇이든 간에 어떤 종류의 대상을 가리키는 방식으로 사용하고자 의도하는, 즉 집단적으로 의도

---

9 이에 대해 두 가지 설명을 추가하면 다음과 같다. 첫째, 자연종만이 지시체를 고정하는 의미에 대한 유일한 예외가 아니다. 예를 들어, (크립키 분석의 주요 초점이었던) 고유명사과 순수한 직시표현도 다른 방식으로 예외를 제기한다. 둘째, 이러한 지시체 고정은 일시적일 수 있으며 시간이 지남에 따라 바뀔 수 있다는 것을 명심해야 한다. 그러나 주어진 단어의 사용이 시간이 지남에 따라 다른 것을 가리키는 것으로 변한다면 단어의 의미가 시간이 지남에 따라 변했다고 말할 수 있다. 그리고 이제는 다른 것을 의미하게 된 것이다(예를 들어, 영어의 meat이 일반적으로 음식을 의미하는 것으로 사용되었으나, 이제는 동물의 고기로 만든 음식의 일부만을 의미한다).

하는 많은 단어들이 우리의 언어에 있다는 것을 설득력 있게 보여 주었다. "호랑이", "물" 또는 "금"과 같은 자연종의 경우, 시간이 지남에 따라 우리는 어떻게든 연결되어 있다고 가정하는 몇 가지 규칙성을 관찰한다. 우리는 사물의 본성에 숨겨진 어떤 속성이 사물을 현재의 모습으로 만들거나, 그 사물들의 종류로 만든다고 가정한다. 그런 다음 단어가 이러한 종류나 범주를 가리키며, 여기서 우리는 그 단어를 사용해 그 종류의 본질이 실제로 무엇이든 본질적으로 외부주의적인 방식으로 그것을 "고정적으로" 가리키는 것으로 간주한다. 다시 말해서 단어의 외연을 가리키는 것은 외부주의를 가정하는 것이다. 즉, 어떤 개체가 관련 종류나 술어에 해당하는지 여부는 그 외연의 성격에 대해 널리 공유된 믿음과 상관없이 실제로 그런 종류의 사물을 만드는 것에 의해서 수행되는 구성적 역할에 달려 있다고 가정한다. 그리고 이것은 언어 사용자인 우리가 그 외연에 대한 부정확하고 어쩌면 심지어 근본적으로 잘못된 이론을 수용하면서도 자연종 단어가 의미하는 바를 알 수 있다는 것을 함의한다. 단어의 외연은 그것이 실제로 무엇이든 그 구성 요소의 진정한 성질에 의해 결정되는 것으로 간주된다.[10] [아마 (크립키 식으로) 모든 고정 지시가 외부주의와 관련되는 것이 아니므로, 나는 자연종에 관여하는 외연에 대한 일종의 외부주의자 고정 지시를 "고정된*rigid*"으로 가리키겠다.][11]

퍼트넘은 자연종 단어를 개인어로서 사용하는 사람들이 단어 외연의 본질에 대한 특정한 생각, 즉 그의 말에 따르면 '전형'을 공유해야 한다는 견해를 갖는다. "'호랑이'가 무엇을 의미하는지 아는 사람은 '전형적인' 호랑이가 줄무늬가 있다는 것을 알 필요가 있다. 더 정확하게 말하면 그 언어 공동체에서 요구하는 호랑이에 대한 하나의 전형이 있다. (여러 전형일 수도 있다.) 그 사람

---

10 이 이론의 중심 내용은 Putnam(1975)에서, 주로 ch.12 "The Meaning of 'Meaning'"에 제시되어 있다.

11 Soames(2009) ch.7 참조.

은 이 전형을 가져야 하고, 그것이 의무적이라는 것을 (암암리에) 알아야 한다. 그의 전형 습득이 성공적인 것으로 간주된다면 그 전형은 줄무늬의 자질을 포함해야 한다."[12]

나는 이에 대해 퍼트넘이 전적으로 옳은지 의심스럽다. 대부분의 경우 자연언어를 사용하는 사람들이 일상생활에서 어떤 유형의 단어를 사용할 수 있으려면 그 유형의 전형적인 토큰이 갖는 몇 가지 두드러진 자질들을 알아야 한다는 것은 아마도 사실일 것이다.[13] (그리고 아마도 이것이 퍼트넘이 여기서 말하고자 했던 모든 것일 것이다.) 그러나 전형은 말 그대로 널리 공유되는 가설이라고 주장하는 것이 더 정확해 보인다. 표면적으로 보면 그 현상들이 더 깊은 어떤 것을, 그 외연의 고정* 지시를 보증해 주는 어떤 것을 공통으로 갖고 있다는 가정을 지지해 주는 것 같다. 그 종의 숨겨진 속성에 대해 얻은 이론과 추가 지식에 따라 전형에 대해 공유한 믿음이 시간이 지남에 따라 지속되거나 수정될 필요가 있을 수도 있다. 그러나 퍼트넘 자신이 주장한 바와 같이 실제 자연종에 대한 지식이 축적될수록 이러한 초기 전형 중 그 어느 것도 수정될 가능성으로부터 안전하지 않으며, 우리가 잘못된 전형을 가질 수도 있다.[14]

그러나 우리에게 중요한 문제는 이 자연종 모형이 다른 유형의 단어나 개념, 특히 헌법 문서들에서 발견되는 정의, 자유 또는 평등과 같은 평가 용어를 포함하도록 확장될 수 있는가 하는 것이다. 그리고 그것은 메타윤리에 달려 있다고 생각할 수도 있다. 드워킨은 헌법에 나타나는 평가 용어들의 주요 개념들을 마치 도덕적인 자연종으로 취급하는 것처럼 보인다.[15] 페리는 또한

---

12 Putnam(1975: 250) 참조.

13 어떤 상황에서 단어를 어느 정도 정확하게 사용하기 위해, 그리고 주어진 개인어에서 사용되는 단어를 이해하기 위해 다른 유형들의 지식이 필요할 수 있다. 그러나 그 차이는 정도의 문제일 수 있다.

14 확실히 나는 시간이 지남에 따라 그 외연의 본질에 대해 널리 공유되는 이론에 근본적인 변화가 있더라도 자연종의 의미가 동일하게 유지된다고 말하는 것이 아니다. 나는 우리가 이에 대해 매우 확고한 직관을 가지고 있다고 생각하지 않는다.

수정헌법 8조에서 "잔인한" 형벌의 금지에 대한 그의 견해가 도덕적 용어에 대한 일종의 현실주의를 전제로 한다는 점을 분명히 밝혔다. 사람들이 다르게 생각하더라도 어떤 것들은 잔인하고 정말 잔인한 것으로 판명될 수 있다고 가정한다.[16] 인정하건데 외부주의적 또는 현실주의적 메타윤리에 기초해 자연종에 따라 이루어지는 "잔인한", "평등한 보호" 등과 같은 평가 용어의 해석은 그럴 듯하다. 그리고 나면 드워킨과 페리가 지지하는 헌법을 역동적으로 읽기 위한 토대가 마련될 것처럼 보인다. 헌법은 '고정적으로*' 잔인한, 즉 해석 당시 이용 가능한 최선의 지식을 바탕으로 해 잔인한 것으로 판명되는 것과 같은, (즉, "잔인하다"에 대한 외부주의자 견해에 따르면) 정말로 잔인한 것은 무엇이든 처벌을 금지하고 있다고 말할 수 있다.

그러나 이 제안에는 몇 가지 문제가 있다. 첫째, 형이상학적 입장으로서 외부주의 모형이 그럴듯하다고 인정하더라도 그것이 우리가 여기서 논의한 헌법 해석에 대한 문제를 반드시 해결하는 것은 아니다. 진실이 대화 당사자들이 서로에게 전달할 수 있는 내용에 항상 영향을 미치지 않는 것처럼, 진실은 법을 이해하는 방법에 대한 질문을 항상 해결하지는 않는다. 2장에서 본 바와 같이 A와 B의 대화를 생각할 수 있다. 둘 다 존이 수잔과 결혼했다고 가정하고서 대화에서 존을 "수잔의 남편"이라고 지칭한다. 공교롭게도 사실은 존과 수잔은 법적으로 결혼한 관계가 아니다. 그럼에도 불구하고 모든 실제적인 목적에서 보면 A와 B 사이의 대화에서 반드시 잘못된 것은 없다. 그들은 둘 다 그들이 지칭하고 싶은 사람을 지칭하고, 서로를 이해하며, 대화의 내용이 반드시 그들의 잘못된 전제에 의해 영향을 받는 것은 아니다.

---

15 Dworkin(2006: 154~156) 참조. 예를 들어, Brink(1988)는 유사한 생각을 옹호한다. 브링크는 도덕적 용어에 대한 현실주의자인 반면에 드워킨은 그렇지 않다. Dworkin(1996) 참조. 드워킨의 메타윤리적 입장은 단정 짓기 어렵다. 원래 그는 형이상학적 현실주의 없이 객관주의적 입장을 옹호하는 것을 목표로 한다.

16 Perry(2011: 118ff) 참조.

이제 법적 사건을 생각해 보자. Nix v. Hedden[17]의 흥미로운 사건에서 토마토가 과일인지 채소인지에 대한 질문이 제기되었다. 법은 채소 수입에 10%의 관세를 부과하고, 과일을 관세에서 면제했다. 토마토를 수입한 원고는 토마토가 채소가 아니라 실제로는 과일이라면서 면제를 주장했다. 법원은 과학적 분류의 문제로 토마토가 채소가 아니라 실제로 과일임을 인정했다. 그럼에도 불구하고 법원은 이 법의 맥락에서 토마토의 분류를 결정할 목적으로, 과학적으로 잘못되었지만 토마토가 채소라는 사람들의 일반적인 이해가 법령의 올바른 해석이라고 결정했다. 법원은 여기서 관련된 용어가 자연종이라는 것을 인식하지 못했는가? 당신은 궁금할 것이다. 글쎄, (물론 이러한 용어는 아니지만) 어떤 면에서는 그랬다. 그러나 내가 생각하기로 법원은 자연종의 용어가 일상적인 대화나 입법에서 반드시 그렇게 사용되는 것은 아니라고 아주 합리적으로 추론했다. 입법은 말하자면 사물의 진정한 본성에 관한 문제의 진실을 밝히는 것을 목표로 하는 과학적 이론이 아니다. 법은 특정 목적을 위해 행위를 규제하는 것을 목표로 하고, 법적 발화의 화용론이 이를 고려해야 한다. 법은 사람들이 특정 단어나 개념을 정확히 또는 과학적으로 건전하게 이해하는 것과는 거리가 멀더라도 어떻게 이해하는가에 대한 가정에 종종 의존한다.

Nix v. Hedden 판결은 다른 맥락에서 언어의 일반적인 사용과 어긋나지 않는다. 퍼트넘이 자연종과 관련해 탐구한 고정* 지시는 까다로운 문제이다. 많은 경우 대화 목적과 화자의 의도에 따라 달라진다. "금", "호랑이", "물"과 같은 자연종을 자연언어에 도입할 때 언어 사용자의 집단적 의도는 이러한 단어를 실제로 무엇이든 간에 그 외연을 고정적으로* 지시하는, 자연종으로 취급하는 것이다. 그러나 집단적 언어 의도가 구체적인 대화 맥락에서 반드시 화자의 의도를 능가하는 것은 아니다. 화자들은 종종 그들 발화의 특정 맥

17 149 U.S. 304 (1893).

락에서 고정된* 지시를 사용하려는 의도 없이 보통 자연종으로 취급되는 단어를 사용한다. 레스토랑에서 과일 샐러드를 주문할 때, 당신은 토마토가 포도, 사과, 오렌지와 섞일 것이라고 기대하지 않는다. 이 문맥에서 "과일"이라는 단어는 (즉, 기술적으로 말하자면) 자연종을 의미하지 않으며, 웨이터가 당신 말을 다르게 이해한 척 했다면, 그는 몹시 기분 나빴을 것이다. 간단히 말해 우리가 그 외연을 고정적으로* 지시하는 것으로서 자연종의 단어를 사용하는지 여부는 종종 대화 당사자들이 공유하는 관련 관심사 그리고 현저한 문맥 자질에 달려 있다.

그러나 드워킨과 페리는 헌법의 맥락에서 헌법의 일반적인 도덕 용어를 도덕적 자연종으로 취급해야 할 충분한 이유가 있다고 주장할 수 있다. 그러한 취지의 두 가지 가능한 논거가 있다. 드워킨이 명시적으로 제시한 하나의 논거는 언어적인 것이다. "법에 의한 평등한 보호" 또는 "잔인하고 비정상적인 처벌"과 같은 일반적이고 추상적인 형식을 사용하는 것 자체가 일반적인 도덕적 용어에 대한 최선의 이해가 무엇이든 간에 이를 고정적으로* 지시하려는 입안자들이 갖는 소통 의도의 증거라고 드워킨은 주장했다. 만약 입안자들이 고정된* 지시를 피하고 싶었다면 그들은 일반적으로 일반 법률의 맥락에서 행해지는 것처럼 훨씬 더 구체적이고 특정한 언어를 사용했을 것이다. 따라서 이 논거에 따르면, 헌법을 제정하는 특정한 맥락에서 매우 일반적이고 추상적인 용어를 사용하는 것은 일반적인 용어를 도덕적인 자연종으로 사용하려는 입안자의 소통 의도라고 보는 결정적 증거인 것 같다.[18]

그러나 이 주장은 근거가 미약하다. 첫째, 화자의 의도에 대한 증거는 항상 취소 가능하다. 구체적인 역사적 증거가 가설을 반증할 수 있다. 둘째, 제정자들의 실제 소통 의도에 대한 과도한 의존은 드워킨이 주장해야 할 입장을 다소 당혹스럽게 한다. 그는 법령 해석의 맥락에서 소통 의도를 해석적 문제

18 Dworkin(1996: 7~12) 참조.

에 대해 결정적인 것으로 간주하지 않을 것임을 충분히 분명하게 밝혔다. 그렇다면 도덕적으로 말해서 훨씬 더 문제가 되는 헌법 해석에서 소통 의도를 결정적인 것으로 만드는 이유는 무엇인가?[19] 그러나 가장 중요한 것은 여기서 드워킨의 주요 가정이 안전하지 않다는 것이다. 사람들은 종종 매우 일반적이고 추상적인 용어들, 심지어는 자연종 용어까지도 고정된* 지시 없이 사용한다. 이 모든 것은 특정 대화가 갖는 전제에, 즉 화자가 당연하게 여기고, 관련 청중이 당연하게 여기는 것으로 화자가 가정하는 것에 달려 있다.

헌법의 일반적인 도덕적 용어들이 자연종 모형에 기초해 이해되어야 한다는 결론에 대한 더 좋은 논증은 도덕적 논증이다. 실제 소통 의도와 상관없이 실제 해당 용어의 올바른 도덕적 외연을 고정적으로* 지시하는 것으로 헌법의 도덕적 용어들을 처리하는 도덕적·정치적 이유가 있다고 드워킨과 페리가 주장하는 것이 가능하다. 나는 이 논증이 무엇인지 마지막 절에서 탐구할 것이다. 일단 지적하자면 도덕적 논증이 진행된다고 생각하더라도 두 가지 문제가 더 남아 있다.

첫째, 헌법 문서의 일반적인 도덕적 용어가 외부주의 모형에 기초해 이해되어야 한다는 결론은 헌법 해석에 대한 견해를 메타윤리학의 어떤 외부주의 관점과 연결시킨다. 이 견해는 말하자면 도덕적 용어의 본질에 대해 집단적이고 널리 공유되는 우리의 관념과 무관하게, 도덕적 용어는 외부에 있는 어떤 것을 고정적으로* 지시한다고 가정하는 경우에만 의미가 있다. 아마도 그러한 견해를 이해하기 위해 메타윤리학의 완벽한 견해가 필요하지는 않지만, 도덕적 개념에 대한 외부주의의 어떤 견해가 분명히 요구된다.[20] 문제는 이것이 엄청난 비용이 드는 것처럼 보일 수 있다는 것이다. 즉, 우리는 특정 메타

19 나는 이 비판을 Marmor(2005) ch.9에서 자세히 설명했다.

20 페리와 드워킨 모두 이 점을 어느 정도는 인정한다. Dworkin(2006: 154~157); Perry(2011: 123~125) 참조.

윤리에 묶인 헌법 해석 이론, 그리고 온건하게 표현하자면 논쟁의 여지가 없는 이론을 정말로 원하는가?

둘째, 아마도 더 중요한 것은 우리가 자연종 술어에 따라 관련 평가 용어를 해석한다면 개념과 관념들 간의 구분이 큰 문제가 된다는 점이다. 만약 당신이 "잔인한" 또는 "잔인성"이 말하자면 도덕적 종을 고정적으로* 지시하는, 일종의 자연종과 같다고 가정한다면, 당신은 잔인성에 대한 (있다면) 어떤 관념이 올바른 것인지에 관해 참 거짓이 있다고 가정해야 한다. 이러한 견해에 따르면 그러한 개념의 경쟁적인 관념들은 외연의 실체에 대한 경쟁 가설이나 이론과 유사하며, 따라서 만약 그중 하나가 참이라면 그것과 양립할 수 없는 다른 것들은 거짓임에 틀림없다. 하지만 그러면 동일한 개념에 대한 상이한 관념들에 대해 우리가 가정했던 개념적 관용은 설명될 수 없으며 실제로 설명되지 않는데, 그것은 잘못인 것으로 판명된다. 이는 다시금 헌법 해석 이론에 대해서 엄청난 비용이 든다. 그것은 이성적인 사람들이 물의 화학적 구성에 대해 합리적인 의견 차이를 가질 수 없는 것과 마찬가지로, 가령 "법에 의한 평등한 보호"가 요구하는 것에 대해 합리적인 의견 차이를 가질 수 없다는 것을 수반한다.[21] 따라서 헌법 해석에 대한 견해를 설명하기 위해 드워킨과 페리에 의해 채택된, 하나의 개념과 그 개념에 대한 상이한 관념들 간의 구별은 사람들이 문제의 개념에 관해 그들이 선호하는 관념들에 어떻게 합리적으로 동의하지 않을 수 있는지를 설명하는 도구를 우리에게 제공하지 않는다는 것으로 밝혀졌다. 여기서 살펴본 외부주의자의 의미론 모형에서는 그러한 불일치가 적어도 원칙적으로는 해결될 수 있다. 따라서 하나의 관념이 참이라면 그것과 양립할 수 없는 다른 관념들은 거짓으로 버려야 한다.[22] 이것은 우

---

21 물론 물이 H_2O로 구성되어 있다는 사실이 밝혀지기 전에는 물의 화학적 구성에 대한 불일치가 완전히 합리적이었을 것이다. 그러나 그 당시조차도 그 문제에 대한 상반된 견해들이 서로 일치할 수는 없었을 것이라고 가정되었을 것이다.

22 또는 문제의 개념이 어떤 현실주의적 의미에서 외부에 존재하지만 그 성질을 본질적으로 알

리가 헌법 해석에서 발견한 종류의 도덕적·정치적 불일치를 위한 모형은 아니지만 과학적 불일치를 위한 모형으로서는 타당하다.

3. 내재주의자 모형: 본질적으로 경쟁적인 개념

이성적인 사람들이 평가적 개념에서 본인들이 선호하는 관념에 대해 합리적인 이견을 가질 수 있다는 생각은 상당히 다른 접근법을 시험해 볼 수 있는 좋은 출발점이 되는데, 이것은 '본질적으로 경쟁적인 개념'에 대한 갤리의 영향력 있는 논문에서 제안되었다.[23] 여기서 보여 주고 싶은 바와 같이, 이것은 앞서 우리가 고려한 외부주의자 모형과는 반대되는 접근법이다. 갤리에 따르면 예술, 민주주의, 사회 정의, "기독교적 생활방식" 등과 같은 어떤 평가적 개념들은 내가 개념적 관용이라고 부르는 것의 특히 강력한 견해를 보여 준다. 사람들이 '본질적으로 경쟁적인' 방식으로 경쟁적인 개념에 대해 다른 관념들을 갖는 경향이 있기 때문에 강력한 견해이다. 즉, 사람들은 자신이 선호하는 관념이 다른 사람의 것보다 우월하다고 생각하는 경향이 있지만, 그들은 또한 자신의 관념이 "어떤 논쟁으로도 해결될 수 없는" 방식으로, 그리고 다른 것들과 정당하게 경쟁하고 있다고 인식한다.[24] 그래서 우리가 여기서 제시하는 그림은 관념들 간의 일종의 경쟁에 관한 것으로, 각각에 대해 몇몇 사람들이 선호하고 그 밖의 다른 사람들이 거부하는, 겉보기에 모순되는 믿음을 보여 주고 있다. 사람들은 자신이 옳고 다른 사람이 틀렸다고 믿지만 그들

수 없는 그런 종류의 사물들을 가리킨다는 견해를 가질 수 있다. 이 경우, 상이한 관념들 간의 불일치는 원칙적으로 해결할 수 없다. 그러나 이것은 우리가 다른 관념들에 대해 가지는 그런 종류의 불일치를 자연종 모형이 하는 것보다 더 합리적으로 만들지는 않을 것이다.

23 Gallie(1956: 167) 참조.

24 Gallie(1956: 169) 참조.

은 또한 논쟁을 해결하기 위한 결정적인 논거가 없다는 것도 알고 있다. 더욱이 갤리의 요점은 이러한 개념이란 그것이 야기하는 경쟁적 관념들을 피할 수 없는 그런 것으로 보인다. 그 개념들은 '본질적으로' 경쟁적이며, 특정 맥락에서 우연히 그렇게 되는 것이 아니다. 갤리는 자신의 주장을 입증하기 위해 가상의 스포츠 대회를 사용한다. 갤리가 구성하는 게임의 경쟁적 개념은 다음과 같은 다섯 가지 특징을 보여 준다.

① 문제의 개념은 일종의 가치 있는 성과를 의미한다는 점에서 '평가적이어야' 한다.
② 해당 성과는 내부적으로 복잡해야 한다.
③ 그 가치에 대한 설명은 그 부분이나 자질 각각의 기여도를 참조해야 한다.
④ 승인된 성과는 변화하는 상황에 비추어 수정을 허용하는 종류의 것이어야 한다.
⑤ 각 당사자는 개념에 대한 자신의 이해가 다른 당사자들과 경쟁하고 있다는 것을 인식한다.

이 다섯 가지 특징은 특정 평가적 개념이 어떻게 본질적으로 경쟁될 수 있는지를 알 수 있도록 도와줄 것이다. 즉, 사람들은 적어도 경쟁자들 입장에서 자신의 주장을 비합리적으로 거부하는 그런 방식이 아니고서는 그것을 증명할 결정적인 논거가 없음을 인정하면서, 어떻게 자신의 관념이 다른 사람들의 것보다 우월하다고 생각할 수 있는지를 알 수 있도록 도와준다. 그래도 여기에는 다소 궁금한 점이 있다. 관련 개념을 구성하는 다양한 요소의 복잡성과 상호 의존성은 본질적으로 경쟁이 치열한 성격을 설명하기에 충분하지 않다. 그것보다 더 많은 것이 있어야 한다.

이제 우리는 평가적 선호도에 대한 하나의 친숙한 모형을 가지고 있는데, 이 모형은 사람들이 그러한 선호도를 가질 수 있게 하는 동시에, 동의하지 않을 수도 있는 다른 사람들이 그것을 공유할 필요가 없다는 것을 인정해 준다.

우리는 그것을 "취향의 문제"라고 부른다. 나는 캘리포니아 와인보다 프랑스 와인을 더 좋아하는데, 내가 보기에 너무 과일 향이 강하고 너무 인공적인 캘리포니아 와인보다 프랑스 와인이 일반적으로 더 좋고 레드 와인의 본질에 더 충실하다고 생각한다. 그러나 나는 캘리포니아 와인에 더 많은 돈을 지출하는 사람들이 어리석거나 완전히 잘못된 것이라고 생각하지 않는다. 이것은 적어도 부분적으로는 (원한다면 문자 그대로 그리고 비유적으로) 취향의 문제이다. 일반적으로 말하자면 우리는 취향에 대한 선호란 다른 사람들이 그것을 우리와 공유할 필요가 없으며, 여기에서 작동되는 이타적인 "당위"가 없다고 생각한다. 또는 그렇지 않고 만약 어떤 "당위"가 작동한다면 전반적인 평가는 적어도 부분적으로 주관적이고, 주관적인 선호의 문제이지 반드시 유사한 상황에 있는 다른 사람들에게 적용되는 보편적인 요구 사항은 아니다. 어느 쪽이든 작동 중인 관련된 평가적 개념이 적어도 그 구성 요소 또는 구성 자질의 일부가 취향의 문제라는 사실을 깨닫는 것은 선호하는 관념이 어떻게 강한 형태의 개념적 관용과 양립할 수 있는지를 쉽게 이해할 수 있게 한다.

본질적으로 경쟁적인 개념들이 나타내는 일종의 개념적 관용에 대한 또 다른 설명은 '비교 불가능성'에 기인할 수 있다. 평가적 개념을 구성하는 구성 요소들은 다른 요소들과 비교할 수 없는 것과 같다고 가정하자. 도식적인 예를 들자면, 개념 C가 평가 시에 a, b, c 차원에서 높은 점수를 받는다고 일반적으로 생각한다고 가정하자. 그러나 a, b, c를 비교할 수 없는 경우도 있다. 따라서 C의 두 개념들, C(1)과 C(2)가 있는데, a에서는 C(1)이 C(2)보다 높고, b에서는 C(1)이 C(2)보다 낮다고 가정하자. a와 b가 비교될 수 없으면, C(1)이 b에서 받은 낮은 점수를 보충하기 위해 a에서 얼마나 더 높은 점수를 받아야 하는지에 대한 정확한 감각이 없을 것이다(반대의 경우도 마찬가지이다). 물론 이 모형은 전반적인 평가에서 더 많은 요소들을 가지고, 즉 다양한 전선에서 충돌하고 경쟁할 수 있는 더 많은 요소들로 더욱 복잡하게 만들 수 있다. 구체적인 예를 들자면 대도시에 사는 것과 시골에 사는 것의 차이점을 생각해 보자. 이러한 각각의 생활방식은 여러 평가 차원에서 장점과 단점을 갖고 있다. 그리고 이러한 차원 중 일부는 비교할 수 없을 것이다(예를 들어, 더 좋은 극장과 통근 시간을 어떻게 비교하겠는가? 또는 더 좋은 학교와 환경 오염도를 어떻게 비교하겠는가?). 그리고 이것은 대도시에서 또는 시골에서 사는 것 사이의 선택이 왜 "어떤 종류의 논거로도 해결할 수 없는지"를 분명히 설명할 것이다.

문제는 C(2)보다 C(1)의 선호에 대한 논쟁을 해결하는 것이 왜 어려운지를 취향 그리고 비교 불가능성의 두 가지 설명이 우리에게 알려 준다는 점이다. 두 설명 모두 사람들이 하나의 동일한 일반적인 평가적 개념에 대한 경쟁적인 관념들을 어떻게 고수할 수 있는지 알려 준다. 그러나 어떤 설명도 사람들이 자신이 선호하는 관념에 대해 특히 강한 이타적 선호를 갖는 이유에 대한 생각을 제공해 주지 않는 것으로 여겨진다. C(1)과 C(2)가 비교할 수 없을 정도로 좋은(또는 나쁜) 경우, 의견 불일치 시 합리적인 반응은 경쟁이 아니라 평가적 무관심이어야 한다. 간단히 말해서 취향에 기반한 설명이나 비교 불가능성에 기반한 설명(또는 양자의 어떤 조합)도 여기에서 올바른 종류의 경쟁 가능성을 제시해 주지 않는다.

올바른 종류의 경쟁 가능성을 얻기 위해서는 갤리의 게임/스포츠 비유를 좀 더 진지하게 받아들여야 한다. 즉, 승자가 선언되어야 할 때 경쟁이 발생한다. 좀 더 넓게는 어떤 개념이 주어진 맥락에서 시행될 것인지, 또는 적어도 어떤 것이 승자라고 선언될 것인지에 대한 결정이 집단적으로 제도적으로 권위적으로 내려져야 할 때, 우리는 갤리가 염두에 두고 있던 일종의 강력한 경쟁 가능성을 이용할 수 있을 것이라고 말할 수 있다. 사실 갤리가 언급한 모든 사례들은 이러한 요소를 가지고 있다. 정의의 문제에서 우리는 집단적이고 종종 권위 있는 결정을 내려야 한다. 사실상 판단의 무관심이나 기권은 종종 선택사항이 아닌 경우가 많다. 마찬가지로 민주주의의 본질에 관한 질문, "진정한" 민주주의로 간주되는 것 등에 관한 질문에 대해 결정이 종종 실제로 필요한 경우가 많다. 예술은 승자를 선언하는 것이 그다지 필요하지 않은 예처럼 보일 수 있지만 정확하지는 않다. 대중의 인정, 재정 지원, 시장 가격 등과 같은 다양한 실질적인 목적을 위해서는 다양한 단체와 기관이 승자와 패자를 선언할 필요가 있으며, 이외에도 다른 경우들이 존재한다.

이것은 관념들 사이의 경쟁이 실제로 존재해서는 안 되는 곳에 존재한다는 것을 의미하는가? 본질적으로 경쟁적인 개념들이 일종의 인지적 과잉을 나타낸다는 것이 여기에서 갤리의 제안인가? 의심할 여지없이 승자를 선언해야 하는 실제적인 필요성이 왜곡을 일으켜, 사람들로 하여금 본질적으로 경쟁적인 하나의 개념에 대한 자신의 관념이 다른 사람들의 것보다 우월하다고 믿도록 몰아붙이는 경우들이 있지만, 그것은 (적어도 부분적으로는) 복잡한 주관적 선호에 지나지 않는다는 것이 단순히 진실일 수도 있다. 물론 우리가 이 진단적 설명을 얼마나 일반화하고 싶은지는 메타윤리학 그리고 관련된 철학적 논쟁에서 가장 논쟁적인 이론의 핵심에 놓여 있는 매우 복잡한 문제이다. 나는 여기서 이 질문을 추구하지 않을 것이다. 그 대신 언어적 배경을 좀 더 탐구해 우리가 시작한 질문으로 돌아가도록 하겠다.

4. 초다의성 그리고 관념의 화용론

우리는 의미와 믿음 사이의 관계에 대한 퍼즐로 시작했다는 것을 기억해야 한다. 우리가 관심을 가진 질문은 일반적인 단어가 의미하는 것, 즉 그 외연의 본질적인 특성에 대해 때로는 깊이 동의하지 않으면서 그 단어의 의미를 공유할 가능성에 관한 것이다. 외부주의자 모형은 의미를 하나로 수렴하는 것이 단어의 외연에 대한 의견 불일치와 어떻게 양립할 수 있는지에 대한 하나의 그럴듯한 설명을 제공했다. 본질적으로 경쟁적인 개념들에 대한 갤리의 이론은 우리에게 내재주의자 설명을 제공했다. 이 이론은 개념어의 외연에 대한 의견 불일치를 관련 개념의 구성 요소들이 갖는 내부적 복잡성 그리고 그 요소들 간의 관계에 대한 화자의 주관적 판단 또는 선호도 측면에서 설명하는 것을 목적으로 한다. 인식해야 할 중요한 점은 두 모형 모두 일반적인 의미 수준에서 작동한다는 것이다. 두 모형은 의미 그리고 다양한 유형의 단어/개념의 외연 사이의 관계에 대해 우리가 일반적으로 생각하는 방식을 알려 준다. 그러나 발화의 구체적인 맥락에서 화용적 요인들은 다른 결과를 낳을 수 있다.

화자가 단어의 외연을 고정적으로* 지시하려는 의도 없이 발화의 특정 맥락에서 자연종 단어를 사용할 수 있다는 것을 우리는 이미 보았다. 그러나 이것은 주어진 대화에서 사용된 단어의 의도된 지시 또는 외연이 종종 문맥 및 언어적 소통의 기타 화용적인 결정 요인들에 민감하다는 매우 일반적인 현상의 한 예일 뿐이라는 것을 이제 우리는 알아야 한다. 5장에서 우리는 중의적이지 않은 하나의 동일한 단어가 표현의 맥락과 세계에 대한 공유된 전제나 배경지식 등에 따라 다른 외연을 가리키는 데 사용될 수 있다는, 다의성의 일반적인 현상에 대해 논의했다.

외연을 지시할 때 표현의 문맥에 대한 이러한 민감성은 어디에나 있으며 평가적 용어에도 적용되는데, 사실은 훨씬 더 그렇다. 우리가 헌법 맥락에서 가지고 있는 그런 종류의 평가적 개념어는 '초다의어super-polysemy'라고 부를 수 있다. 이것은 표현의 맥락에 따라 크게 좌우되고, 종종 서로 모호하게 관련되어 있는 상이한 종류의 관심사를 지시하는 데 사용할 수 있는 일종의 평가적 개념어이다. 예를 들어, 공정성의 개념을 생각해 보자. 누군가가 다음과 같은 표현을 발화한다고 가정해 보자.

"X가 공정하지 않다."

이제 X에 대해 다음과 같은 선택들을 생각해 보자.

(a) 내 딸이 말하기를, “언니에게는 새 셔츠를 사주고, 나에게는 안 사줬다”.

(b) 대통령이 말하기를, “이 나라에서 가장 부자인 사람들이 그렇게 낮은 소득세를 내고 있다”.

(c) 수감자가 말하기를, “유죄 판결을 받았지만 나는 하지 않았어”.

(d) 내 아내가 말하기를, “우린 오랫동안 이 여행을 계획했는데, 이제 날씨가 망치려고 해”.

분명히 “공정하지 않다”라는 말은 여기에서 다소 다른 종류의 우려를 나타낸다. (a)에서는 동등한 대우의 개념이 작동하고, (b)에서는 재분배의 개념이 작동한다. (c)에서는 진실과 처벌에 대한 우려이고, (d)에서는 불운에 관한 것이다. 물론 정상적인 상황에서는 의도된 외연의 이러한 차이점들을 쉽게 식별할 수 있으며, 일상적인 대화에서 특별한 문제를 일으키지 않는다. 의도된 외연이 대화 상황에서 그다지 투명하지 않은, 보다 복잡한 믿음과 전제에 의존할 때 문제가 발생한다. 그리고 관련 전제를 명확히 하려고 할 때 때때로 우리가 서로 말이 통하지 않는다는 것을 발견할 수 있다. 물론 평소 우리가 단순히 가치에 대한 근본적인 질문에 대해 동의하지 않는다는 사실을 깨닫는 순간 우리는 막다른 골목에 이를지도 모른다.

헌법 맥락에 보다 밀접한 또 다른 예가 여기 있다. 많은 사람들은 현재 미국에서 만연하고 있는 일부 형벌 관행에 너무 많은 잔인함이 관련되어 있다고 믿는다. 그런 사람들은 종종 가혹한 조건 속에서 범법자들에게 가해지는 지나치게 긴 형기의 과도한 잔인함에 대해 심각한 유감을 가지고 있으며, 그리고 많은 사람들이 사형은 잔인하고 정당하지 않다고 생각한다. 이제 과도한 형기와 사형이라는 두 가지 경우에서 “잔인한”이라는 표현을 비교해 보라. 곰곰이 생각해 보면 화자들이 다른 종류의 우려 사항을 지시하기 위해 “잔인한”이라는 단어를 사용한다는 점이 분명해진다. 장기간의 형기는 그 단어의 상당히 표준적인 의미에서, 즉 상황에서 필요하지 않은 너무 많은 피해나 고통을 가하는 것을 가리키는 것이면 잔인한 것이다. 그러나 이것이 사형에 대한 주요 관심사인지 사람들에게 묻는다면 나는 대부분의 사람들이 아니라고 대답할 것이라고 추측한다. 사형에 대한 그들의 도덕적 반대는 목숨을 빼앗는 행위가 사형수에게 너무 많은 고통을 준다는 그런 우려에서 비롯되지 않는다.[25] 도덕적 우려는 사형집행의 다른 측면들과 관련 있는데, 이는 유죄 판결의 오류 가능성을 감안할 때 극도로 문제가 되는 사형의 불가역성, 인종적으로 편향된 적용, 국가가 인간의 생명을 빼앗는 일을 해서는 안 된다는 우려 등이다. 요컨대 사형에 대한 잔혹함은 장기간의 형기에 대한 잔혹함과는 사뭇 다른 것을 의미한다. 다음과 같이 생각해 보라. 가혹하고 긴 형기에 대한 우려에 대해 "그들은 그럴 만하다"라고 반박하는 것은 타당하며, 적합한 (아마도 잘못 인도된) 반응일 수 있다. 그러나 사형에 대한 주된 우려에 대해 "그들은 그럴 만하다"라는 것은 잘못된 반응이다. 사형에 반대하는 많은 사람들은 극악무도한 살인자들이 죽어 마땅하다는 것을 부인하지 않을 것이다. 그들이 우려하는 것은 오류, 인종 차별주의, 이러한 종류의 방치가 실현되는 경우를 만드는 국가의 역할, 그리고 이와 비슷한 고려사항들 등에 대한 위험이다.[26]

간단히 말해서 일반적인 평가적 개념들은 보통 '초다의적'이다. 이러한 개념어들은 의미의 범위가 매우 넓고, 문맥, 배경 가정, 화자의 의도 등에 따라 다양한 유형의 관심사를 가리키는 경향이 있다. 그러나 이제 헌법 문서에 대해 생각하면 다의성이 주요 관심사임을 우리는 알 수 있는데, 이것은 다의성이 헌법 문서에 배치된 일반적인 평가적 용어들을 괴롭히기 때문만은 아니

25 죽이는 것은 신속하고 고통이 없을 수 있지만 주정부에서는 그렇게 하지 못하고 있다. 물론 이것이 여기서 주된 관심사는 아니다.

26 그 사례에 대한 반대가 있을 수 있다. 사람들이 사형에 대해 잔인성이 정말로 문제라고 생각하기 때문이 아니라 수정헌법 8조의 언어 때문에 잔혹함으로 반대한다고 주장할 수 있다. 글쎄, 현재 미국에서 이런 경우가 있을 수 있지만, 유럽 국가들이 이 문제에 대해 토론하고 사형을 폐지하기로 결정했을 때 잔인함이 사형과 관련된 문제였다고 감히 추측할 수 있다. 그러나 이것에 대한 것은 많지 않지만 다른 유사한 예들이 많다.

다. 헌법 사례의 주요 문제는 '본질적으로 빈약한 대화 맥락'이다. 헌법은 배경이나 맥락의 지식을 많이 공유하는 대화 참여자들 간의 일상적인 대화를 형성하지 않는다. 결국 헌법의 주요 목적은 매우 일반적인 용어로 표현하면 다음 세대를 위해 대규모로 행위를 규제하는 것이다. 특정 상황에 처한 대화 참여자들 간의 친밀한 대화와 같은 것이 아니다. 헌법 조항의 대화 맥락은 필연적으로 매우 빈약하다.

이제 헌법 제정의 빈약한 대화 배경이 드워킨-페리 입장을 정당화한다고 생각할 수 있다. 이것은 일상적인 대화에서 일반적으로 가질 수 있는 일종의 대화 배경 그리고 전달된 내용의 화용적 결정 요인들이 우리에게 부족하기 때문에, 일반적인 헌법 조항을 가장 추상적인 용어로 이해하는 것이 불가피하다는 것을 보여 준다. 다시 말해서 근원주의의 오류는 바로 헌법 제정을 마치 일상적인 대화처럼 다루는 데 있다는 드워킨-페리의 주장을 우리는 재해석해 볼 수 있다. 즉, 일상적 대화에서 우리는 정상적인 화용적 결정 요인에 의존해 단어의 의도된 외연을 해석할 수 있지만, 실제 헌법 제정에는 그러한 화용적 요소들이 없다. 이러한 일련의 생각들은 올바른 방향을 향하고 있지만 여전히 다소 불안정하다. 근원주의자들은 문맥에서 완전히 벗어나서는 아무것도 말할 수 없다고 답변할 수 있다. 헌법 제정의 대화 맥락이 상대적으로 빈약하다 할지라도 어떤 맥락이 분명히 존재하고, 때로는 적어도 헌법이 말하는 바를 이해하는 데 필수적이다.

예를 들어, "잔인하고 비정상적인" 처벌을 금지하는 수정헌법 8조의 형식을 생각해 보자. 이것은 중의적 표현이다. 처벌의 형태가 잔인하고 비정상적인 경우에만 또는 잔인하거나 비정상적일 경우에만 위헌이라는 뜻인가? 논리학자들은 P가 참이고 Q가 참인 경우에만 "P & Q"가 참이고, 둘 중 하나가 거짓이면 거짓이라고 말할 것이다. 그러나 이제 상점 입구에 "개, 고양이 출입금지No dogs and cats allowed"라는 표지판을 봤다고 가정해 보자. 표지판은 분명히 개와 고양이를 둘 다 키우는 고객만이 아니라 둘 중 하나를 키우는 고객의 출입을 금지하기 위한 것이다. "음주 운전 금지No drinking and driving"라는 표지판의 경우 그 반대이다. 음주 또는 운전이 아니라 두 가지 조합만이 금지임을 의미하는 것이다. 이러한 친숙한 유형의 영역 중의성은 일반적으로 대화 참여자의 문맥 지식 또는 배경지식에 의해 해결된다. 표현의 의미만으로는 올바른 결론을 유추할 수 없다. 그러므로 "잔인하고 비정상적인" 처벌 금지를 해석하기 위해 우리가 알아야 할 문맥에 관한 무언가가 있다. 연접에 관한 의미론이 우리에게 답변을 주지 않을 것이다.

확실히 나는 여기서 근원주의를 옹호하려는 것이 아니다. 나는 드워킨의 입장이 도덕적 관점에서 훨씬 더 그럴듯하다고 생각한다. 그러나 그것에 도달하기 위해서는 언어적인 주장이 아닌 도덕적·정치적 주장이 필요하다. 헌법 문서의 언어적 틀에 대해 우리가 생각하는 방식은 도덕적·정치적 틀에 달려 있지 그 반대가 아니다. 내가 여기서 의미하는 바를 설명하겠다.

5. 도덕 논쟁 그리고 대화의 본질

헌법은 본질적으로 사전 약속 장치다. 법체계가 헌법을, 특히 (미국 헌법이 확실히 그러하듯이) 상당히 "고정된" 헌법을 채택할 때 법체계는 일반적인 민주적 입법 과정에 의해 의도적으로 변경하기 어렵게 만든 어떤 도덕적·정치적 원칙들 그리고 통치의 어떤 원칙들을 기본적으로 전제한다. 미래에 저항할 수 없는 유혹에 굴복할 가능성을 방지하기 위해, 자신을 돛대에 묶고 결정적으로 부하들에게 자신이 내릴 미래의 명령을 무시하도록 명령하는 율리시스처럼, 헌법은 국가를 돛대에 묶어 미래의 어떤 유혹에 굴복하는 것을 어렵게 만든다. 무엇이 이 사전 약속 장치를 합법적으로 만드는가에 대한 질문은, 특히 본질적으로 반민주적이거나 하다못해 반다수결주의적 요소에 직면했을 때 입헌주의의 정당성에 대한 핵심 질문이다. 드워킨이나 스칼리아 둘 다 이 질문에 대한 정교한 답변을 제공하려 하지 않는다. 그러나 그들이 이에 대해 서로 다른 견해를 가지고 있고, 입헌주의가 갖는 사전 약속 측면을 매우 다르게 이해하고 있는 것이 분명하다.

스칼리아에 따르면 엄격한 헌법 문서에 어떤 도덕적·정치적 원칙을 견고하게 하는 요점은 말하자면 그러한 원칙을 제때 동결하는 것이다. 결국 논란의 여지가 있음에도 불구하고 특정 사안을 미리 결정하고, 다음 세대를 위해 이러한 사안에 대한 어떤 결의안을 제때 동결하는 것이 헌법 체제의 핵심이다. 물론 완전한 동결은 아니다. 헌법은 자체 개정 절차를 제공하며 그에 따라 변경될 수 있다. 그러나 일반적인 민주적 절차로는 변경하기 어렵게 만드는 법체계에서 개정은 반다수결주의적 요소로 작동하기 때문에 쉽지 않다. 따라서 이것이 헌법적 제약에 대한 사전 약속의 요점이기 때문에, 스칼리아는 헌법 해석가들이 그 내용에 대한 "근원적인" 이해를 따르는 것이 의무적이라고 결론짓는다. 이러한 생각이 마음에 들지 않으면 헌법을 개정해야 한다. 법관이 헌법을 현재의 도덕적·정치적 관념에 맞게 수정하도록 허용해서 부담스러운 수정 절차를 우회하는 것은 입헌주의를 반다수결주의적 사전 약속 장치로 생각하는 것 자체를 뒤엎는 것과 같다. 나는 이것이 헌법 해석에서 근원주의 배후에 있는 주요 생각이라고 주장한다.[27]

드워킨과 같이 헌법 해석의 훨씬 더 역동적인 견해를 선호하는 사람들은 분명히 동의하지 않는다. 그들은 헌법 체제의 선약적 요소를 훨씬 더 한정적인 것으로 본다. 왜 그런가? 아마도 엄격한 헌법에 의해 우리에게 부과된, 세

27 Scalia(1997: 37~47) 참조. 물론 이러한 주요 근거는 더 많은 개선과 조정이 필요하다. 예를 들어, 헌법 조항에 대한 본래의 이해에 전적으로 전념한다 하더라도 모호한 용어의 경계선상에 있는 경우는 문맥상 결정되지 않을 수 있고, 그러한 모호한 용어에 대한 사법적 정밀화가 필요할 수 있다. 가장 독단적인 근원주의라 할지라도 변화하는 상황과 상대적으로 빈약한 맥락 정보에 직면하여 사법적 혁신을 어느 정도 허용해야 한다. 헌법 변호사들은 이것을 이제 "해석"이 아닌 "구성"이라고 부른다고 들었다. 그들의 용어로 근원주의는 어느 정도 헌법적 구성이 필요하다는 것을 인정해야 한다.

대 간 사전 약속이라는 생각 자체에 심각한 문제가 있기 때문일 것이다. 어떤 세대가 미래 세대를 정의와 선의 관념들에 묶을 도덕적 권위를 가져야 한다는 것은 분명하지 않다. 그러나 어느 정도까지는 이것이 바로 헌법이 하는 일이며 필연적으로 그렇다. 그들은 미래 세대를 돛대에 묶어 도덕과 정치에 대한 어떤 결정들은 일반적인 민주주의 절차에서 일반적으로 허용되는 것보다 훨씬 더 달성하기 어렵게 만든다. 이러한 세대 간 권위는 적어도 도덕적으로 문제가 있으며 그 정당성은 분명하지 않다. 그리고 물론 헌법의 내용을 본래의 이해와 결부시키면 시킬수록 정당성의 문제가 더욱 첨예하게 된다. 따라서 대법원이 헌법의 내용을 헌법의 주요 도덕적·정치적 원칙들에 대한 현재의 이해에 맞게 수정하도록 허용하는 것은 세대 간 우려를 완화하는 수단이다.

나는 여기서 어떤 철학적 이슈를 만든 척하지 않을 것이다. 경직된 입헌체제의 정당성에 대한 이러한 근본적인 문제는 잘 알려져 있으며, 그 시사점도 잘 이해되고 있다. 내가 제안하고 싶은 것은 이 논쟁에 관련된 언어적 고찰에 대해 우리가 생각해야 하는 방식에 관한 것이다. 내가 보여 주려고 한 것은 토론의 주인공들이 여기서 방향을 잘못 잡았다는 것이다. 그들은 개념 대 관념들 간의 구분에 대한 언어적 고찰이 입헌체제의 이론적 근거와 그 도덕적 정당성에 대한 도덕적·정치적 견해를 뒷받침하는 데 활용될 수 있는 것처럼 주장을 전개한다. 그러나 실제로는 정확히 그 반대이다. 경직된 입헌체제의 이론적 근거에 대한 도덕적·정치적 견해는 헌법 문서가 어떤 종류의 언어 행위인지 그리고 헌법이 설정하는 대화의 종류를 알려 줘야 한다.

왜 그런가? 근원주의자들이 분명히 그러하듯이 만약 당신이 고정된 헌법 틀에 구현된 세대 간 사전 약속이 합법적이라고 생각한다면, 헌법 문서를 헌법의 입안자들이 일정한 법적 내용을 전달하고자 의도하는 일반적인 입법적 언어 행위로 간주하는 것이 상당히 옳을 것이고, 그 내용이 무엇인지 알아내는 것이 우리의 과제이다. 즉, 근원주의자들이 공유하는 도덕적·정치적 견해에 따르면, 우리가 보통의 입법을 입법부가 무언가를 말하고 우리는 입법부가 실제로 말한 것을 (그리고 아마도 함축하거나 전제한 것 등을) 이해하려고 하는 하나의 대화로 생각하는 것처럼, 헌법에 대해 입안자와 국민 간의 대화에서 나타나는 입법적 언어 행위로 생각하는 것이 타당하다. 다시 말해서 입헌주의의 사전 약속 근거에 동의할수록, 헌법 문서를 우리가 확인해야 할 특정 내용을 전달하려는 일반적인 입법적 언어 행위의 산물로 생각하는 경향이 강해질 것이다. 물론 그 반대도 마찬가지이다. 도덕적으로 말해서 당신이 헌법 체제의 선약적 근거에 대해 의심할수록, 특히 경직된 헌법의 세대 간 권위에 대해 더 많이 우려할수록 헌법을 입법적 언어 행위라고 생각하는 경향이 줄어들 것이다. 이 견해에 따르면 추상적인 도덕적·정치적 원칙을 포함하는 일반적인 헌법 조항은 일종의 모호하고 일반적인 틀로 볼 수 있다. 이 틀에서는 도덕적·정치적 관심이 법적으로 표현되는 데 사용되는 언어와 일반 용어들이 설정되고, 관련 표현의 내용은 주어진 시간에 옳다고 법원이 판단하도록 자유롭게 남겨져 있다. 따라서 여기서 진정한 논쟁은 우리의 입헌체제가 확립하는 대화의 성격에 관한 것이며, 이는 입헌주의의 이론적 근거, 헌법이 무엇을 위한 것인지, 무엇이 헌법을 합법적으로 만드는지에 대한 우리의 견해에 달려 있다.

토론을 마치기 전에 한 반대 의견에 대한 답변을 제시하겠다. 대화의 성격은 일반적으로 화자가 결정한다고 생각할 수 있다. 어떤 종류의 대화에 참여하는지는 일반적으로 미해결의 질문이 아니고, 일반적으로 청자가 결정할 질문이 아니다. 말 그대로 대화의 조건을 정하는 사람은 일반적으로 화자이다. 어떤 것이 직접적인 명제로, 농담으로, 반어적으로, 또는 허구적으로 말해졌는지는 화자의 의도에 달려 있는 문제이다. 이것이 옳다면 헌법이 설정하는 대화의 성격에 대한 도덕적·정치적 논쟁의 여지가 있다는 생각을 거부할 수 있다. 우리는 근원주의자들의 편을 들 수밖에 없다고 생각할 수 있고, 여기서 해당 대화에 대한 관련 유형을 설정하는 것이 입안자와 그들의 소통 의도에 달려 있다고 주장할 수 있다.

이 이의에는 큰 어려움 없이 대답할 수 있다. 대화의 성격을 결정하는 사람이 화자라는 것은 일반적으로 사실이지만, 항상 그런 것은 아니며 반드시 그런 것도 아니다. 어떤 경우에는 대화의 성격이 부분적으로 화자가 아니라 청자에 의해 결정된다. 여기에서 우리의 관심사와 매우 가깝지는 않지만 분명한 예는 환자와 심리학자 간의 전형적인 대화이다. 환자는 특정 자전적 관점에서 이야기를 하고, 심리학자는 전달된 내용보다는 전달된 이유나 숨겨진 동기, 전달된 내용이 환자와 환자의 문제에 대해 말하는 것 등, 즉 일종의 다른 것을 기록한다. 심리학자와의 시간(또는 그때 당신의 심리상담자가 되고 싶어 하는 친구와의 대화)은 화자가 실제로 일어나는 대화의 종류를 결정하지 못하는 한 가지 분명한 예이다.

우리의 관심사에 훨씬 더 가까운 또 다른 사례는 작가들이 다른 맥락에 놓여 있고 종종 상이한 시간과 장소에 걸쳐 있는 여러 청중들에게 이야기하는 그런 종류의 경우에서 얻을 수 있다. 물론 주요 예시로는 문학 및 기타 비슷한 형태의 예술이다. 우리가 문학을 이해하는 방식은 적어도 어느 정도는 작가의 의도와 상관없이 독자들이 행사하는 미학적·예술적 판단의 문제라는 것은 매우 익숙한 점이다. 다시 말해 독자들과 수행하는 대화의 성격이 정확히 무엇인지를 화자/저자가 결정하지 못하는 점이 바로 문학에 관한 우리의 생각이다. 문학의 경우, 작가와 독자 사이에 어떤 대화가 오가는가는 열린 질문이지 결코 관련 작가들에 의해 전적으로 결정되는 것은 아니다. 이런 점에서 헌법은 생각했던 것보다 문학에 훨씬 가깝다. 두 경우 모두 대화의 성격을 결정하는 것은 저자가 아닌 독자에게 달려 있다. 그리고 두 경우 모두 대화의 성격을 이해하는 다양한 방식은 작업의 성격과 그 속에서 발견되는 가치에 대한 상이한 평가적 관점을 반영한다.

만약 이 주장이 드워킨 자신이 했어야 할 주장처럼 보인다면 그 인상은 틀리지 않다. 나는 해석의 성격에 대한 드워킨의 가장 좋은 통찰 중 하나는 장르 또는 관련 작업의 성격에 대한 평가적 관점이 반드시 그 틀에서 특정 해석적 견해들을 제공하는 방식과 관련이 있다고 나는 오랫동안 주장해 왔다. 우리가 해석하고자 하는 대상이 속한 장르에서 우리가 찾는 주요 가치, 즉 그것의 요점이나 근거에 대한 견해가 없다면, 수용 가능한 해석으로 간주될 수 있는 것에 대해 무언가를 말하는 것은 거의 불가능하다. 소설이 무엇 때문에 좋고 우리가 감상할 만한 가치가 있는지에 대한 견해가 없다면, 당신은 소설을 해석할 수 없다. 이와 유사하게 입헌주의의 이론적 근거와 사법 심사의 도덕적 정당성에 대한 도덕적·정치적 이론에 관심을 보이지 않는 헌법 해석 이론을 가질 수 없다고 본다. 드워킨이 여기에서 제시한 자신의 생각을 따랐다면 헌법 해석에 대한 그의 주장은 수년에 걸쳐 전개된 언어적·역사적 고찰에 의존할 필요가 없었을 것이다. 드워킨은 자신의 영역에서 근원주의자들을 물리치고 싶었을 것이라고 추측할 수 있다. 그러나 그것은 통하지 않으며 논쟁의 진정한 본질을 흐리게 할 뿐이다. 그 논쟁은 드워킨이 가장 먼저 주목해야 했던 것인데, 우선 헌법이 무엇을 위한 것이며, 헌법을 합법화하는 것이 무엇인지에 대한 본질적으로 도덕적·정치적 논쟁이다.

참고문헌

Austin, J. L. (1962) *How to Do Things with Words*, 2nd ed., J. O. Urmson and M. Sbisà, eds., Cambridge, MA: Harvard University Press.

Bach, K. (2005) "Context *ex Machina*," in Z. G. Szabó, ed., *Semantics versus Pragmatics*, Oxford: Oxford University Press, pp. 15-44.

Bach, K. and Harnish, R. M. (1992) "How Performatives Really Work: A Reply to Searle," *Linguistics and Philosophy* 15(1): 93-110.

Bach, K. and Harnish, R. M. (1982) *Linguistic Communication and Speech Acts*, Cambridge, MA: The MIT Press.

Brink, D. O. (1988) "Legal Theory, Legal Interpretation, and Judicial Review," *Philosophy & Public Affairs* 17(2): 105-48.

Byrne, A. (1993) "Truth in Fiction: The Story Continued," *Australasian Journal of Philosophy* 71(1): 25-35.

Carston, R. A. (2013) "Legal Texts and Canons of Construction: A View from Current Pragmatic Theory," in M. Freeman and F. Smith, eds., *Law and Language: Current Legal Issues*, Vol. 15, Oxford: Oxford University Press, pp. 8-33.

Carston, R. A. (2004) "Explicature and Semantics," in S. Davis and B. S. Gillon, eds., *Semantics: A Reader*, Oxford: Oxford University Press, pp. 817-45.

Chomsky, C. (2011) "The Story of Holy Trinity Church v. United States (1892): Spirit and History in Statutory Interpretation," in W. N. Eskridge, Jr., P. P. Frickey, and E. Garrett, eds., *Statutory Interpretation Stories*, New York: Thomson Reuters/Foundation Press, pp. 2-35.

Conan Doyle, A. (1892) "The Adventure of the Speckled Band," in *The Adventures of Sherlock Holmes*, London: George Newnes Ltd.

Dan-Cohen, M. (2002) "Decision Rules and Conduct Rules: On Acoustic Separation in Criminal Law," in *Harmful Thoughts: Essays on Law, Self, and Morality*, Princeton, NJ: Princeton University Press, pp. 37-93.

Dan-Cohen, M. (1995) "Interpreting Official Speech," in A. Marmor, ed., *Law and Interpretation: Essays in Legal Philosophy*, Oxford: Hart Publishing: pp. 433-50.

Donnellan, K. S. (1966) "Reference and Definite Descriptions," *The Philosophical Review* 77: 281-304.

Dworkin, R.M. (2006) *Justice in Robes*, Cambridge, MA: Harvard University Press.

Dworkin, R. M. (1997) "Comment," in A. Scalia, *A Matter of Interpretation: Federal Courts and the Law*, A. Gutman, ed., Princeton, NJ: Princeton University Press, pp. 115-28.

Dworkin, R. M. (1996) *Freedom's Law: The Moral Reading of the American Constitution,* Cambridge, MA: Harvard University Press.

Dworkin, R. M. (1996) "Objectivity and Truth: You'd Better Believe It," *Philosophy and Public Affairs* 25: 87-139.

Dworkin, R. M. (1986) *Law's Empire*, Cambridge, MA: Belknap Press of Harvard University Press.

Ekins, R. (2012) *The Nature of Legislative Intent*, Oxford: Oxford University Press.

Endicott, T. (2011) "The Value of Vagueness," in A. Marmor and S. Soames, eds., *Philosophical Foundations of Language in the Law*, Oxford: Oxford University Press, pp. 14-30.

Endicott, T. (2002) "Law and Language," in E. N. Zalta, ed., *The Stanford Encyclopedia of Philosophy*, ⟨http://plato.stanford.edu/archives/win2002/entries/law-language⟩.

Fuller, L. L. (1964) *The Morality of Law*, New Haven, CT: Yale University Press.

Fuller, L. L. (1958) "Positivism and Fidelity to Law: A Reply to Professor Hart," *Harvard Law Review* 71: 630.

Gallie, W. B. (1956) "Essentially Contested Concepts," *Proceedings of the Aristotelian Society* 56: 167-98.

Greenberg, M. (2011) "Legislation as Communication? Legal Interpretation and the Study of Linguistic Communication," in A. Marmor and S. Soames, eds., *Philosophical Foundations of Language in the Law*, Oxford: Oxford University Press, pp. 217-56.

Grice, P. (1989) *Studies in the Way of Words*, Cambridge, MA: Harvard University Press.

Hart, H. L. A. (1961) *The Concept of Law*, Oxford: Clarendon Press.

Hart, H. L. A. (1958) "Positivism and the Separation of Law and Morals," *Harvard Law Review* 71(4): 593-629.

Hart, H. M. and Sacks, A. M. (1994/1958) *The Legal Process: Basic Problems in the Making and Application of Law*, W. N. Eskridge and P. P. Frickey, eds., New York: Thomson Reuters/Foundation Press.

Jorgensen, J. (1937) "Imperatives and Logic," *Erkenntnis* 7: 288-96.

Kaplan, D. (1989) "Demonstratives: An Essay on the Semantics, Logic, Metaphysics, and Epistemology of Demonstratives and Other Indexicals," in J. Almog, J. Perry, and H. Wettstein, eds., *Themes from Kaplan*, Oxford: Oxford University Press, pp. 481-564.

Karttunen, L. and Peters, S. (1979) "Conventional Implicature," in *Syntax and Semantics*, Vol. 11: Presupposition, C. K. Oh and D. A. Dinneen, eds., New York: Academic Press, pp. 1-56.

Kelsen, H. (1967/1960) *Pure Theory of Law*, 2nd ed., M. Knight (trans.), Berkeley, CA: University of California Press.

King, J. C. and Stanley, J. (2005) "Semantics, Pragmatics, and the Role of Semantic Content," in Z. G. Szabó, ed., *Semantics versus Pragmatics*, Oxford: Oxford University Press, pp. 111-64.

Kripke, S. (2009) "Presupposition and Anaphora: Remarks on the Formulation of the Projection Problem," *Linguistic Inquiry* 40: 367-86.

Kripke, S. (1977) "Speaker's Reference and Semantic Reference," *Midwest Studies in Philosophy* 2(1): 255-76.

Lemmon, E. J. (1962) "On Sentences Verifiable by Their Use," *Analysis* 22(4): 86-89.

Lewis, D. K. (1983) "Truth in Fiction," in *Philosophical Papers*, Vol. 1, Oxford: Oxford University Press, pp. 261-75.

Manning, J. F. (2006) "What Divides Textualists from Purposivists?" *Columbia Law Review* 106(1): 70-111.

Marmor, A. (2013) "Farewell to Conceptual Analysis (in Jurisprudence)," in W. Waluchow and S. Sciaraffa, eds., *Philosophical Foundations of the Nature of Law*, Oxford: Oxford University Press, pp. 209-29.

Marmor, A. (2013) "Truth in Law," in M. Freeman and F. Smith, eds., *Law and Language: Current Legal Issues*, Vol. 15, Oxford: Oxford University Press, pp. 45-61.

Marmor, A. (2013) "Varieties of Vagueness in the Law," in G. Sartor, et al., eds., *Handbook of Legal Reasoning and Argumentation*, Dordrecht: Springer.

Marmor, A. (2011) "Can the Law Imply More than It Says? On Some Pragmatic Aspects of Strategic Speech," in A. Marmor and S. Soames, eds., *Philosophical Foundations of Language in the Law*, Oxford: Oxford University Press, pp. 83-104.

Marmor, A. (2010) *Philosophy of Law*, Princeton, NJ: Princeton University Press.

Marmor, A. (2009) *Social Conventions: From Language to Law*, Princeton, NJ: Princeton University Press.

Marmor, A. (2008) "The Pragmatics of Legal Language," *Ratio Juris* 21(4): 423-52.

Marmor, A. (2005) *Interpretation and Legal Theory* (revised 2nd ed.), Oxford: Hart Publishing.

McCubbins, M. D. and Rodriguez, D. B. (2005) "Canonical Construction and Statutory Revisionism: The Strange Case of the Appropriations Canon," *Journal of Contemporary Legal Issues* 14(2): 669-715.

Moore, M. (1981) "The Semantics of Judging," *Southern California Law Review* 54(2): 256-70.

Neale, S. "Textualism with Intent," unpublished ms, available at 〈http://www.ucl.ac.uk/laws/jurisprudence/docs/2008/08_coll_neale.pdf〉.

Perry, J. (2011) "Textualism and the Discovery of Rights," in A. Marmor and S. Soames, eds., *Philosophical Foundations of Language in the Law*, Oxford: Oxford University Press, pp. 105-29.

Putnam, H. (1975) *Mind, Language and Reality: Philosophical Papers*, Vol. 2, Cambridge: Cambridge University Press.

Rawls, J. (1971) *A Theory of Justice, Cambridge*, MA: Belknap Press of Harvard University Press.

Raz, J. (2009) *Between Authority and Interpretation: On the Theory of Law and Practical Reason*, Oxford: Oxford University Press.

Raz, J. (1979) *The Authority of Law: Essays on Law and Morality*, Oxford: Oxford University Press.

Recanati, F. (1994) "Contextualism and Anti-Contextualism in the Philosophy of Language," in S. Tsohatzidis, ed., *Foundations of Speech Act Theory: Philosophical and Linguistic Perspectives*, London: Routledge, pp. 156-66.

Rodriguez, D. B. and Weingast, B. R. (2003) "The Positive Political Theory of Legislative History: New Perspectives on the 1964 Civil Rights Act and Its Interpretation," *University of Pennsylvania Law Review* 151(4): 1442-48.

Ryle, G. (1954) *Dilemmas*, Cambridge: Cambridge University Press.

Salmon, N. (2005) "Two Conceptions of Semantics," in Z. G. Szabó, ed., *Semantics versus Pragmatics*, Oxford: Oxford University Press, pp. 317-28.

Scalia, A. (1997) *A Matter of Interpretation: Federal Courts and the Law*, A. Gutman, ed., Princeton, NJ: Princeton University Press.

Scalia, A. and Garner, B. (2012) *Reading Law: The Interpretation of Legal Texts*, St. Paul, MN: Thomson/West.

Searle, J. R. (1979) *Expression and Meaning: Studies in the Theory of Speech Acts*, Cambridge: Cambridge University Press.

Shapiro, S. (2011) *Legality*, Cambridge, MA: Belknap Press of Harvard University Press.

Soames, S. (2012) "Vagueness and the Law," in A. Marmor, ed., *The Routledge Companion to Philosophy of Law*, New York: Routledge, pp. 95-108.

Soames, S. (2009) *Philosophical Essays, Vol. 2: The Philosophical Significance of Language*, Princeton, NJ: Princeton University Press.

Soames, S. (2008) *Philosophical Essays, Vol. 1: Natural Language: What It Means and How We Use It*, Princeton, NJ: Princeton University Press.

Sperber, D. and Wilson, D. (1986) *Relevance: Communication and Cognition*, Oxford: Blackwell.

Strawson, P. F. (1971) "Intention and Convention in Speech Acts," in *Logico-Linguistic Papers*, Aldershot: Ashgate, pp. 115-30.

Vermeule, A. (2006) *Judging Under Uncertainty: An Institutional Theory of Legal Interpretation*, Cambridge, MA: Harvard University Press.

Waldron, J. (2011) "Vagueness and the Guidance of Action," in A. Marmor and S. Soames, eds., *Philosophical Foundations of Language in the Law*, Oxford: Oxford University Press, pp. 58-82.

Waldron, J. (1999) *Law and Disagreement*, Oxford: Oxford University Press.

Walton, K. L. (1993) *Mimesis as Make-Believe: On the Foundations of the Representational Arts*, Cambridge, MA: Harvard University Press.

Williamson, T. (1994) *Vagueness*, London: Routledge.

Yaffe, G. (2010) *Attempts: In the Philosophy of Action and the Criminal Law*, Oxford: Oxford University Press.

찾아보기

기타

지은이 엔드레이 마머(Andrei Marmor)

이스라엘의 텔 아비브 대학교에서 법학과 철학을 공부한 후, 영국 옥스퍼드 대학교에서 철학박사를 취득했다. 텔 아비브 대학교에서 10여 년 동안 법학과 교수로 있었고, 그 이후 서든 캘리포니아 대학교에서 법학과와 철학과 교수를 지냈으며, 2015년 이래로 코넬 대학교에서 철학과 교수로 재직 중이다. 그의 주 관심은 법철학, 정치철학, 언어철학 등이고, 이 분야들에서 수십 편의 논문, 다수의 책들을 쓰거나 편찬했다. 대표 저서로는 *Philosophy of Law*(2011), *Social Conventions: from language to law*(2009) 등이 있고, 편찬서로는 *The Routlege Companion to Philosophy of Law*(2014), *The Philosophical Foundations of Language in the Law*(2011) 등이 있다.

옮긴이 이해윤

서울대학교 독어독문학과에서 학사와 석사 과정을 마치고, 독일 뮌헨 대학교 이론언어학과에서 「문장접속에서 생략현상」으로 박사학위를 취득했다. KAIST 전산학과에서 박사후 과정을 거쳐, 2004년 이래로 한국외국어대학교 언어인지과학과 교수로 재직 중이다. 주 관심분야는 의미화용론, 법언어학, 형식문법 등이며, 이와 관련해 다수의 논문이 있다. 그 외 저역서로는 『법언어학의 이해』(2020), 『지식망』(2018, 공저), 『화용론』(2009) 등이 있다.

한울아카데미 2399
한국외대 디지털인문한국학연구소 연구총서 08

법의 언어

지은이 | 엔드레이 마머
옮긴이 | 이해윤
펴낸이 | 김종수
펴낸곳 | 한울엠플러스(주)
편집책임 | 배소영

초판 1쇄 인쇄 | 2022년 10월 13일
초판 1쇄 발행 | 2022년 10월 20일

주소 | 10881 경기도 파주시 광인사길 153 한울시소빌딩 3층
전화 | 031-955-0655
팩스 | 031-955-0656
홈페이지 | www.hanulmplus.kr
등록 | 제406-2015-000143호

Printed in Korea.
ISBN 978-89-460-7399-9 93700 (양장)
978-89-460-8210-6 93700 (무선)

언어는 본능이 아니다

- 비비안 에반스 지음 | 김형엽·원호혁 옮김
- 2020년 9월 9일 발행 | 신국판 | 432면

본능에 기초한 언어 탄생은 '신화'에 불과하다
본능 중심의 언어 이론 vs. 활용 중심의 언어 이론

이 책은 지금까지 언어학 전문가들이 언어가 인간에게만 존재했던 유전적 요인으로 인하여 지금의 언어 형태를 갖출 수 있었다고 주장하던 논리에 대한 논점의 문제점을 지적하는 데서 출발한다. 제목에 포함된 'myth'라는 용어를 통해 언어에 대하여 아무런 의심 없이 그동안의 이론을 그대로 수용하던 접근 태도의 문제점을 지적한다.

저자는 최근까지 언어학계에서 널리 수용되었던 촘스키 교수 이론 중심의 '변형생성문법' 이론의 핵심을 형성한 본능의 관점에서 인간 언어의 탄생 및 진화 발달 과정을 설명하던 시도를 좀 더 객관적인 관점에서 조망하고 해당 이론이 여러 가지 문제점을 함유하고 있음을 주지하려는 노력을 이 책 전반에 담고 있다. 나아가 그 대안으로 '활용으로서의 언어 이론'을 제시함으로써 앞으로 언어학 연구자들이 언어를 연구하면서 추구해야 할 방향성에서 전환 노력이 고려되어야 함을 분명하게 제기한다.

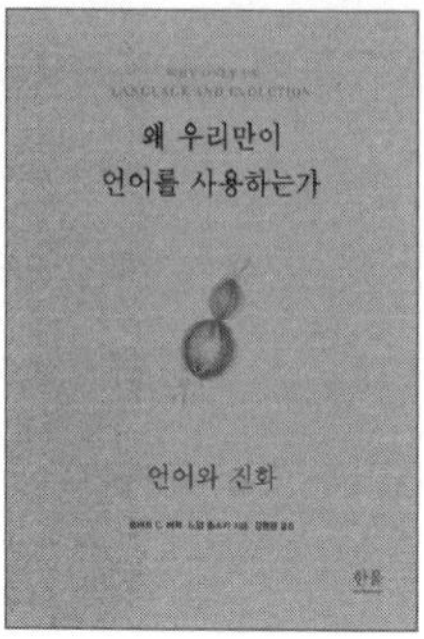

왜 우리만이 언어를 사용하는가

언어와 진화

- 로버트 C. 버윅, 노엄 촘스키 지음 | 김형엽 옮김
- 2018년 8월 31일 발행 | 국판 | 320면

컴퓨터 공학자와 언어학자, 인간언어의 발생과 발달을
생물학의 진화적 관점에서 분석하다

이 책의 저자인 노엄 촘스키와 로버트 C. 버윅은 다윈이 주장했던 점진적 진화 발달 형태를 기반으로 인류 발전사에서 가장 최근이라고 판단되는 6만~7만 년 전의 도약 단계를 설정함으로써 인류 조상들이 지구상에 자리 잡는 시점부터 현대 인간의 모습으로 발달하기까지 두뇌에 발생했던 놀랄 만한 변화를 제시한다. 그들은 언어를 생물학적 요소로 간주하고 인간의 진화를 바탕으로 언어의 진화를 고려했을 때 오늘날 사용되고 있는 언어의 외형적·내재적 특성들의 출현을 정확하게 설명할 수 있다고 보았다.

인간의 두뇌가 지금의 형태로 나타나는 데 중대한 역할을 담당했으리라고 여겨지는 유전자를 관찰하는 생물학에 기초해 언어의 기원을 정확하게 밝히고, 이에 더해 언어가 어떤 이유에서 오로지 인간에게만 존재하고 있는지에 대해 설명하는 이 책은 언어의 발생과 발달, 그리고 인간과 언어의 상관관계를 규명하기 위한 더없이 적절한 시도라고 할 수 있다.

언어의 역사

- 토르 얀손 지음 | 김형엽 옮김
- 2015년 8월 20일 발행 | 신국판 | 408면

언어는 언어가 있다는 사람들의 믿음으로 존재하게 된다
언어의 역사는 그것을 사용하는 인간 사회의 역사를 반영한다

라틴어와 아프리카 언어 전문가인 토르 얀손은 해박한 역사 지식으로 언어와 사회의 연계성을 통찰했다. 우리에게 친숙한 영어, 중국어부터 놀라운 특징을 보여 주는 크리올어, 짧은 시간에 새로운 언어로 발달한 아프리칸스어까지 과거와 현재의 다양한 언어의 역사를 분석하고 그 안에 담긴 언어의 본성을 밝혔다.

한 걸음 더 나아가 저자는 지금까지의 언어의 역사를 통해 언어의 미래를 점쳐 본다. 그가 그리는 언어의 미래는 인류가 진화해서 더 이상 인간이라는 종이 존재하지 않는 시점까지 나아간다. 역사와 사회와 그 속의 언어들이 마치 퍼즐 조각처럼 끼워져, 당신의 머릿속에 '언어의 역사'라는 거대하고도 촘촘한 그림이 완성될 것이다.

철학적 해석학 입문

내적 언어를 향한 끝없는 대화

- 장 그롱댕 지음 | 최성환 옮김
- 2009년 1월 9일 발행 | 신국판 | 384면

결코 도달할 수 없는 우리의 내적 언어,
그러나 대화는 계속된다

이 책은 해석학의 보편성을 내적 언어의 관점에서 탐구하여 전체 해석학의 역사를 재구성하고 있다. 저자는 연속성의 관점에서 강요된 하나의 목적론적인 해석학의 역사를 거부한다. 그는 각 시기 해석학적 사유의 고유성을 인정하면서도 해석학이 단순히 활자화된 외적 언어의 파악에 그치는 것이 아니라 내적 언어를 향한 끊임없는 대화 그 자체를 나타낸다는 점을 주장하고 있다. 내적 언어는 확고하게 형언할 수 없는 것이라는 점에서 해석학의 과제와 운명을 동시에 함축하고 있다.

이 책은 성서해석학, 문헌학 그리고 철학적 해석학의 발전 경로와 연관성을 상세히 논의하고 있다. 따라서 이 책은 최근 여러 학문 분야에서 다양하게 수용 및 적용되고 있는 해석학적 사유의 기원을 체계적으로 고찰할 수 있는 좋은 계기를 제공해 준다.